国家社科基金项目"生育政策调整后计划生育奖励扶助政策改革研究"(15ARK002)成果

国家社科基金丛书
GUOJIA SHEKE JIJIN CONGSHU

生育政策调整后计划生育
奖励扶助政策改革研究

Research on the Rewarding and Surpporting Policies Reform
After the Adjustment of Birth Policy

吕红平　吕　静　等著

人民出版社

前　言

　　人口问题始终是人类社会共同面对的基础性、全局性和战略性问题。20世纪70年代起,我国为了调整人口数量与经济社会发展不相适应的关系、遏制过快增长的人口态势,开始实行严格的计划生育政策,并且构建了以独生子女及其家庭为对象的计划生育奖励扶助政策体系。在经历了几十年的计划生育之后,为了适应人口的趋势性变化、缓解人口老龄化速度过快带来的各方面问题,我国的计划生育政策发生重大转向。2013年11月,党的十八届三中全会审议通过《中共中央关于全面深化改革若干重大问题的决定》,作出了"启动实施一方是独生子女的夫妇可生育两个孩子的政策"的重大决定,终止了实施三十多年的"提倡一孩"的生育政策,开启了计划生育政策的重大调整工作。时隔两年之后的2015年10月,党的十八届五中全会作出"全面实施一对夫妇可生育两个孩子政策"的决定,进一步放开计划生育政策。2015年12月27日,十二届全国人大常委会第十八次会议讨论修订了《中华人民共和国人口与计划生育法》,将"全面两孩"政策上升到法律层面。

　　按照法规政策的整体性、系统性、协调性原则,我国计划生育政策由执行了30多年的"提倡一孩"变为"全面两孩"后,必须对以独生子女及其家庭为主要对象的计划生育奖励扶助政策作出相应调整。这样的调整,既是贯彻落实中央"鼓励按政策生育"精神的具体行动,也是提升群众生育意愿、提高二孩生育水平、促进人口长期均衡发展的重要保障。然而,我国的计划生育由"提倡一孩"转变为"单独二孩"继而进一步转向"全面两孩"后,并没有对计划生育奖励扶助政策作出系统的修订或调整。尽管中共中央、国务院于2015年12月印发的《关于实施全面两孩政策 改革完善计划生育服务管理的决定》提出了"构建有利于计划生育的家庭发展支持体系"和"鼓励按政策生育"的要求,各省、自治区、直辖市在修订奖励扶助政策时增加了延长产假和增设陪护假的规定,但并没有对奖励扶助政策作出相应的系统调整,以至于出现了政策允许生育二孩,但不少育龄夫妇二孩生育意愿不强、"全面两孩"政策"遇冷"的问题。

在此背景下,开展计划生育奖励扶助政策改革或调整研究,为我国调整完善与计划生育政策相适应的奖励扶助政策提供理论依据和方案参考,就显得非常必要而迫切了。本书是我主持2015年国家社科基金重点课题——"生育政策调整后计划生育奖励扶助政策改革研究"的最终研究成果,研究内容紧紧围绕计划生育奖励扶助政策改革或调整展开,研究目的在于通过改革或调整计划生育奖励扶助政策,帮助育龄家庭解决现实问题,推进"全面两孩"政策的贯彻落实,实现我国人口的均衡发展。本课题立项于2015年6月,虽然当时还没有出台"全面两孩"政策,但由于我正在主持国家卫生计生委委托的"人口与计划生育法修订重点问题研究"重点课题,已经意识到了近期进行计划生育政策重大调整的可能性,所以,为了避免无效工作,并没有在获得课题立项之后就立即实施课题研究计划,而是等到党的十八届五中全会作出实施"全面两孩"政策的决定、十二届全国人大常委会十八次会议讨论修订《人口与计划生育法》、"全面两孩"列入法律之后,才正式启动课题的调查研究工作。

在计划生育政策作出重大调整的背景下,课题组成员于2016年1月集中讨论修订了研究方案,对重点研究内容作出了相应的调整,明确了课题调查研究的任务分工,开始了文献研究和实地调查的准备工作。春节过后,着手编制调查问卷,选择问卷调查地点。在进行试调查并且对调查问卷作出修改完善的基础上,于 2016 年 7 月至 9 月,选择河北、黑龙江、安徽、河南、湖北、贵州、新疆等 7 个省(自治区),按照每个省(自治区)抽取 3 个县(市、区),每个县(市、区)抽取 1 个乡(镇、街道),最后按照就近原则,抽取 100 位已婚未育和已育一孩的育龄妇女(或其丈夫)作为调查对象,进行了面对面的问卷调查;本次调查共发放调查问卷 2100 份,得到有效问卷 2016 份。与此同时,课题组还在部分调查县(市、区)组织了县(市、区)、乡(镇、街道)、村(居)三级座谈会,选择部分干部、群众进行深度访谈,获得了大量访谈资料,为深化课题研究奠定了良好的资料基础。

　　本书是在国家社科基金重点课题——"生育政策调整后计划生育奖励扶助政策改革研究"的基础上完成的。本书写作既有个人分工,也有集体讨论。各章执笔人分别为:第一章吕静和吕红平、第二章和第九章王朋岗、第三章吕红平和包芳、第四章杨胜利、第五章崔红威和魏强、第六章和第八章胡耀岭、第七章吕红平和吕静。按照写作分工,执笔人完成初稿后,课题组组织了一次内部封闭式讨论,大家对各个部分的内容安排、研究方法、资料运用、论证过程等重要问题进行了认真讨论,提出了详细的意见和建议;各部分执笔人按照初稿讨论会的意见和建议修改完善后,课题组进行了第二次讨论,在把握结构、观点、资料、论证等主要方面的基础上,对规范性、准确性问题提出了具体要求。各部分执笔人完成第三稿修改工作后,课题负责人进行了统稿,主要做了三个方面的工作:一是对各个部分的内容,大到观点与论证,小到词句与表述,进行了统一的修改,并就一些问题与执笔人进行沟通和讨论;二是对不同部分之间的重复和缺失问题进行了处理,或增减内容,或详略有别,保证了内容的完整性和系统性;三是对具体技术问题进行了规范性处理,包括标题、图表、参考文献的格式等,保证了内容的一致性。书稿完成后,我的硕士研究生何禄康、黄思慧、曹萌、张凯奕进行了仔细校对,对此表示感谢!

　　课题研究启动后,我们邀请中国人口学会会长、中国人民大学人口与发展研究中心主任、博士生导师翟振武教授,南开大学老龄发展战略研究中心主任、博士生导师、人口与发展研究所原新教授,就课题研究内容和写作框架进行了深入研讨,翟振武教授和原新教授均对完善研究框架、把握重点内容、突出应用价值等问题提出了很好的意见和建议,对于提高课题研究与报告写作质量起到了重要作用。我们对翟振武教授和原新教授的指导表示由衷的感谢!

吕红平

2020 年 8 月

目　　录

第一章　研究背景和意义

　　计划生育奖励扶助政策,既是计划生育政策的重要内容,也是服务于计划生育工作的重要手段。其目的在于通过实施一系列的社会经济政策,为计划生育家庭提供外部支持,使计划生育家庭得到经济实惠,增强计划生育家庭的发展能力,进而引导广大育龄群众作出与国家生育政策相一致的生育决策。它与计划生育利益导向政策相比,外延较小,只相当于利益导向政策中具有正面导向功能的部分,如给予按政策生育家庭的各种奖励、优待、帮扶、保障等,而不包括针对违反政策生育家庭的经济惩罚、行政和党纪处分等各种反向惩罚内容。本研究之所以仅选择具有正面导向性质的计划生育奖励扶助政策作为研究对象,主要是考虑随着"全面两孩"政策的实施,政策外生育必然会越来越少,对这部分家庭的惩罚也就不再成为工作重点了。

　　计划生育奖励扶助政策,源于计划生育工作的实际需求,始于20世纪70年代实行计划生育之初。其变化经历了一个从无到有,从简单到复杂,从精神鼓励为主到物质奖励为主,从目的单一性到目的多面性,从地方行为到国家层面制度化、规范化和体系化的过程。计划生育奖励扶助政策的每一次调整,都适应了计划生育政策调整和经济社会形势的变化。近年来,我国根据经济社会形势和人口发展态势的变化,为解决长期低生育率可能导致的对经济社会发展的不利影响以及家庭发展能力不足的问题,全面解决人口问题,促进人口长期均衡发展,分别于 2013 年和 2015 年作出了实施"单独二孩"和"全面两孩"政策的决定,从而终结了执行 30 多年的"提倡一孩"的计划生育政策。生育政策的重大调整,必然要求计划生育奖励扶助政策作出与之相适应的调整和改革。2015 年 12 月 27 日,第十二届全国人民代表大会常务委员会第十八次会议修订的《中华人民共和国人口与计划生育法》(以下简称《人口与计划生育法》),不仅保留了"国家对实行计划生育的夫妻,按照规定给予奖励"的规定,而且仍然明确了"获得《独生子女父母光荣证》的夫妻,独生子女发生意外伤残、死亡的,按照规定获得扶助","在国家提倡一对夫妻生育一个子女期间,按照规定应当享受计划生育家庭老年人奖励扶助的,继续享受相关奖励扶助"等奖励扶助原则。2015 年 12 月 31 日,中共中央、国务院颁布《关于实施全面两孩政策 改革完善计划生育服务管理的决定》(以下简称"中央《决定》"),提出了生育政策调整后计划生育奖励扶助政策调整改革的原则和思路,明确要求"加大对计划生育家庭扶助力度","完善计划生育家庭奖励扶助制度和特别扶助制度","建立完善包括生育支持、幼儿养育、青少年发展、老人赡养、病残照料等在内的家庭发展政策,鼓励按政策生育"。2016 年 12 月 30 日,国务院发出《关于印发国家人口发展规划(2016—2030 年)的通知》(国发〔2016〕87 号,2017 年 1 月 25 日正式发布),也提出了"鼓励按政策生育""完善家庭发展支持体系"的总体要求,以及"建立完善包括生育支持、幼儿养育、青少年发展、老人赡养、病残照料、善后服务等在内的家庭发展政策。完善税收、抚育、教育、社会保障、住房等政策,减轻生养子女家庭负担。完善计划生育奖励假制度和配偶陪产假制度。鼓励雇主为孕期和哺乳期妇女提供灵活的工作时间安排及必要的便利条件。支持妇女生育后重返工作岗位。增强社区幼儿照料、托老日间照料和居家养老等服务功能"的目标。2017 年 10 月 18 日,习近平在党的十九大报告中所讲的"促进生育政策和相关经济社会政策配套衔接",实际上就隐含着完善计划生育奖励扶助政策体系的意思。根据修订后的《人口与计划生育法》和中央《决定》精神,各省、自治区、直辖市

2016 年后相继修订了《人口与计划生育条例》,对计划生育奖励扶助政策作出了部分调整。但总体而言,国家层面的政策偏重于原则性、框架性规定,不够具体,操作性不强;省级层面的政策差异性大,仍然不够具体,创新性不足。本书将从我国经济社会变化趋势和未来人口发展态势出发,结合计划生育奖励扶助政策调整轨迹,尤其是生育政策调整后国家层面和省级层面的调整情况,对需要进一步调整和改革的有关问题作出系统研究,以保障计划生育基本国策的进一步落实和"全面两孩"政策的顺利实施,更好地满足计划生育家庭的利益诉求,促进计划生育家庭发展能力提升,把群众拥护的政策落实好,把群众关切的事情办好。

一、研究背景

实行计划生育 40 多年来,尤其是自 1980 年开始实施"提倡一孩"的政策以来,我国的人口形势发生了重大变化。突出表现为:人口增长速度显著下降,妇女总和生育率长期保持在更替水平以下,出生人口性别比持续偏高,人口老龄化速度日益加快,人口红利即将释放殆尽,家庭规模趋于小型化,家庭结构日益简单化,家庭养老资源和发展能力不足,等等,诸如此类的问题逐步显现,有的还将越来越突出。为了缓解和解决这些人口问题,我国于 2016 年开始实施"全面两孩"政策,再加上近年来社会公共政策领域的改革步伐不断加快,如社会保障政策实现全民覆盖、城乡二元户籍政策得到较大调整、对公平和民生问题的关注程度越来越高等,这些都成为计划生育奖励扶助政策改革或调整的重要推动力。

(一)人口形势发生重大变化

经过几十年的计划生育,尤其是 1980 年后长期实行"提倡一孩"的计划生育政策,我国的人口形势发生了重大变化。人口问题的主要矛盾由原来的数量问题变为数量、质量、结构问题并存,甚至可以说,结构失衡问题成为我国现阶段更大的人口问题。我国人口形势变化主要表现在以下几个方面[1]:

1. 人口数量快速增长的势头得到有效遏制

实行计划生育以前,我国经历了两次生育高峰和20多年的人口快速增长。1949年,我国人口出生率、死亡率、自然增长率和妇女总和生育率分别为36‰、20‰、16‰和5.81个。1950年到1973年[2]的24年间,有19个年份的人口自然增长率和总和生育率都在20‰以上和5个以上(其中11个年份超过6个),最高的1963年曾创下了人口自然增长率33.33‰和妇女总和生育率7.50的峰值记录。从人口总量变化情况看,1950—1973年,我国总人口由54167万人增加到89211万人,24年间增加了35044万人,年平均增加1460.17万人;人口增长率为64.70%,年平均增长率高达2.10%。人口规模的快速扩张,不仅给我国的经济社会发展和劳动生产率提高造成巨大压力,而且也在很大程度上影响到人民群众生活水平的提高。为了解决我国人口增长速度过快的问题,减缓人口增长对经济社会发展的巨大压力,我国自20世纪70年代初开始制定实施计划生育政策,有计划地控制人口增长。

1974—1992年,我国人口出生率、死亡率、自然增长率和妇女总和生育率

---

① 参见吕红平主编:《实施人口新政 打造计生良法——〈人口与计划生育法〉修订研究》,人民出版社2016年版,第18—28页。

② 关于我国实行计划生育的时间,有不同的说法。一般以1971年7月8日国务院转发卫生部军管会、商业部、燃料化学工业部《关于做好计划生育工作的报告》第一次明确提出“在第四个五年计划期间,使人口自然增长率逐步降低,力争到1975年,一般城市降到10‰,农村降到15‰以下”的人口自然增长率控制目标为标志,认为实行计划生育的起始时间应当是1971年;也有人以1973年7月16日国务院批准恢复成立计划生育领导小组及其办公室以及当年12月11—27日国务院计划生育领导小组办公室在北京召开的全国计划生育工作汇报会上提出“晚、稀、少”的计划生育政策为标志,认为实行计划生育的开始时间应为1973年。笔者认为,以1973年作为我国实行计划生育的起始时间较为合适,其理由是:1971年仅仅提出了规划目标,并没有具体要求,也没有明确具体工作部门,而1973年既成立了专门的工作机构,也明确了计划生育的政策要求。

分别由 24.82‰、7.34‰、17.48‰和 4.17 个降至 18.24‰、6.64‰、11.60‰和
2 个;总人口增加到 117171 万人,增加了 27960 万人,年平均增加 1471.58 万
人;人口增长率为 31.34%,年平均增长率降至 1.45%,比前 24 年降低了 0.65
个百分点。

1993—2017 年,我国人口出生率、死亡率、自然增长率和妇女总和生育率
分别由 18.09‰、6.64‰、11.45‰和 1.94 个变为 12.43‰、7.11‰、5.32‰和
1.7 个左右[①];总人口增加到 139008 万人,年平均增加 873.48 万人;人口增长
率为 18.64%,年平均增长率进一步降至 0.69%,比 1974—1992 年期间平均值
降低了 0.76 个百分点。

从我国人口发展状况看,经历了一个由无序向有计划、由快速增长向增长
率快速下降再到稳定在低生育水平的变化过程。

表 1-1 我国人口数量变化情况

时间区间	年均增加人数（万人）	年均增长率（%）	总和生育率（个）
1950—1973 年	1460.17	2.10	5.7
1974—1980 年	1356.29	1.46	3.1
1981—1990 年	1562.80	1.48	2.5
1991—2000 年	1241.00	1.04	1.8
2001—2010 年	735.70	0.57	1.6
2011—2017 年	701.14	0.51	1.6

资料来源:年均增加人数和年均增长率,根据历年《中国统计年鉴》及《中华人民共和国 2017 年国民经
济和社会发展统计公报》提供的数据计算;总和生育率,2000 年以前数据根据国家统计局公
布的数据,2001 年以后数据采用多数专家的估算值。

从与世界平均水平和发达国家的比较看,我国的人口出生率、自然增长

---

① 国家统计局出版的《中国统计年鉴 2016》提供的根据 2015 年人口抽样调查计算的妇女
总和生育率为 1.047 个。当然,对于如此之低的生育水平,学术界普遍不能接受,就连国家统计
局和国家卫生计生委也认为太低。有学者根据对 2017 年全国生育状况抽样调查数据的分析,得
出了我国近 10 年来总和生育率均值为 1.65 左右,2016—2017 年超过 1.7 的结论。参见陈卫、段
媛媛:《中国近 10 年来的生育水平与趋势》,《人口研究》2019 年第 1 期。

率、总和生育率均已低于世界平均水平,与发达国家较为接近;从未来发展趋势看,我国人口增长率比世界平均水平和发达国家都要低得多。根据《2017年世界人口数表》提供的数据,我国人口出生率、自然增长率和总和生育率分别为13‰、6‰和1.8个,世界平均水平分别为20‰、12‰和2.5个,发达国家分别为11‰、1‰和1.6个;2030年和2050年与2017年相比,我国人口数量增长率将分别为2.25%和-3.19%,世界人口增长率分别为13.63%和30.65%,发达国家人口增长率分别为3.25%和4.91%(见表1-2)。由此可看出,我国未来人口数量将呈现出明显减少的趋势。

表1-2 我国人口数量变化情况比较

地区	2017年人口状况				人口数量增长情况(%)	
	人口数量(亿人)	人口出生率(‰)	自然增长率(‰)	总和生育率(个)	2017—2030	2017—2050
全世界	75.36	20	12	2.5	13.63	30.65
发达国家	12.63	11	1	1.6	3.25	4.91
中国	13.87	13	6	1.8	2.25	-3.19

资料来源:《2017年世界人口数表》。

2. 人口老龄化、高龄化趋势日益明显

我国2000年进入人口老龄化阶段。[①] 与发达国家相比,我国进入人口老龄化的时间较晚。但由于我国实行计划生育后采取了急刹车式的人口控制模式,生育率急剧下降,在很短的时间内完成了人口转变,创造了人口老龄化速度的世界之最。根据我国第五次、第六次人口普查和2017年年度人口抽样调查数据计算的老年人口规模和人口老龄化速度,2000—2010年间,60岁及以上老年人口数量从12997.79万人增加到17755.85万人,年平均增加475.81万人,年平均增长率为3.17%,老年人口比例从10.46%上升到13.32%;65岁

---

① 也有人认为我国于1999年进入老龄化国家行列。

及以上老年人口数量从 8827.40 万人增加到 11889.12 万人，年平均增加
306.17 万人，年平均增长率为 3.02%，老年人口比例从 7.10% 上升到 8.92%。
2011—2017 年间，60 岁及以上老年人口数量增加到 24090.00 万人，年平均增
加 904.88 万人，年平均增长率为 4.45%，老年人口比例上升到 17.33%；65 岁
及以上老年人口数量增加到 15831.00 万人，年平均增加 563.13 万人，年平均
增长率为 4.18%，老年人口比例上升到 11.39%。2001—2010 年总人口年平
均增长数量和年平均增长率分别为 901.60 万人和 0.57%，2011—2017 年总
人口年平均增长数量和年平均增长率分别为 818.71 万人和 0.60%。由此可
见，老年人口增长速度大大高于总人口增长速度，其中前 10 年的老年人口年
均增长率比总人口增长率高 4 倍多，后 7 年则高 6 倍左右（见表 1-3）。与世
界平均水平相比，2015 年我国 60 岁及以上老年人口比例（13.32%）高出世界
平均水平（12.3%）1 个百分点；2050 年时，我国 60 岁及以上老年人口比例将
达到 36.5%，超过世界平均水平（21.5%）15 个百分点。[1] 由此可看出我国人
口老龄化速度明显加快的趋势。

表 1-3　我国老年人口数量变化情况

年份	人口总量（万人）		老年人口数量（万人）		老年人口年均增长率（%）	
	数量（万人）	年均增长率（%）	60 岁及以上	65 岁及以上	60 岁及以上	65 岁及以上
2000	124261	—	12997.79	8827.40	—	—
2010	133277	0.57	17755.85	11889.12	3.17	3.02
2017	139008	0.60	24090.00	15831.00	4.45	4.18

资料来源：根据第五次、第六次全国人口普查资料及《中华人民共和国 2017 年国民经济和社会发展统
计公报》计算。

我国人口老龄化加速过程中，还表现出更为突出的高龄化特点。一般把

---

[1]　Cf. Department of Economic and Social Affairs, United Nations, *World Population Prospects The
2015 Revision*, https://www. un. org/en/development/desa/publications/world – population –
prospects-2015-revision.html.

80 岁作为高龄老年人的起点,或者说把 80 岁及以上老年人口视为高龄老人。按照这一标准,2000 年"五普"时,我国高龄老人数量为 1191.11 万人,占总人口的 0.97%,占 60 岁及以上老年人口的 8.46%;2010 年"六普"时,我国高龄老人数量增加到 2095.34 万人,占总人口的 1.57%,占 60 岁及以上老年人口的 11.80%。[①] 根据联合国《世界人口展望:2015 年》提供的数据,2015 年我国 80 岁及以上老年人口在总人口中的比例为 1.6%,略低于世界平均水平的 1.7%;但到 2050 年时,我国 80 岁及以上老年人口比例将达到 8.9%,比那时的世界平均水平(4.5%)几乎高出 1 倍。[②]

3. 家庭规模小型化、空巢化问题日益突出

由于长期实行计划生育,家庭生育子女数减少,家庭规模变小,核心家庭增加。第三、第四、第五和第六次全国人口普查资料就反映出我国家庭人口规模变化的情况:1982 年 4.43 人,1990 年 3.90 人,2000 年 3.46 人,2010 年 3.08 人(见表 1-4)。

表 1-4　我国家庭规模构成变化状况 （单位:%）

年份	一人户	二人户	三人户	四人户	五人户	六人及以上户	平均人数
1982	7.97	10.08	16.05	19.54	18.35	28.01	4.43
1990	6.27	11.05	23.73	25.82	17.74	15.39	3.90
2000	8.31	17.04	29.95	22.97	13.62	8.11	3.46
2010	14.53	24.37	26.87	17.56	10.03	6.64	3.08

资料来源:根据第三、第四、第五和第六次全国人口普查资料计算。

与此同时,我国家庭代际结构也出现了三代家庭比例下降、核心家庭比例

[①] 2000 年和 2010 年数据根据全国第五次和第六次人口普查数据计算。

[②] Cf.Department of Economic and Social Affairs, United Nations, *World Population Prospects The 2015 Revision*, https://www.un.org/en/development/desa/publications/world - population - prospects-2015-revision.html.

升高的情况(见表1-5)。

表1-5　我国家庭户类别变化状况　　　　　　　(单位:%)

年份	一代户	二代户	三代及以上户
1982	13.77	67.47	18.76
1990	12.15	68.05	19.80
2000	21.70	59.32	18.98
2010	34.17	47.83	17.80

资料来源:根据第三、第四、第五和第六次全国人口普查资料计算。

受家庭规模小型化和家庭结构简单化以及人口流动性增强、大量青壮年劳动力外出务工经商等因素的影响,我国空巢老人家庭日益增多。《2014年中国家庭发展追踪调查》结果显示:空巢老人数据总样本量为9148人。60岁及以上空巢老人占老年人的51.3%,其中独居老人占老年人总数的9.3%,仅与配偶居住的老年人占42.0%。城镇和农村这两类人群的比重分别为8.8%、3.3%和9.6%、41.3%。从子女数量来看,无论城镇还是农村,拥有2个子女的空巢老人数均最多,分别占34.6%和29.8%。城镇空巢老人现有1个子女的比例高于农村4倍。农村空巢老人和子女不在一个省同住的比例高于城镇。[①] 根据多数学者的预测,空巢老人数量及比例都将呈继续上升趋势。

4.“人口红利”趋于消失,“人口负债”日益逼近

计划生育政策的实施,导致了我国人口出生率的骤然下降,进而降低了劳动年龄人口的总负担系数,使我国在20世纪末21世纪初迎来了一个人口年龄结构的“黄金期”,这个人口年龄结构的“黄金期”被人口学家称为“人口红利”[②]。从我国1982年以来进行的大型人口调查情况看,无论按国际社会划

---

① 参见韩枫:《城乡空巢老人代际支持状况分析——基于2014年中国家庭发展追踪调查数据》,《西北人口》2017年第1期。

② 一般认为,劳动年龄人口在全部人口中的比例高于50%,即为人口红利期。

分的劳动年龄人口标准(15—64岁),还是按我国实际执行的标准(劳动法规定的退休年龄为:女工人50岁、女干部55岁、男60岁;但近年来国家统计局发布的统计公报提供的数据,都是按16—59岁的标准,故本报告也采用16—59岁的标准),2010年都是一个重要转折点,劳动年龄人口数量和比例均出现减少态势(见表1-6)。按照国家统计局年度调查统计数据,我国劳动年龄人口数量峰值出现在2011年,为94072万人,2012年开始减少,2017年已经减至90199万人,2012—2017年间平均每年减少645.5万人。根据预测,这一减少态势还将不可逆转地持续下去。

表1-6　中国人口年龄构成变化情况　　(单位:万人,%)

年份	总人口	0—14岁	15—64岁	65岁及以上	0—15岁	16—59岁	60岁及以上
1982	100391	33.59	61.50	4.91	35.86	56.51	7.63
1990	113051	27.69	66.74	5.57	29.60	61.82	8.58
2000	124261	22.90	69.99	7.11	24.54	65.00	10.46
2010	133277	16.61	74.47	8.92	17.96	68.72	13.32
2015	137349	16.52	73.01	10.47	17.58	66.27	16.15
2017	139008	16.80	71.82	11.39	17.78	64.89	17.33

资料来源:根据第三、第四、第五和第六次全国人口普查资料及2015年全国人口抽样调查主要数据公报资料和《中华人民共和国2017年国民经济和社会发展统计公报》数据计算。

从劳动力抚养比看,1992年之前呈增加态势,1992年达到最高值50.97%,而后开始下降,2010年降至最低值34.17%后开始回升,2015年升至36.97%,2017年进一步升至39.25%。其中:少儿抚养比在1991年前呈上升态势,1991年达到最高值41.80%,此后开始持续快速下降,2011年降至22.10%的最低值;受人口年龄构成变化和生育政策调整的影响,近年来人口出生率稍有回升,少儿抚养比也出现小幅回升,2015年为22.63%,2017年为23.39%。与少儿抚养比变化态势不同的是,老年抚养比一直呈升高态势,

1990 年为 8.35%,2001 年为 10.09%,2015 年升至 14.33%,2017 年升至 15.86%(见图 1-1)。

（单位：%）

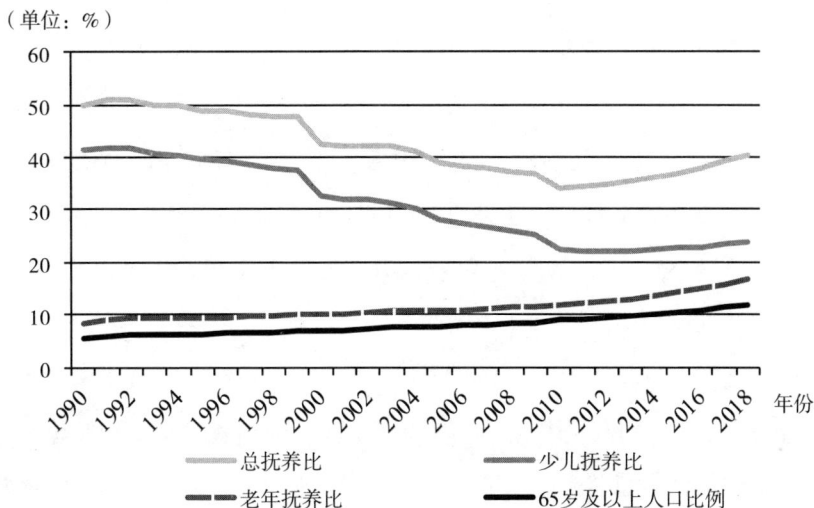

图 1-1 我国老年人口比例及抚养比的变化（1990—2018 年）

根据预测,我国劳动力总抚养比将持续升高,2030 年左右将超过 50%,按照有关专家对"人口红利"的界定,届时"人口红利"将完全消失。问题的严重性还在于,老年抚养比上升速度快于总抚养比升高速度,2030 年时老年抚养比有可能达到 25%,2036 年有可能达到 30%,2050 年有可能接近 40%。老年人口数量快速增加、老年抚养比大幅升高的情况,必将增大劳动力负担,加重"人口负债"问题。劳动年龄人口数量持续减少,劳动力负担不断增大,尤其是老年抚养比快速升高,并且达到很高水平,必然影响到经济社会的可持续发展。这种状况将会导致什么样的后果,目前尚难以作出准确预测,因为迄今为止,还没有哪一个国家出现过劳动年龄人口数量大范围、大幅度持续减少的情况。①

_____

① 参见翟振武、刘爽、陈卫等:《稳定低生育水平:概念、理论与战略》,《人口研究》2000 年第 3 期。

5. 出生人口性别比异常偏高，性别结构严重失衡

根据调查统计资料，20世纪50年代，我国出生人口性别比处在国际社会认可的范围内。60—70年代，除1960年（110.3）、1963年（107.1）、1966年（112.2）和1976年（107.4）4个年份略微高出正常值域上限外，其余年份均在107以下，保持在正常范围内。自1980年达到107.47后，就再也没有低于107，而且表现出持续偏高的态势，其中1981年为108.47,1990年为111.87,2000年为116.86,2010年为117.94,2015年为113.51,2016年为112.88,2017年为111.90。

由于我国人口基数庞大，出生人口性别比升高所导致的男女两性人口数量差异也非常大，根据2010年"六普"资料测算，到2030年时，我国20—39岁婚龄人口中男性数量将会比女性数量多出2219万人。男性择偶难问题将变得越来越突出，由此极有可能引发很多社会问题[1]，甚至对社会道德和家庭伦理产生一定的冲击。

（二）生育政策作出重大调整

20世纪70年代我国开始实行计划生育，最初实行的是有一定弹性的"晚、稀、少"政策；1980年9月25日中共中央发出《关于控制我国人口增长问题致全体共产党员共青团员的公开信》（以下简称"中共中央《公开信》"）后，开始执行"提倡一对夫妇只生育一个孩子"的政策。虽然20世纪80年代中期以后各省区都根据中共中央〔1984〕7号文件精神，在具体政策上放宽了二孩生育的照顾面，但直到2001年12月29日出台、2002年9月1日实施的《人口与计划生育法》，仍然明确规定"提倡一对夫妻生育一个子女"。

不过，随着人口形势的变化，进入新世纪后，学术界就开始了关于计划生

---

① 参见吕红平：《实施人口新政 打造计生良法——〈人口与计划生育法〉修订研究》，人民出版社2016年版，第28页。

育政策调整的研究。2004 年 6 月,中国人口学会和国家人口计生委在河北保定联合召开了一个题为"中国人口分析与预测学术研讨会"的会议,研究和讨论计划生育政策调整。因为当时讨论的问题非常敏感,为避免影响到计划生育工作的正常开展,会议一再强调"内部讨论"的性质,并在高度保密的状态下进行。在此之后,我国又开展了人口发展战略问题研究,对现实人口问题进行了客观分析,对未来人口发展趋势作出了科学研判,提出了总和生育率应维持在 1.8 左右的目标。正是在这一系列科学研究的基础上,2013 年召开的党的十八届三中全会作出了"启动实施一方是独生子女的夫妇可生育两个孩子的政策"的决定,即"单独二孩"政策;2015 年召开的党的十八届五中全会作出"全面实施一对夫妇可生育两个孩子政策"的决定,即"全面两孩"政策,自此才终结了实行 30 多年的"提倡一孩"政策,进入了"全面两孩"政策的新时代。我国计划生育政策由"提倡一孩"向"普遍两孩"的过渡,仅经历了两年的"单独二孩"政策过渡阶段,既说明了实行"全面两孩"政策的紧迫性,也说明了对实行"全面两孩"政策有较大的把握。

1."单独二孩"政策的提出与实施

我国对实行 30 多年的"提倡一孩"生育政策的重大调整,始于 2013 年 11 月 12 日党的十八届三中全会通过的《中共中央关于全面深化改革若干重大问题的决定》。其中涉及计划生育的内容为:"坚持计划生育的基本国策,启动实施一方是独生子女的夫妇可生育两个孩子的政策,逐步调整完善生育政策,促进人口长期均衡发展。"为了贯彻落实"单独二孩"政策,稳妥扎实有序推进调整完善生育政策,中共中央、国务院于 2013 年 12 月 31 日出台了《关于调整完善生育政策的意见》,在肯定我国计划生育工作取得的巨大成就、对继续坚持计划生育基本国策的必要性作出科学解释的基础上,从经济持续健康发展、家庭幸福与社会和谐、促进人口长期均衡发展的角度,论证了根据人口形势发展变化调整完善生育政策的重要意义,提出了本次生育政策调整的指导思想、基本原则和方法步骤,作出了健全工作机制、完善配套政策、做好宣传引导、加强组织领导、稳妥扎实有序推进各项工作的具体部署。

在《中共中央关于全面深化改革若干重大问题的决定》及中共中央、国务院《关于调整完善生育政策的意见》指导下,各省区于 2014 年上半年相继完成了《人口与计划生育条例》的修订工作,虽然仍然保留了"一对夫妻生育一个子女"的政策要求,但是却在经过批准可以再生育一个子女的"条件"项下,增列了"夫妻一方为独生子女,并且只有一个子女的"条款,"单独二孩"政策实施具备了可操作性。

我国计划生育政策由"提倡一孩"向"单独二孩"的调整,虽然只是放宽了二孩生育照顾面,并没有突破"一对夫妻生育一个子女"的政策框架,但这一调整不同于以往调整的意义在于:由于《中共中央关于全面深化改革若干重大问题的决定》中已经包含了"逐步调整完善生育政策"的内容,从而也就为进一步完善生育政策、制定实施"全面两孩"政策奠定了前提,或者说成为我国生育政策由"提倡一孩"向"全面两孩"过渡的重要阶段,甚至可以说是由"提倡一孩"向"全面两孩"过渡的一次试验。

尽管在"单独二孩"的政策调整是否实现政策预期问题上存在不同意见,既有肯定派,也有否定派,还有半肯定、半否定派,但是在育龄群众生育意愿已经发生根本变化、期望子女数基本在 2 个左右这一认识上,还是基本形成了共识。由此便可以得出一个重要结论:即使普遍允许生育两个孩子,也不会出现生育失控的局面。

2."全面两孩"政策的提出与实施

2014 年 1 月 1 日实施"单独二孩"政策后,由于服务管理工作及时跟进,这一政策得到稳妥、扎实、有序的顺利实施,不仅没有出现一些人想象的生育高峰或生育堆积现象,而且比原来预期的生育水平还要低。按照"单独二孩"政策制定实施前的测算,"单独二孩"实施以后,每年大约要新增 200 万出生人口,实际上 2014 年的生育数量为 1687 万人,仅比 2013 年增加了 47 万人;2015 年的生育数量为 1655 万人,与 2014 年相比不增反减 32 万人。生育增量远远低于预期的情况,虽然有政策调整时间短故其效果很难在短时间内完全显现、2015 年的"羊年忌讳"对生育有一定影响、生育势能需要逐步释放的原因,但也反映出生育意愿转变对家庭生育决策的巨大影响,同时也消除了生育政策调整必然带来生育高峰的忧虑和担心,为进一步调整完善生育政策积累了经验。为了进一步调整和完善生育政策,2015 年 10 月 29 日,党的十八届五中全会作出决定:启动"全面实施一对夫妇可生育两个孩子政策"。2015 年 12 月 27 日,十二届全国人大常务委员会第十八次会议作出《关于修改〈中华人民共和国人口与计划生育法〉的决定》,将原法中的"提倡一对夫妻生育一个子女"修订为"提倡一对夫妻生育两个子女",明确了"全面两孩"政策的法律地位。修订后的《人口与计划生育法》于 2016 年 1 月 1 日,正式施行。至此,我国真正结束了实行 30 多年的"提倡一孩"的政策。①

"全面两孩"政策是我国生育政策的重大调整,将成为我国人口与计划生育史上的一个重要里程碑。之所以这样说,主要有以下理由:1980 年 9 月 25 日中共中央《公开信》发表后,我国就确立了"提倡一对夫妇只生育一个孩子"的生育政策。1984 年 4 月 13 日,以中共中央〔1984〕7 号文件形式批转的国家计生委党组《关于计划生育工作情况的汇报》,要求"把计划生育政策建立在合情合理、群众拥护、干部好做工作的基础上",在"继续提倡一对夫妇只生育一个孩子"的前提下,"对农村继续有控制地把口子开得稍大一些",同时"坚决制止大口子"。在这一精神指导下,各省区制定实施的《计划生育条例》(后改称《人口与计划生育条例》),都扩大了二孩生育照顾面,绝大多数省区都开始在农村地区实行"女儿户"政策,亦称"一孩半"政策,即允许农村第一孩为女孩的家庭生育第二个孩子。在后来的生育政策调整中,多数省区进一步扩

---

① 参见吕红平、李莉:《"全面两孩"政策背景下奖励扶助政策重构》,《河北大学学报(哲学社会科学版)》2016 年第 2 期。

大了二孩生育照顾面,允许夫妻双方均为独生子女的家庭生育第二个孩子,即"双独两孩"政策。2014 年 1 月 1 日起,进一步扩大了二孩生育照顾面,开始实行"单独二孩"政策。但无论是"开小口,堵大口"的生育政策调整,还是"女儿户"政策、"双独两孩"政策、"单独二孩"政策,都没有脱离"提倡一对夫妇只生育一个孩子"的政策框架,或者说都是对"提倡一对夫妇只生育一个孩子"政策的补充和完善。但是,"全面两孩"政策就不同了,它不是对"提倡一孩"政策的修修补补,而是一种质的调整,即发生了从一到二的变化,开启了"全面两孩"政策的新篇章。

新修订的《人口与计划生育法》颁布后,各省、自治区、直辖市相继启动了《人口与计划生育条例》修订工作。截至 2017 年 7 月底,30 个省、自治区、直辖市完成了《人口与计划生育条例》修订工作,"全面两孩"政策有了具体的法规依据。

(三)生育意愿显著下降

我国实行计划生育以来,广大群众的思想观念和生育意愿发生了很大变化,"多子多福"的传统生育观念不复存在,少生优育的现代生育观念渐成主流,生育两个孩子成为多数人的选择。① 1979 年由中国社科院社会学研究所组织的北京、四川两地城乡青年生育意愿调查结果表明:北京城区男、女青年的平均意愿生育子女数分别为 1.36 个和 1.27 个;农村男、女青年的平均意愿生育子女数均为 1.78 个。四川城镇男、女青年的平均意愿生育子女数分别为 1.26 个和 1.30 个;农村汉族男、女青年的平均意愿生育子女数均为 1.79 个。② 1985 年国家统计局在陕西、河北、上海进行的第一期深入生育力调查数

---

① 参见吕红平:《实施人口新政 打造计生良法——〈人口与计划生育法〉修订研究》,人民出版社 2016 年版,第 12 页。

② 参见张子毅、杨文、张潘仕等:《中国青年的生育意愿》,天津人民出版社 1982 年版,第 34、47、69、77 页。

据表明,在当时生育政策环境下,陕西、河北和上海妇女的平均意愿生育子女数分别为2.5个、2.2个和1.6个。[①] 2002年国家计生委组织开展的全国城乡居民生育意愿调查结果为:在有计划生育政策限制的情况下,被调查者的平均意愿生育子女数为1.78个,其中男性1.82个,女性1.75个;在不考虑计划生育政策的情况下,被调查者的平均意愿生育子女数为2.04个,其中男性2.09个,女性为1.99个。分城乡看,在有计划生育政策限制的情况下,市、镇、乡分别为1.39个、1.53个和2.01个;在不考虑计划生育政策的情况下,市、镇、乡分别为1.70个、1.78个和2.23个。[②]

为制定实施"单独二孩"生育政策,国家卫生计生委曾经委托中国人口与发展研究中心于2013年8月在除西藏、新疆之外的大陆29个省区开展了一次大规模的全国生育意愿调查,共获得63451份20—44岁已婚有配偶育龄人群的有效问卷。调查结果表明,平均理想子女数为1.93个,其中81.8%的被调查者理想子女数为2个,现有一孩单独家庭平均理想子女数为1.81个,实行一孩政策、一孩半政策、二孩政策的地区分别为1.84个、1.98个和2.01个,双独、单独、普通家庭分别为1.79个、1.83个和1.95个;理想生育子女数构成情况为:不想生育孩子的占0.1%,理想子女数为1个孩子的占13.2%,理想子女数为2个孩子的占81.8%,理想子女数为3个及以上孩子的占4.9%。[③] 这次调查反映出生育意愿的三大特点:一是意愿生育子女数低于更替水平;二是理想子女数与政策类型有一定关系,生育政策严格的地区育龄人群理想子女数较低,生育政策宽松的地区育龄人群理想子女数较高;三是虽然

---

① 参见张子毅、杨文、张潘仕等:《中国青年的生育意愿》,天津人民出版社1982年版,第105页。

② 参见陈胜利、张世琨:《当代择偶与生育意愿研究》,中国人口出版社2003年版,第101、112、120页。

③ 参见庄亚儿、姜玉、王志理等:《当前我国城乡居民的生育意愿——基于2013年全国生育意愿调查》,《人口研究》2014年第3期。

意愿生育子女数为 2 个成为主流,但也仅占八成左右。①

实施"全面两孩"政策后,全国妇联儿童工作部与北京师范大学中国基础教育质量检测协同创新中心从 2016 年 4 月开始,开展了历时半年多的"实施'全面两孩'政策对家庭教育的影响"课题的调查研究工作。2016 年 12 月发布的"实施全面两孩政策对家庭教育的影响"的调查报告显示:现有一孩家庭中,53.3%没有生育二孩的意愿,其中发达省区、城市地区、高学历受访者中有 60%以上的家庭不愿意生育二孩。② 还有一些学者也在实施"全面两孩"政策后进行了调查,同样反映出生育意愿低迷的问题。例如,张露露和夏书明对河南南阳部分农村生育意愿状况调查研究表明:在接受调查的女青年中,明确表示"不要孩子"的占 4.3%,认为理想子女数为 2 个的占 63.3%,想要 3 个及以上孩子的占 17.2%。③ 姜赛等人所做的天津城市居民生育意愿调查表明:在接受调查的城市居民中,意愿子女数为 1 个的占 54.24%,意愿子女数为 2 个的占 45.76%。④ 明星和帅莹子对武汉市武昌区进行的生育意愿调查研究表明:35.8%的受访者表示愿意生二孩,64.2%的受访者表示不愿意生二孩。⑤ 祝宏辉和陈贵红利用新疆生产建设兵团计生委 2016 年的调查数据进行的分析表明,明确表示有二孩生育意愿的仅占 26.89%,没有二孩生育意愿的占 73.11%,反映出二孩生育意愿明显偏低的特点。⑥ 在流动人口数量庞大、中

---

① 参见庄亚儿、姜玉、王志理等:《当前我国城乡居民的生育意愿——基于 2013 年全国生育意愿调查》,《人口研究》2014 年第 3 期。

② 参见《妇联:一半以上一孩家庭没有生育二孩的意愿》,新华网 2016 年 12 月 22 日,http://news.xinhuanet.com/politics/2016-12/22/c_1120168926.htm。

③ 参见张露露、夏书明:《农村女青年"二孩"生育意愿及其影响因素分析——以河南省南阳市 H 镇为例》,《宜宾学院学报》2017 年第 1 期。

④ 参见姜赛、辛怡、王晶艳等:《天津市"全面二孩"政策下城市居民生育意愿的影响因素分析》,《中国初级卫生保健》2017 年第 1 期。

⑤ 参见明星、帅莹子:《二孩新政下城市居民生育意愿研究——基于武汉市武昌区的调查分析》,《管理观察》2017 年第 3 期(下)。

⑥ 参见祝宏辉、陈贵红:《"全面二孩"政策下新疆生产建设兵团育龄人群生育意愿调查分析》,《西北人口》2017 年第 6 期。

青年流动人口占比较高的情况下,研究流动人口的二孩生育意愿也非常重要。杨菊华利用 2016 年全国流动人口动态监测调查数据,分析了已育一孩流动人口的二孩生育意愿,在 15—49 岁受访者中,仅有 22.56% 的受访者表示打算生育二孩,46.05 的受访者表示不打算生育二孩,31.39% 的受访者表示"没想好"。①

为了推进"全面两孩"政策实施,本课题组也于 2016 年 7—9 月组织了一次"计划生育奖励扶助情况调查"。本调查在省级层面抽取了安徽、贵州、河北、河南、湖北、黑龙江和新疆 7 个省区,每个省区抽取 3 个县(市、区),每个县(市、区)抽取 1 个村(居),最后在选中的村(居)抽取 100 个调查对象,共发放调查问卷 2100 份,得到有效问卷 2026 份。汇总结果表明,被调查对象的平均理想子女数为 1.77 个,其中城镇 1.72 个,农村 1.82 个;育龄妇女意愿子女数为 1 个的占 24.75%,2 个的占 72.73%,3 个及以上的占 2.08%,不想生育的占 0.44%;在已有一孩育龄妇女中,希望生育二孩的占 38.44%,不想生育的占 42.98%,还没想好是否生育的占 18.58%。

实施"全面两孩"政策后进行的一系列调查表明,群众的意愿生育子女数不仅没有随着生育政策的重大调整而增加,反而比实施"单独二孩"政策前的 2013 年的调查更少了;已有一孩家庭中,想生育二孩的比例也更低了。这说明,不仅广大群众的生育观念发生了显著变化,而且意愿生育子女数与国家生育政策之间矛盾的性质也发生了逆转,即由原来的意愿生育子女数多于政策要求变为少于政策要求。群众生育意愿的根本转变以及生育意愿与生育政策要求之间关系的方向性变化,成为调整计划生育奖励扶助政策的一个重要背景。

(四)家庭发展日益受到重视

重视家庭发展,始于计划生育工作需要对计划生育家庭的支持,如 20 世

---

① 参见杨菊华:《流动人口二孩生育意愿研究》,《中国人口科学》2018 年第 1 期。

纪 90 年代中期开展的计划生育"三结合"就只把计划生育家庭列入项目计划,进入新世纪后实施的"少生快富"扶持对象也是限于计划生育家庭,后来才逐渐扩大到一般意义上的家庭。2011 年 4 月 26 日,中共中央政治局就世界人口发展和全面做好新形势下我国人口工作进行第二十八次集体学习时,时任中共中央总书记的胡锦涛在强调要求高度重视人口与计划生育工作的同时,也指出要建立健全家庭发展政策。虽然当时主要针对的是计划生育家庭,但毕竟是我国决策层第一次提出重视家庭发展问题,反映出我国决策层在人口与计划生育问题上由强调宏观层面人口控制向注重微观层面家庭功能健全与健康发展的转变。

2014 年 1 月 8 日,国家卫生计生委发出《关于贯彻落实〈中共中央、国务院关于调整完善生育政策的意见〉的通知》(国卫指导发〔2014〕1 号),明确要求:"完善和落实各项计划生育利益导向政策,提高计划生育家庭发展能力。进一步简化再生育审批程序,精简所需材料,方便群众办事。"

2015 年 12 月 31 日,中共中央、国务院颁布《关于实施全面两孩政策　改革完善计划生育服务管理的决定》,要求尽快实现计划生育工作"由管理为主向更加注重服务家庭转变""构建有利于计划生育的家庭发展支持体系""加大对计划生育家庭扶助力度……完善计划生育家庭奖励扶助制度和特别扶助制度""增强家庭抚幼和养老功能。建立完善包括生育支持、幼儿养育、青少年发展、老人赡养、病残照料等在内的家庭发展政策,鼓励按政策生育。完善计划生育奖励假制度。增强社区幼儿照料、托老日间照料和居家养老等服务功能。"

2016 年 12 月 30 日,国务院公布《国家人口发展规划(2016—2030 年)》,明确要求:"健全生育服务和家庭发展支持体系""建立完善包括生育支持、幼儿养育、青少年发展、老人赡养、病残照料、善后服务等在内的家庭发展政策。完善税收、抚育、教育、社会保障、住房等政策,减轻生养子女家庭负担。完善计划生育奖励假制度和配偶陪产假制度。鼓励雇主为孕期和哺乳期妇女提供灵活的工作时间安排及必要的便利条件。支持妇女生育后重返工作岗位。增强社区幼儿照料、托老日间照料和居家养老等服务功能。……加强家庭信息采集和管理，为家庭发展政策的制定和实施提供依据。大力发展家庭服务业。加强婚姻家庭辅导，推进新型家庭文化建设，开展幸福家庭创建活动。"加大对计划生育家庭的扶助力度……完善计划生育家庭特别扶助制度，加大对残疾人家庭、贫困家庭、计划生育特殊家庭、老年空巢家庭、单亲家庭等的帮扶支持力度。""完善家庭养老支持措施，建设无障碍的老年友好型社区和城市，营造良好社会氛围，形成敬老、养老、助老的社会风尚。""深入开展关爱女孩行动，改善女孩生存环境，建立健全有利于女孩家庭发展的帮扶支持政策体系。""坚持儿童优先原则，完善未成年人保护和儿童福利体系。"

2016年3月17日公布的《中华人民共和国国民经济和社会发展第十三个五年规划纲要》（以下简称"十三五"规划纲要）指出："积极发展家庭服务业，促进专业化、规模化和网络化发展。""加强就业援助，对就业困难人员实行实名制动态管理和分类帮扶，做好'零就业'家庭帮扶工作。""建立家庭养老支持政策，提增家庭养老扶幼功能。做好困境儿童福利保障工作。完善儿童收养制度。""做好相关经济社会政策与全面两孩政策的有效衔接。完善农村计划生育家庭奖励扶助和特别扶助制度，加强对失独家庭的关爱和帮助。做好优生优育的全程服务。注重家庭发展。""促进学校教育、家庭教育、社会教育协调互动。""引导公众用社会公德、职业道德、家庭美德、个人品德等道德规范修身律己，自觉履行法定义务、社会责任和家庭责任，自觉遵守和维护社会秩序。"

由此可见，《国家人口发展规划（2016—2030年）》和"十三五"规划纲要在谈到家庭支持政策时，均已超出计划生育家庭范围，而扩大到了更广泛的领域，如儿童教育、儿童福利、儿童发展、妇女就业、老年就业、居家养老等，涉及所有的家庭。这表明，国家已经注意到由于长期实行"提倡一孩"的政策，的确给家庭发展带来了一些问题，开始通过制定实施家庭支持政策，帮助家庭提升发展能力。

众所周知,家庭是社会的细胞组织,家庭发展状况不仅影响到家庭功能的实现,对经济社会发展的可持续性也有重要影响。《国家人口发展规划(2016—2030年)》和"十三五"规划纲要对家庭发展支持的重视,就反映出政策制定上正逐步走出以往仅仅局限于服务计划生育政策的考虑,视角更大,领域更宽。

二、研究意义

三十多年来,我国计划生育政策的基点始终是"提倡一孩",照顾确有特殊情况和实际困难的家庭生育二孩,绝大多数省区实行针对农村地区的"一孩半"政策(即第一孩为女孩的,经批准可以生育二胎)。与此相适应,计划生育奖励扶助政策形成了三大特点:一是服务于"提倡一孩"的生育政策,奖励扶助对象基本上限于一孩家庭,之所以说"基本上",是由于后来为了解决出生人口性别比偏高问题,才把计划生育双女户纳入部分奖励扶助政策覆盖范围;二是服务于二元、双轨制的生育政策,实行城乡有别的奖励扶助标准;三是政府在奖励扶助政策中的责任和作用日益增大,但不同地区之间一直存在较大差异。

修订后的《人口与计划生育法》第十八条规定:"国家提倡一对夫妻生育两个子女。"与修改前的"国家稳定现行生育政策,鼓励公民晚婚晚育,提倡一对夫妻生育一个子女;符合法律、法规规定条件的,可以要求安排生育第二个子女"相比,应该说是一个重大修改,因为它涉及二孩生育的合法性以及与此相适应的奖励扶助政策适用范围调整问题。按照原法规定,国家只对实行计划生育的夫妻给予奖励;生育二孩必须符合照顾生育的条件,如果不经批准生育二孩,就属于政策外生育,不仅不能享受奖励扶助政策,还要受到经济惩罚及纪律处分。实施"新法"后,取消了二孩生育的限制性条件,实行了普遍允许生育二孩的政策。因此,二孩生育合法性条款的修订,必然要求对奖励扶助政策作出相应调整。按照修订后的《人口与计划生育法》和中央《决定》精神,对生育政策调整后自愿只生育一个子女的夫妻,不再实行独生子女父母奖励优惠等政策。这一精神与"全面两孩"政策相一致,体现了奖励扶助政策服务于计划生育政策的特点。但是,《人口与计划生育法》依然保留着"国家对实行计划生育的夫妻,按照规定给予奖励"(第二十三条)、"符合法律、法规规定生育子女的夫妻,可以获得延长生育假的奖励或者其他福利待遇"(第二十五条)的规定;中央《决定》还要求"加大对计划生育家庭扶助力度。切实保障计划生育家庭合法权益,使他们优先分享改革发展的成果""推进计划生育与扶贫开发相结合,继续实施'少生快富'工程"。"十三五"规划纲要也有类似规定。也就是说,无论是《人口与计划生育法》还是中央《决定》和"十三五"规划纲要,都要求对实行计划生育的家庭给予奖励扶助。实施"全面两孩"政策后的计划生育家庭,既包括一孩家庭,也包括二孩家庭,因为生育一孩符合政策,生育二孩同样符合政策。实际上,还有一些特殊情况,如第一胎生育一个孩子,第二胎生育双胞胎、三胞胎及以上孩子的,以及不同类型再婚家庭按照政策规定的生育行为,也都符合生育政策。这样一来,势必要求对原来实行的仅把一孩家庭和双女家庭作为奖励扶助对象的规定作出必要的调整或重构。实施"全面两孩"政策后,对计划生育奖励扶助政策进行改革或调整,具有以下几个方面的重要意义:

(一)奖励扶助政策改革或调整是法规政策体系一致性的必然要求

法律法规是一个大系统,不同法律法规之间必须相互协调、相互补充,而不能冲突或矛盾。我国的计划生育法规政策是由不同的法律、规章和政策组成的有机整体,不同法规政策应当相互补充、相互支撑、相互协调,而不应当出现矛盾现象和扯皮问题。《人口与计划生育法》的修订,不仅要求原有的关于计划生育的部门规章作出相应的修订和调整,而且要求与之相关的其他领域的法律法规作出修订,这是由政策体系的完整性、系统性、协调性特点所决定的。因为我国以往实行的计划生育奖励扶助政策服务于"提倡一孩"的生育政策,奖励扶助对象基本上限于一孩家庭和双女家庭。生育政策由"提倡一孩"调整为"全面两孩"后,必然要求对原来以一孩家庭和双女家庭为主要对象的奖励扶助政策作出调整或修改,以保持生育政策体系的一致性和协调性,服务于新的生育政策。计划生育奖励扶助政策的实施目的无非有两个:一是通过这一政策,给予计划生育家庭一定的经济帮助,以弥补他们因响应国家号召所损失的利益,坚定他们的计划生育信念;二是通过示范效应,吸引和带动其他群众实行计划生育,促进计划生育工作顺利开展,落实好计划生育基本国策。实施"全面两孩"政策后,生育一孩已不再是政策目标,如果继续实行以一孩家庭为目标群体的奖励扶助政策,显然有悖于现行生育政策,这也是《人口与计划生育法》和中央《决定》以及各省区《人口与计划生育条例》提到计划生育奖励时都附加了"获得《独生子女父母光荣证》"的前提条件的根本原因。

按照奖励扶助政策必须服务于计划生育政策、政策法规之间必须协调一致的原则,生育政策由"提倡一孩"调整为"全面两孩"后,奖励扶助政策必须作出相应的改革或调整。

(二)奖励扶助政策改革或调整是贯彻落实国家有关奖励扶助政策的需要

《人口与计划生育法》第二十三条规定:"国家对实行计划生育的夫妻,按照规定给予奖励。"实际上,这一规定明确了国家在落实奖励扶助政策中的主体地位和主导作用。按照党的十八届五中全会提出的"共享"理念和中央《决定》提出的"加大对计划生育家庭扶助力度。切实保障计划生育家庭合法权益,使他们优先分享改革发展的成果"的基本要求,以及"十三五"规划纲要提出的"完善农村计划生育家庭奖励扶助和特别扶助制度,加强对失独家庭的关爱和帮助""做好优生优育的全程服务""注重家庭发展"的要求,应当充分利用计划生育奖励扶助政策调整或重构的契机,建立层次更高、全国统一、覆盖面更广的奖励扶助政策标准。这样的改革,有利于弱化并逐步消除奖励扶助政策中的各种差异,解决好计划生育奖励扶助工作中贡献相同、待遇有别的问题①,使计划生育家庭真正能够公正公平地"共享"政策福利和社会发展成果,提高生育政策实施效果。

（三）奖励扶助政策改革或调整是适应"全面两孩"政策后取消差异性生育政策的必然要求

原来的计划生育奖励扶助政策,服务于城乡有别的二元生育政策,城镇和农村间的奖励扶助政策有着不同的依据和标准,不同地区之间也存在很大差异。例如:按照原来的生育政策,城镇只能生育一个孩子,个别有特殊困难的家庭才可以申请生育二孩。农村计划生育政策相对宽松,绝大多数农村地区实行"一孩半"或称"女儿户"政策;一些边远山区实行二孩政策;个别少数民族地区还可以生育三孩。生育政策由城乡二元向全国统一的转变,即不分城乡普遍允许生育两个子女的政策,必然要求奖励扶助对象和标准作出根本性修改,朝着不分城乡、全国统一的方向发展。总体上说,我国计划生育奖励扶

①　即同是响应党和国家号召、实行计划生育的家庭,却不能享受相同的奖励扶助待遇的情况。例如:独生子女保健费和一次性退休奖励或加发一定比例退休金的政策,基本上只涉及城镇公职人员,普通城镇居民和农村居民不能享受;计划生育家庭奖励扶助制度只针对农村居民,城镇居民不能享受;"少生快富"工程只针对西部地区,中、东部地区不能享受;一些地区实施的中高考独生子女和双女加分政策,把不少计划生育家庭的子女(如一胎为双胞胎、二胎为男孩或双胞胎等)排除在外;计划生育特殊困难家庭扶助制度,2013年12月再次提高标准(2014年1月开始实施)后,却实行城乡有别的扶助标准,直到财政部和卫生计生委于2016年4月15日出台《关于进一步完善计划生育投入机制的意见》(财社〔2016〕16号),作出"统一城乡独生子女伤残、死亡家庭扶助标准,将农村独生子女伤残、死亡家庭扶助标准提高到与城镇水平一致"的规定,才纠正了这一执行了两年的政策。而且,无论是独生子女奖励费(或保健费)、农村计划生育家庭奖励扶助政策,还是计划生育特殊困难家庭扶助政策,也都因为一些地区实行的"自选动作"而形成了较大的地区差异。

助政策长期以来都是城乡有别,而且存在较大差异。在独生子女奖励和独生子女父母退休待遇上城镇好于农村;但也有一些针对农村的优惠政策城镇不能享受,如农村部分家庭计划生育奖励扶助制度等。

改革二元社会制度,促进城乡融合发展,推进社会公平公正,是我国近年来大力推进的一项社会政策改革。"十三五"规划纲要要求:"统筹推进户籍制度改革和基本公共服务均等化""实施居住证制度""保障居住证持有人在居住地享有义务教育、公共就业服务、公共卫生服务等国家规定的基本公共服务";党的十九大报告进一步要求"建立健全城乡融合发展体制机制和政策体系"。这些对社会政策公共性、均等性的定位,必然要求计划生育奖励扶助政策作出相应的由城乡二元向城乡一体的改革,这不仅是落实无差异的"全面两孩"政策的重要保障,也是人口和计划生育领域推进社会公平、消除群体差异的重要举措,对推进二元社会制度改革和城乡一体化进程也具有积极意义。

(四)奖励扶助政策改革或调整是提升育龄夫妇生育意愿、鼓励群众按政策生育的需要

为了体现"鼓励按政策生育"的精神,帮助育龄群众解决生育意愿不强、养育压力大的问题,保障"全面两孩"政策真正落地,就需要扩大奖励扶助政策覆盖面,把奖励扶助对象扩大到二孩及其家庭。根据本课题组的调查数据,育龄群众在回答计划生育奖励扶助政策是否具有吸引力的问题时,仅有27.36%持肯定态度,39.60%持否定态度,33.04%说不清楚;对于是否应当根据"全面两孩"政策调整奖励扶助政策的问题,68.95%认为亟须调整,1.29%认为不必调整,29.76%持无所谓态度。部分群众生育意愿下降、不愿意生育二孩、"全面两孩"政策有可能遇阻,以及多数育龄群众对现行奖励扶助政策吸引力持否定态度、对调整奖励扶助政策较为迫切的要求,成为调整奖励扶助政策的现实依据。也就是说,对按政策生育的家庭(无论一孩还是二孩)给予必要的补助,是解决部分家庭因为生育成本过大而不愿生育二孩问题,增强家

庭的生育和发展能力,使人们生得起、养得好的重要措施。因而,构建与"全面两孩"政策相适应的计划生育奖励扶助政策,是鼓励广大育龄群众响应党和政府号召、自觉按政策生育的重要举措。

(五)奖励扶助政策改革或调整是承认生育社会价值、解决妇女生育与职业发展矛盾的需要

在"全面两孩"后的奖励扶助政策问题上,有人认为,过去对独生子女家庭实行奖励扶助政策,是因为国家不让多生,对独生子女家庭的奖励扶助是为了起到鼓励和引领作用;实施"全面两孩"后普遍允许生育二孩,也就用不着奖励了。实际上,这种观点仍然没有摆脱生育是家庭私事的思路。笔者认为,生育既是家庭的私事,也是国家的大事、民族的大事,因为生育的孩子既是家庭的后代和养老资源,也是国家未来的支柱和财富来源,作为社会劳动力要为经济社会发展作贡献。因此,生育具有重要的社会价值。2018 年 8 月 6 日《人民日报》海外版载文《生娃是家事也是国事》,从文章标题就可以看出对生育社会价值的肯定。文章针对生育政策调整后很多年轻人"不是很买账"(即"不愿意要孩子")的情况指出:"全面两孩"不能仅仅靠家庭自觉,还应该制定更为完整的体制机制。说白了,生育不只是家庭自己的事,也是国家大事。因此,应当把政策落到实处,让育龄夫妇切实感受到政策福利,而不是画饼充饥。[1] 毕竟国与家是紧密联系在一起的,家是国的基础,国是家的保障。解决家庭和育龄夫妇生育意愿不强、养育子女压力大的现实问题,需要政府对生育家庭的支持,而对按政策生育家庭的支持就是在推进国家生育政策目标的实现。其实,我们在宣传计划生育时,往往只是从宏观上考虑问题,更多地把家庭生育子女数量与经济社会发展、劳动力需求、资源环境承载力等相联系。然而,在生育社会价值的认可和补偿方面,在法规政策上却显得很弱,除了产假

---

[1]　参见张一琪:《生娃是家事也是国事》,《人民日报(海外版)》2018 年 8 月 6 日。

福利之外,很少有实际内容。青年人生育意愿下降、"单独二孩"和"全面两孩"政策的效应不够理想,有多方面的现实原因,例如:生育成本增大、抚养负担过重、很多家庭难以承受,托育公共服务供给不足、抚育孩子与工作之间的矛盾难以调和导致妇女的生育积极性下降,社会养老服务发展较快、家庭养老模式逐渐式微、子女的养老功能显著弱化,等等。正是在这些因素的综合作用下,才出现了越来越多的符合生育政策的育龄夫妇因育儿成本过高而放弃二孩生育的情况。[1] 因此,实施"全面两孩"政策、落实中央《决定》"鼓励按政策生育"的精神,对按政策生育的家庭给予一定的支持或扶助,就显得十分必要了。我们建议:为了落实中央"鼓励按政策生育"的精神,可以对实施"全面两孩"政策后的"新人"实行生育津贴或生育补助制度,即用生育津贴或生育补助的概念代替原来的奖励扶助概念,以便与《人口与计划生育法》第二十七条"在国家提倡一对夫妻生育一个子女期间,自愿终身只生育一个子女的夫妻,国家发给《独生子女父母光荣证》。获得《独生子女父母光荣证》的夫妻,按照国家和省、自治区、直辖市有关规定享受独生子女父母奖励"的规定共同构成"双轨制"的奖励扶助政策体系,真正形成奖励扶助政策适用于"老人"、生育津贴或生育补助政策适用于"新人"的奖励扶助政策体系。[2] 对于"老人",既有奖励的因素,也有扶助的成分;对于"新人",则只有扶助的成分。实行生育

---

[1] 参见张晓青、黄彩虹、张强等:《"单独二孩"与"全面二孩"政策家庭生育意愿比较及启示》,《人口研究》2016 年第 1 期。

[2] 所谓"老人",指的是实施"全面两孩"政策前已经领取独生子女父母光荣证,并且不具备生育二孩条件或者不愿意生育二孩的夫妇,对他们继续按规定的条件、标准、年限实行各项计划生育奖励优待政策,这样做符合《人口与计划生育法》和中央《决定》精神,也是党和政府兑现政治承诺和政治责任的具体体现。所谓"新人",就是指实施"全面两孩"政策后生育的家庭,包括实施"全面两孩"政策时已生育一个子女但没有领取独生子女父母光荣证的夫妇,按照《人口与计划生育法》和中央《决定》精神,这些夫妇即使自愿生育一个孩子,也不再发放独生子女父母光荣证,不再享受独生子女父母奖励费等相关奖励优待政策。对于此后的生育行为,国家将主要通过改革生育服务管理制度,提升计划生育服务管理水平,建立完善包括生育支持、幼儿养育、青少年发展、老人赡养、病残照料等在内的家庭发展政策,完善计划生育奖励假制度等措施,鼓励按政策生育。

津贴或生育补助政策,是国家承认生育的社会价值、承担生育的社会责任的重要体现,也是贯彻落实"全面两孩"政策、鼓励按政策生育的具体举措。此外,对于提高妇女地位,落实男女平等的基本国策,也将产生重要的助推作用。

三、研究问题与目标

(一)研究的基本问题

我国实施"全面两孩"政策后,改变了以往限制二孩生育的做法,开始鼓励生育二孩,但由于生育意愿不强,不少育龄夫妇并没有选择生育二孩,生育政策效应不显著,也有人说没有收到预期效果。究其原因可能有很多方面,但是在"不想生""不愿生"的背后,最主要的还是生育子女经济压力大、没时间,说到底主要是资源不足问题。之所以出现这一情况,既与生育子女的成本快速增加、子女效益滞后性增强和不确定性增大的情况有关,也与职业竞争加剧、女性生育与就业矛盾突出、托育服务不完善的社会现实有关。按照中央《决定》"鼓励按政策生育"和党的十九大报告"促进生育政策和相关经济社会政策配套衔接"的精神,应当加强生育支持政策的顶层设计,制定实施"鼓励按政策生育"的具体政策措施,通过调整完善相关经济社会政策,形成"鼓励按政策生育"的社会环境,打好生育支持的"组合拳",帮助按政策生育的家庭解决部分经济困难和照料负担,唯有如此,才能打消部分育龄夫妇的顾虑,提振他们的生育意愿,作出二孩生育的决策并付诸行动。

在育龄夫妇不愿生育二孩的原因中,经济压力过大占据第一位。因此,研究制定针对按政策生育家庭的补贴政策,帮助生育家庭减轻经济负担,提升育龄群众的生育意愿,使不想生的转变为想生,使有生育意愿的转变为实际生育行为,对如何补贴、补贴多少以及采取何种补贴形式等问题作出深入系统的研究,是本课题研究的主要问题。

缺乏家庭照料资源是育龄夫妇不愿生育二孩的次要原因。从现实情况看,生育假一般为五六个月,此后的幼儿照料,由于家庭缺乏人手,雇家庭保姆又存在费用过高的问题,很多家庭难以承受,因此,往往处于两难境地;社会托育服务不足,托儿所基本消失,幼儿园一般只接收 3 岁以上的孩子,形成了产妇休完产假到孩子上幼儿园两年多的幼儿社会服务空档期。如何增大财政投资力度,增加公办托儿所,在政策上鼓励和支持有条件的单位和社会力量创办托儿所,加强社区日间照料中心建设等,也都需要作出具体设计和科学论证。

影响妇女就业和职业发展也是部分家庭不愿生育二孩的重要原因。妇女生育与就业之间的矛盾,既与家庭缺乏照料资源、社会托育服务跟不上的情况有关,也与上班方式固定化的做法有关,调整上班方式、实行有弹性的工作时间,有利于生育女性兼顾幼儿照料和职业发展。但这需要单位根据实际情况作出安排,推进生育女性灵活而有弹性的工作制度。如何鼓励单位为构建生育友好型社会、落实"全面两孩"政策作出贡献,更好地履行社会责任,也是亟须重点研究的问题。

(二)研究的主要目标

本书研究的总体目标是:从理论上论证计划生育奖励扶助政策改革与完善的必要性和紧迫性,从实践上提出并论证计划生育奖励扶助政策改革与完善的具体方案,为贯彻落实 2015 年修订的《人口与计划生育法》中"国家提倡一对夫妻生育两个子女"的规定提供保障,推进中央《决定》提出的"鼓励按政策生育"和党的十九大报告提出的"促进生育政策和相关经济社会政策配套衔接"精神的政策化和操作化,完善计划生育政策体系和计划生育奖励扶助政策体系,促进按政策生育,推进计划生育家庭健康发展,并且保持法规政策体系的整体性、系统性和协调性,实现政策的有效对接,为国家调整完善计划生育奖励扶助政策提供理论依据和方案参考。

本书研究的主要目标包括:按照合理衔接、社会公平、全民统一、精准高效的原则,提出计划生育奖励扶助政策改革与完善的双轨制政策框架——"老人老办法,新人新办法",即:对以往计划生育奖励扶助对象,要体现政策的连续性,继续执行现行奖励扶助政策,并且还要坚持动态调整,尤其是重点实施好计划生育特别扶助制度;对实施"全面两孩"政策后的生育家庭,按照"鼓励按政策生育"的精神,本着政策的衔接性原则,提出应当制定实施新的生育支持政策(如生育补助)的建议,并且对生育补助的对象、数量及发放方式等作出分析和论证,可供国家决策部门参考借鉴。

在"老人老办法"方面,对奖励扶助标准低、全国不统一、地区差异大等问题作出具体分析,对推进奖励扶助政策城乡全覆盖,逐步弱化地方性、区域性奖励扶助政策,尽量缩小区域差距,逐步走向公平公正作出具体论证,对不断加大特别扶助政策实施力度、坚持精准扶助、保障计划生育特殊困难家庭的特殊需求作出规划设计。在"新人新办法"方面,提出制定实施生育津贴或生育补助的政策方案,为提振育龄群众生育意愿、帮助育龄夫妇解决生育中的困难和问题、鼓励符合二孩政策并且有生育能力的夫妇生育二孩提供政策支持。

从完善"全面两孩"经济社会配套政策入手,提出确定和做好"全面两孩"支持配套政策重点领域的工作,解决好托育服务不足问题,推进公立托育机构建设,鼓励有资质的社会力量开办托育服务业务,支持有条件的机关和企事业单位建立托育设施,构建"常规支持配套政策+X"的生育扶助精准支持策略等框架性建议,为国家制定实施全局性生育支持配套政策、各地制定实施符合本地实际情况的生育扶助政策措施提供参考。

为保持社会政策间的整体性和协调性,避免社会政策间的矛盾或冲突,形成相关经济社会政策间相互支撑的合力,提出对相关政策法规(如《流动人口计划生育工作条例》《社会抚养费征收管理办法》《收养法》《运输规则》《个人所得税法》等)进行一次全面清理和修订的建议。

四、研究方法

本书主要采用文献法、问卷调查法、深度访谈法等方法开展研究工作。

针对计划生育奖励扶助政策的研究,已经有很多文献成果,主要集中在20世纪90年代前后。这些文献既有国家层面及地方性政策法规,也有学术界的研究文献。本书在已有文献基础上开展研究,一方面通过查阅研读有关政策法规,系统掌握我国计划生育奖励扶助政策发展变化过程以及与计划生育政策制定和调整的关系,这对于掌握计划生育奖励扶助政策改革和调整的特点、确定计划生育奖励扶助政策改革和调整的方向和目标,具有重要的基础性作用;另一方面采用或借鉴已有研究成果中的基本概念、调查资料、研究框架和分析结论等,使本书研究有一个好的起点。

为了解实施"全面两孩"政策后的生育形势、群众的生育意愿及二孩生育中遇到的困难和问题,本课题组于2016年7—9月组织了一次"计划生育奖励扶助情况调查"。此次调查涉及安徽、贵州、河北、河南、湖北、黑龙江和新疆7个省区,每个省区抽取3个县(市、区),每个县(市、区)抽取1个乡(镇、街道),在抽取的乡(镇、街道)采取就近原则,在村(居)抽取100个调查对象,共发放调查问卷2100份,得到有效问卷2026份。调查对象为已婚育龄夫妇,尽量在抽中家庭调查育龄妇女,若育龄妇女不在,则调查其丈夫。调查内容包括被访者及其配偶的基本信息、家庭经济状况、已育子女数量、期望子女数量、生育二孩的影响因素、当前享受到的普惠政策和计划生育特惠政策、对调整和完善相关政策的要求和期望等。通过对调查数据的整理分析,力求使之能够反映目前的生育情况以及群众对生育支持政策的需求,并成为提出计划生育奖励扶助政策改革或调整方案的重要依据。当然,本书的研究也大量参考了已有研究成果中的调查资料。

为了解计划生育家庭享受到了哪些奖励扶助政策,按政策生育会面临哪些困难和问题,以及对奖励扶助政策改革或调整有哪些需求,课题组还在开展问卷调查的县(区)分别组织了面向分管计划生育的卫计委主任、计生工作人员以及面向已婚育龄夫妇代表的座谈会,通过面对面的交流,了解到不少深层次情况,对于深化课题研究起到了重要作用。

第二章　概念界定和理论基础

随着我国计划生育政策的实施与逐步完善甚至重大调整,计划生育奖励扶助政策同步产生并不断完善。计划生育奖励扶助政策与计划生育利益导向政策,是两个既有联系又有区别的概念。从政策的出发点和落脚点而言,二者具有高度的一致性,即都服务于计划生育政策;从政策的具体内容而言,计划生育利益导向政策的外延明显大于计划生育奖励扶助政策,前者既包括对实行计划生育家庭的奖励扶助,也包括对违反计划生育政策家庭的经济惩罚和纪律处分,后者仅仅限于对实行计划生育家庭的奖励扶助。限于本书的研究任务,仅对计划生育奖励扶助政策进行研究与探讨。

一、相关概念界定

(一)计划生育

"计划生育",简言之就是指有计划地生育,其本身是一个中性词。从其性质和目的而言,既包括限制性的计划生育,即节制生育或生育控制;也包括鼓励性的计划生育,即鼓励生育。就实施主体和作用范围而言,既可以是国家层面的计划生育,即依靠行政力量,通过国家干预的方式,影响家庭的生育行为,从而实现国家人口发展目标,中国就是采取这种方式的典型;也可以是家庭层面的计划生育,亦称家庭生育计划(简称家庭计划),即由家庭根据自身的实际情况,作出何时生育、生育几个孩子的决策,国家在其中的作用主要是通过经济措施加以间接引导,向有节育意愿的夫妇落实节育行为提供帮助和支持,并且还会在生活上给予一定的扶助,国外一般都是采取这种方式。中国自 20 世纪 70 年代初开始实行计划生育,1980 年中共中央发表《公开信》后,确定了"提倡一对夫妇只生育一个孩子"的生育政策,虽然此后曾经对生育政策做过一些调整,但都是对"提倡一孩"政策的补充和完善,并没有脱离"提倡一孩"的政策框架,直到 2015 年党的十八届五中全会作出决定,并且于 2016年 1 月 1 日起开始实施"全面两孩"政策。由此可见,我国长期以来实行的是以独生子女政策为主要特征的计划生育,属于典型的数量控制型生育政策。实施"全面两孩"政策后,我国进入了"全面两孩"政策的新时期。

(二)计划生育奖励扶助政策

计划生育奖励扶助政策,指的是国家为了引导群众自觉执行计划生育政策、提高计划生育家庭发展能力,针对计划生育家庭制定实施的各项资金奖励、优先优惠、救助扶持、养老保障、精神奖励等政策措施的总和。计划生育奖励扶助政策,既是计划生育政策的重要内容,也是服务于计划生育工作的重要手段,其目的在于通过实施一系列的社会经济政策,向计划生育家庭提供外部支持,使计划生育家庭得到经济实惠,增强计划生育家庭的发展能力,进而引导广大育龄群众作出与国家生育政策相一致的生育决策。计划生育奖励扶助政策与计划生育利益导向政策相比,既有相同点,也有差异性。其相同点在于:都属于计划生育政策体系的组成部分,都服务于计划生育政策的实施,都是计划生育工作的保障措施;其差异性在于:计划生育奖励扶助政策的外延较小,只相当于计划生育利益导向政策中具有正面导向功能的部分,如给予按政策生育家庭的各种奖励、优先优惠、救助扶持、养老保障等,而不包括针对违反计划生育政策生育家庭的经济惩罚、行政和党纪处分等各种反向惩罚的内容。

以"全面两孩"政策实施为界限,计划生育奖励扶助政策的对象和重点表现出较大差异。在"全面两孩"政策实施以前,计划生育奖励扶助政策的主要目的在于降低生育水平、控制人口数量增长,因此,奖励扶助的对象主要是独生子女家庭;"全面两孩"政策实施以后,计划生育奖励扶助政策的内容则应转变为"鼓励按政策生育",即提倡和鼓励一对夫妻生育两个子女。

计划生育奖励扶助政策可以进行不同的分类。从层级上讲,计划生育奖励扶助政策可以分为国家、省级、市级和县级四个层面。国家层面的奖励扶助政策具有方向指导性、内容原则性等特点,一般只是提出或规定奖励扶助的最低标准;省级层面的奖励扶助政策一般都是根据国家的法律法规和政策要求,结合本省区经济社会发展水平和人口计生工作状况,制定较为具体的政策措施或实施细则,并督促下级贯彻落实;市级层面和县级层面的奖励扶助政策往往更为具体,不同地区的差异往往也更大。一般而言,实施计划生育奖励扶助政策所需要的资金供给与政策制定的层级具有一致性,也就是说,政策制定者需要承担政策实施所需要的经费,但国家层面的政策所需要的资金一般实行国家、省、市、县按照一定比例分级负担的原则,对西部地区往往给予较大的扶持力度。

从实施主体讲,计划生育奖励扶助政策可以分为政府和单位。政府作为计划生育奖励扶助政策实施主体的责任已在上面分四个层次做了分析,这里不再赘述。关于单位在计划生育奖励扶助政策实施中的责任,在我国并不是自发的,而是政府要求其履行的,例如独生子女保健费、计划生育夫妇一次性退休金奖励、延长产假(其实也包括正常产假)给单位带来的各种成本,以及节日慰问等。如果说政府层面的奖励扶助会因为地区不同而存在差异的话,单位之间的差异就更大了。一般说来,国家机关、事业单位、国有企业、效益较好的私企,基本上都能够执行国家规定的奖励扶助政策,哪怕是最低标准,但是,私企和外企却往往存在执行不到位的情况,一些效益低下或濒临破产的企业甚至根本不能兑现。

从内容上讲,计划生育奖励扶助政策主要分为奖励政策、优惠政策、扶助政策、保障政策四大类,下面对这四类政策作出简要介绍。

1. 奖励政策

奖励政策,主要指政府出台的对执行计划生育政策的夫妻实行延长产假、经济奖励、精神鼓励等具体照顾措施,使计划生育家庭经济上得到一定的利益补偿或实惠,引导群众按政策生育的政策。我国以往实行的奖励政策主要分为计划生育假奖励和针对独生子女及其父母的奖励。在长达几十年的"提倡一孩"政策实施过程中,奖励对象主要限于那些响应国家计划生育政策,为降低生育率和控制人口增长作出贡献的家庭和个人。20世纪八九十年代,对计划生育家庭的奖励主要是地方行为,各地出台了很多五花八门的奖励政策,如按月发放独生子女费或独生子女保健费、一次性奖励金、延长产假、退休时发放一次性奖励金或增发一定比例的退休金,等等。进入21世纪后,我国于2001年颁布了《人口与计划生育法》,对奖励作出统一规定,例如:"公民晚婚晚育,可以获得延长婚假、生育假的奖励或者其他福利待遇。""获得《独生子女父母光荣证》的夫妻,按照国家和省、自治区、直辖市有关规定享受独生子女父母奖励。""公民实行计划生育手术,享受国家规定的休假;地方人民政府可以给予奖励。""全面两孩"政策实施后,随着生育政策的重大调整,计划生育奖励政策也发生了重大变化。2015年修改后的《人口与计划生育法》,取消了对晚婚晚育者给予奖励婚假和产假的规定,奖励对象变为依法生育者,如规定:"国家对实行计划生育的夫妻,按照规定给予奖励。""符合法律、法规规定生育子女的夫妻,可以获得延长生育假的奖励或者其他福利待遇。""获得《独生子女父母光荣证》的夫妻,按照国家和省、自治区、直辖市有关规定享受独生子女父母奖励。""获得《独生子女父母光荣证》的夫妻,独生子女发生意外伤残、死亡的,按照规定获得扶助。""在国家提倡一对夫妻生育一个子女期间,按照规定应当享受计划生育家庭老年人奖励扶助的,继续享受相关奖励扶助。"这就意味着计划生育奖励政策将要按照"老人老办法,新人新办法"的原则进行制度设计,分类实施。

按照修订后的《人口与计划生育法》,国家层面的现行奖励政策主要有三项:一是已经领取《独生子女父母光荣证》的夫妻,可以继续"享受独生子女父母奖励";二是按政策生育子女的夫妻,"可以获得延长生育假的奖励或者其他福利待遇";三是实行计划生育的公民,可以"享受国家规定的休假"以及地方人民政府给予的奖励。

2. 优惠政策

优惠政策,指的是政府出台的,旨在使计划生育家庭与其他家庭相比可以享受到更多福利和照顾的政策。长期以来,很多省区都按《人口与计划生育条例》的规定,执行了对独生子女家庭和农村双女家庭的优惠政策,例如:"对独生子女入托儿所、幼儿园、上小学、就医住院,给予照顾""在扶持发展生产上对独生子女户给予优先照顾""分配住房、宅基地、城乡企业事业单位用工,同等条件下照顾独生子女父母""对独生子女家庭,在发放扶贫贷款、社会救济款物以及提供项目、技术、培训等方面给予优先照顾。农村在分配集体福利、宅基地,调整责任田、自留山、自留地时,独生子女按两个孩子计算份额。"一些省区还对农村独生子女和双女实行中高考加分政策,等等。在我国"提倡一孩"生育政策期间,受传统生育文化观念强、经济社会发展水平低、社会养老保障程度低、子女对家庭发展贡献大等因素的影响,多数农村人口对计划生育政策的接受度较低,农村一直是计划生育工作的重点和难点,甚至很多农村地区的计划生育成为"天下第一难"的工作,所以,计划生育优惠政策的主要对象是农村计划生育家庭。"全面两孩"政策实施以后,并没有简单地取消对计划生育家庭的优惠政策,修订后的《人口与计划生育法》中仍然规定:"地方各级人民政府对农村实行计划生育的家庭发展经济,给予资金、技术、培训等方面的支持、优惠;对实行计划生育的贫困家庭,在扶贫贷款、以工代赈、扶贫项目和社会救济等方面给予优先照顾。"这样的修订与基本国策的要求相一致,保持了优惠政策的衔接性,计划生育家庭能够继续享受多方面的照顾。

3. 扶助政策

扶助政策,指的是政府出台的,旨在使计划生育家庭在生育、生产和生活中遇到困难和问题时,能够得到扶持和帮助的政策。我国20世纪90年代推广的计划生育"三结合"就是一种典型的针对计划生育家庭的扶助政策。目前,国家层面的扶助政策主要有两项:一是农村部分计划生育家庭奖励扶助制度。该制度于2004年开始试点,2006年在全国全面推开。具体内容是:针对农村只有一个子女或两个女孩的计划生育家庭,夫妇年满60周岁以后,由中央和地方财政安排专项资金给予一定标准的奖励扶助金。二是计划生育家庭特别扶助制度。该制度于2007年开始试点,2008年在全国全面推开,是一项以独生子女伤残死亡家庭为对象,为帮助这些家庭解决特殊困难而制定实施的一项特殊扶助制度。具体内容是:针对城镇和农村独生子女死亡或伤病残后未再生育或收养子女家庭的夫妻,年满49周岁以后,由中央和地方财政安排专项资金给予一定标准的扶助金。

4. 社会保障政策

社会保障政策,在此专指在国家基本社会保障制度基础上,向计划生育家庭给予更大倾斜的保障政策。自20世纪80年代开始,我国部分地区就开办了计划生育保险项目,帮助计划生育家庭缴纳保险费。此外,《人口与计划生育法》还规定:"国家鼓励保险公司举办有利于计划生育的保险项目。""有条件的地方可以根据政府引导、农民自愿的原则,在农村实行多种形式的养老保障办法。"一些地方还在参加社会保险方面对计划生育家庭实行倾斜,在缴费方面享受一定数额的补助。

综上所述,我国目前计划生育奖励扶助政策的主体内容基本上仍然停留于"提倡一孩"政策时期。实施"全面两孩"政策后,虽然中央《决定》提出了"鼓励按政策生育",党的十九大也要求"促进生育政策和相关经济社会政策配套衔接",但一直没有出台具体的政策措施。在省区层面,新修订的《人口与计划生育条例》都对延长生育假期和增设陪护假作出了明确规定,但基本上没有看到适用于按政策生育家庭的具体鼓励措施。我们认为,在未来的计划生育奖励扶助政策改革或调整方面,应当由服务于"提倡一孩"政策时期的奖励一孩家庭,转变为与"全面两孩"政策相适应的鼓励按政策生育的家庭,并且把重点放在解决好历史形成的独生子女家庭和计划生育特殊家庭的实际困难上。[1]

二、理论基础

计划生育奖励扶助政策的作用机制是建立在个人和家庭生育决策理论基础上的。计划生育奖励扶助政策的理论基础主要是西方微观人口经济理论中的"孩子成本—效用理论""孩子数量—质量替代理论""代际财富流理论"等。

(一)孩子成本—效用理论

西方发达国家,基本上都是实行自由竞争的市场经济体制,生育行为和生育决策纯属家庭的自主行为,没有或很少受到来自外部力量的干扰。[2] 由此,父母养育孩子多寡的补偿机制也仅仅发生在家庭内部,靠"市场"这只看不见

---

[1] 参见吕红平、崔红威、杨鑫:《"全面两孩"后的计划生育奖励扶助政策走向》,《人口研究》2016 年第 3 期。

[2] 参见田雪原:《田雪原文集》,辞书出版社 2005 年版,第 27—40 页。

的手起作用。[①] 西方一些学者针对这种机制下家庭生育决策的研究始于 20 世纪 50 年代中期,当时多是由一些经济学家运用传统经济学理论和方法探讨家庭收入与孩子数量的关系,提出了至今仍广为运用的孩子成本—效用理论、孩子数量—质量替代理论等。

最先运用经济学中的价格理论探讨家庭生育决策的学者当属美国人口经济学家 H.莱宾斯坦。20 世纪 50 年代,他相继出版了《经济—人口发展理论》和《经济落后与经济增长》两部著作,阐述了家庭生育决策的形成过程,提出了孩子成本—效用学说的基本理论和框架结构。他认为,子女与商品一样,对家庭来讲,抚养子女需要付出成本,但孩子也会给家庭带来一定的收益。父母在进行生育决策时,一般都会考虑孩子的抚养成本与可能获得的收益。同时,他还指出,父母生育孩子的成本,一般是指母亲自怀孕起到把孩子抚养成为自立者为止(一般为 16 岁),花费在衣、食、住、行、医疗、教育、婚姻等方面的各种费用和支出,以及父母抚养子女所花费的时间。孩子的成本可以分为直接成本和间接成本。直接成本就是直接花费在子女身上的抚养费用,主要包括衣、食、住、行、医疗、教育等;间接成本是指父母为抚养孩子所损失的接受教育和带来收入以及流动和获得更高收入的机会,因此又可称为机会成本。孩子的效用,主要包括三个方面:一是消费效用,即从孩子身上直接得到的效用,这是孩子被广义地看作消费品的情况;二是经济效用,即当孩子成长为劳动力后为提高家庭经济收入所起的直接或间接作用;三是潜在保障效用,指父母进入老年后孩子能够给予的经济资助和生活照料效用。[②]

20 世纪 80 年代,我国人口出生率和增长率出现了较大幅度回升,究其原因主要是:改革开放后,随着市场经济发展和商品意识增强,孩子的成本—效用关系发生了较大变化,表现为孩子的劳动—经济效用与养老—保险效用得

---

① 参见洪娜:《中国计划生育利益导向政策研究》,华东师范大学博士学位论文,2011 年。
② 参见李竞能:《现代西方人口理论》,复旦大学出版社 2004 年版,第 29—30 页。

到强化,维护家庭地位的效用、承担家业兴衰的风险效用等也都有了增强,而独生子女奖励对家庭的支持作用却相对下降,这样就出现了养育孩子效用上升的现象,由此导致了人口出生率和增长率的较大幅度回升(实际上也与家庭经济发展、抚养能力增强的情况有一定关系)。基于此,必须从孩子的成本—效用理论出发,加大对独生子女父母的奖励标准,并通过对超生子女在入托、入学、补贴、住房、招工、户口农转非等方面的限制,相对提高政策外生育家庭的效益损失。① 也就是说,计划生育奖励扶助就是要通过对计划生育家庭实施各种"奖、优、保、扶"政策,提高他们的经济收益,减少他们因为少生而损失的利益,从而影响群众的生育观念,自觉实行计划生育,最终实现统筹解决人口问题的目的。② "全面两孩"政策实施后,如果家庭生育子女数由一个增加到两个,养育孩子的总成本将大大增加,父母必然会面临更多、更大的压力,而由于各种原因,孩子的效用大幅下降。这种孩子的成本与效用之间的不平衡,要求通过一定的奖励扶助政策进行调控,例如发放生育津贴或生育补助、义务教育前移至学前阶段(即3—6岁学前教育免费)、增加公办托儿所、延长产假等,以平衡不同家庭之间的利益关系,达到"鼓励按政策生育"的目的。

(二)孩子数量—质量替代理论

美国著名经济学家和社会学家、诺贝尔经济学奖得主、芝加哥大学教授G.贝克尔发展了莱宾斯坦的理论,在《生育率的经济分析》一文中运用传统的西方经济学理论与消费者选择理论,对家庭生育决策进行了系统分析,提出了孩子的成本—效用理论和数量—质量替代理论。

从消费者需求的角度看,孩子的数量和质量之间有一种特殊关系,两者相互作用,对生育率产生影响。这种相互作用首先表现为孩子数量和质量之间

---

① 参见洪娜:《中国计划生育利益导向政策研究》,华东师范大学博士学位论文,2011年。

② 参见李欣欣:《计划生育利益导向政策对性别偏好的影响研究》,华中科技大学硕士学位论文,2011年。

的替代作用,即一种相对的替代性。当父母对孩子数量需求的收入弹性小于对孩子质量需求的收入弹性时,家庭倾向于少生孩子,多培养优质孩子。因此,在家庭收入一定的条件下,对孩子质量需求的增加,必定会减少对孩子数量的需求;对孩子数量需求的增加,必然会导致分配在每一个孩子身上的教育费用和医疗费用减少,进而会影响到孩子的质量。[1] 如果数量较少、质量较高的孩子和数量较多、质量较低的孩子获得的预期总收益一样多,那么,家庭就会选择提高质量、减少数量、用质量代替数量的生育行为。

贝克尔建立的联系孩子质量来考察孩子数量变动和生育决策的理论模型,在一定程度上揭示了父母如何决定对孩子的支出,以及孩子的数量减少与质量提高之间的替代关系。按照贝克尔的孩子数量—质量替代理论,父母之所以愿意在孩子身上支出更多的费用,是因为父母能够从追加的费用中得到更多的效用,而且这种效用质量更高。他认为:当家庭收入增加时,人们的生育能力也会随之提高,具有多生育的潜能。但在现实生活中,随着收入水平的提高,往往会出现生育率下降的现象。这是因为人们对孩子质量的需求替代了对孩子数量的需求,家庭更多地注重孩子的质量而不是数量。[2]

贝克尔对孩子成本—效用学说发展的贡献,主要在于提出了孩子效用最大化的观点,论证了孩子数量—质量替代关系及其与孩子效用最大化的关系。事实上,孩子质量替代数量是社会经济发展到一定阶段后父母生育决策的必然选择,家庭在孩子数量与质量选择上的偏好变化及其由此导致的替代关系,成为我国不同经济社会背景下制定实施计划生育奖励扶助政策的重要依据。实施计划生育奖励扶助政策,可以减轻家庭的生育负担、提升家庭的二孩生育意愿,从而达到"鼓励按政策生育"的目的。当前情况下,人们的生活成本上升,生活压力变大,成为人们生育意愿低迷、政策生育率下降的主要原因。因而,制定实施服务于"全面两孩"政策的奖励扶助政策,可以在一定程度上起

---

[1] 　参见李竞能:《现代西方人口理论》,复旦大学出版社 2004 年版,第 37—44 页。

[2] 　参见李竞能:《现代西方人口理论》,复旦大学出版社 2004 年版,第 43 页。

到减少家庭生育负担的作用,鼓励人们按政策生育,引导家庭生育行为与国家生育政策相一致,在政策框架内作出负责任的生育决策。

(三)社会补偿理论

计划生育奖励扶助是对计划生育家庭因响应国家生育政策,导致家庭生育需求不能满足,并由此产生的利益损失的一种补偿,体现了社会补偿原则。周长洪认为,独生子女户、双女户为国家人口控制工作作出了牺牲和贡献,政府通过多元化的政策措施给予多种形式的奖励、照顾和优惠,实际上是对他们家庭利益损失的一种补偿。计划生育奖励扶助政策在价值判断上体现的就是公平原则的补偿性质。[①] 他还认为社会补偿概念有两点必须明确:一是补偿不同于奖励,因为奖励是针对人们的贡献和成绩而确定的,不涉及损失;二是补偿不同于单纯的赔偿,赔偿大多是针对损失而言的,一般意义上的赔偿遵循的是过错责任原则,即指有过错方对因过错造成另一方损失进行的赔偿。虽然补偿不是单纯的奖励和赔偿,然而补偿中却含有奖励的贡献因素和赔偿的损失因素,是二者的结合形态。

从现代社会的实际情况看,生育已经不仅仅是家庭的私事,或者说不仅仅是牵涉家庭利益的事情,而是涉及社会的公共利益,是国家大事、民族大事、人类延续的大事。尤其在社会化程度越来越高,孩子对家庭的经济效用逐渐减少,为经济社会发展做贡献的价值越来越大的情况下,孩子是国家的财富、社会的财富、人类的财富的性质更为凸显,更彰显了生育所具有的社会价值。[②]而且从孩子与父母之间相互提供的服务或效用而言,现代社会发生了与传统社会完全不同的变化,就代际净财富流向而言,不是子代流向父代,而是父代

[①] 参见周长洪:《关于计划生育利益导向机制的几点理论思考》,《人口与经济》1998 年第 2 期。

[②] 参见吕红平、吕子晔:《"老人老办法,新人新办法"奖励扶助制度改革之我见》,《河北大学学报(哲学社会科学版)》2018 年第 1 期。

流向子代,很多家庭的生育行为并不是为了从子女身上得到利益,这就进一步证实了澳大利亚人口学家 J.卡德威尔提出的代际财富流理论。[①] 从这样的视角看,国家制定实施对按政策生育家庭的奖励扶助政策,实际上就是对这些家庭为国家和社会生育和培养劳动力作出贡献的一种价值补偿。

从人口学角度讲,生育控制成本的社会补偿是我国目前面临的一个非常重要的现实问题。个人生育控制成本产生于两个方面:一是给夫妇性生活的心理和生理等方面带来的不便和不利影响;二是由于减少生育孩子数量而造成的利益损失。由此也就导致了两类生育控制成本:一是夫妇的心理成本和生理成本,这类成本主要是直接成本;二是由于少生孩子而造成的利益损失,或者说由于减少生育孩子数量而损失的来自于孩子的各种收益(如心理方面和经济收益方面),这类成本主要是机会成本。

国家实行计划生育的决策应该是基于全社会的公共利益和福利、为避免一些人的多育行为给其他人的福利和经济社会发展造成不利影响的考虑而作出的。夫妇在生育控制上所要承担的成本,实际上可以说成是为公众利益作出的牺牲,因此,为鼓励人们实行计划生育而实施的奖励扶助政策,本质上应该属于补偿政策。

进行生育补偿是社会公正的重要体现,也是构建社会主义和谐社会的重要举措。计划生育家庭为我国计划生育事业取得丰硕成果付出了代价,理应得到相应的"补偿",而不应再被视为一种"奖励"。政府承担起必要的补偿责任,有利于真正体现公民权利与国家义务的统一,体现最基本的生育公平与社会公平。[②]

（四）公平—效益理论

保证社会公平是国家与政府管理公共事务的基本准则,公平—效益理论

---

① 参见李竞能:《现代西方人口理论》,复旦大学出版社 2004 年版,第 58—59 页。
② 冯朝柱:《计生家庭状况及其生育补偿研究》,《南方人口》2009 年第 4 期。

是公共管理领域的重要理论。计划生育奖励扶助政策体系,是公共政策和社会工作的有机结合,属于公共管理范畴。① 在实施"全面两孩"政策之前,由于实行"提倡一孩"的生育政策,有二孩生育需求但由于响应国家号召未生育二孩的家庭,实际上是为社会控制人口增长作出了贡献,由此产生的养老保障、家庭发展等不利影响,由政府给予一定的物质利益补偿,符合社会公平原则。②

公平公正是国家管理和调控社会公共事务与公民行为应当坚持的基本价值准则,也是计划生育管理工作必须遵循的基本准则。在市场经济条件下,家庭作为社会的微观利益主体,有其自身的利益诉求,而因为非市场因素和非自然力量导致的家庭利益受损,显然不能完全由家庭承担,这是市场经济条件下实现社会公平公正的基本要求。所以,国家对计划生育政策实施中家庭因生育需求不能满足所带来的家庭经济发展和养老保障等方面的利益损失,给予物质上的替代与补偿,符合市场经济条件下社会公平公正的原则和要求。从这个意义上说,对计划生育家庭进行奖励扶助的做法,具有基于社会公平的补偿性质,也是政府调节公民生育行为时负责任的表现。③

(五)公共服务理论

公共服务理论是以美国著名公共管理学家罗伯特·丹哈特等学者在研究公共管理理论过程中所形成的一种总结和反思。该理论认为,公共服务是以实现公众利益为评价标准的,公共管理者与公民的共同利益和责任属于公共利益,政府在公共服务中的职能是服务,而不是掌舵,公共管理者的服务精神比企业家精神更为重要。公共服务考虑的是战略性问题和民生问题,重视的

---

① 陆杰华:《人口和计划生育利益导向机制的跨学科探索》,载《人口和计划生育利益导向政策研究》,中国人口出版社 2009 年版,第 118—140 页。
② 李磊:《河北省计划生育利益导向政策研究》,吉林大学硕士学位论文,2015 年。
③ 参见周长洪:《计划生育利益导向机制作用原理》,《人口与经济》2008 年第 6 期。

是人,而不是效率。该理论重新确立了公共利益在政府服务中的核心地位,强调了政府的职能是为民众服务的观点。计划生育奖励扶助政策,旨在坚持以人为本的理念,强化对按政策生育家庭的奖励和扶持,引导群众按政策生育。因而,这一政策属于公共服务体系的重要内容。[①]

（六）双因素激励理论

美国心理学家赫兹伯格在其《工作与人性》著作中,率先提出了双因素激励理论,并且对激发动机因素进行了分类,将其分为激励因素和保健因素两大类。这一理论肯定了人们的主观能动性和积极性作用,提出了要调动人的积极性就必须确保物质因素能够在促进人们提升积极性方面起到作用的观点。当然,作者对精神因素所拥有的激励作用也给予了肯定。将物质激励和精神激励结合起来,是健全和完善计划生育奖励扶助政策的重要思路,这样做,既能激发家庭内在的计划生育动机,也有利于秉承社会公平原则,形成更加有利于按政策生育的社会环境。[②]

[①]　参见陈登胜:《计划生育利益导向机制研究——以丰泽区为例》,华侨大学硕士学位论文,2015 年。

[②]　参见陈登胜:《计划生育利益导向机制研究——以丰泽区为例》,华侨大学硕士学位论文,2015 年。

第三章　我国计划生育奖励扶助
政策的发展变化

作为计划生育政策的重要组成部分和保障措施,我国的计划生育奖励扶助政策几乎与计划生育政策同步形成。如同计划生育政策一样,计划生育奖励扶助政策也经历了一个从无到有、从简单到系统化的过程。

一、奖励扶助政策的实施过程①

我国自 20 世纪 50 年代开始讨论计划生育问题,60 年代在部分城市和农村开展计划生育试点,70 年代初在全国范围内普遍推行。为做好计划生育工作,在实施这一政策之初,就同时制定实施了奖励扶助政策。随着经济社会形势和计划生育工作情况的变化,我国的奖励扶助政策经历了一个不断调整和完善的过程。按照我国计划生育工作分期,计划生育奖励扶助政策相应经历了以下几个阶段。

---

① 这部分内容在吕红平、崔红威、杨鑫发表在《人口研究》2016 年第 3 期上的论文《"全面两孩"后的计划生育奖励扶助政策走向》的基础上稍有加工。

（一）实行计划生育政策前的奖励扶助政策

一般认为我国在全国范围内实行计划生育的时间，以 1971 年 7 月 8 日国务院转发卫生部军管会、商业部、燃料化学工业部《关于做好计划生育工作的报告》（国发〔71〕51 号）为标志，因为此报告第一次提出："在第四个五年计划期内，使人口自然增长率逐年降低，力争到 1975 年，一般城市降到 10‰左右，农村降到 15‰以下，原来城乡综合增长率就低的，如上海全市已降到 9.01‰，则不应回升。"这一要求相当于提出了人口发展计划。但事实上，在正式实行计划生育政策之前，我国就从保护妇女健康的角度，开始对自愿实施避孕节育者给予技术指导、免除手术费和医药费、（城市职工）带薪休假、（农村社员）工分或口粮补贴等多种形式的照顾。虽然当时实施这些政策的主要目的在于尊重妇女的生育意愿、保护妇女的身体健康，与计划生育并无直接关系，但实际上也反映出政府支持群众自愿采取避孕节育措施的态度和避孕药具以免费提供为主的特点，成为后来实行的奖励扶助政策的雏形。

1953 年，卫生部出台的《避孕及人工流产办法》第一次作出了国家提倡避孕的规定。虽然当时还不允许做大的流产手术，但已经对小的人工流产手术作出了休假 12 天的规定。1954 年 11 月 10 日，卫生部发出的《关于改进避孕及人工流产问题的通报》指出："避孕节育一律不加限制，但亦不公开宣传，凡请求避孕者，医疗卫生机关应予以正确的节育指导。"1956 年 8 月 6 日，卫生部发出的《关于避孕工作的指示》指出："避孕是人民民主权利，应由人民自由使用，政府应准备一切条件，来指导并解决群众对避孕的需求，以使广大群众能有计划地生育，调节生育密度，保证妇女和儿童的健康。"[①]

1957 年 10 月 12 日，国务院发出《关于职工绝育、因病施行人工流产的医药费和休息期间工资待遇问题的通知》（总念字第 78 号），明确了实施节育手

---

① 国家和人口计划生育委员会：《中国人口和计划生育史》，中国人口出版社 2007 年版，第 29—30 页。

术的待遇问题:"关于全国职工施行绝育和因病施行人工流产(指为了治疗本人原有疾病,和为了防止因生育使本人原有疾病恶化而施行的人工流产)的手术费、医药费以及施行手术后必须休息期间的工资,可参照劳动保险条例第十三条甲款和乙款①的规定办理。……没有施行劳动保险条例的部门也可参照执行。"②

1963 年 10 月 22 日,中共中央、国务院批准了《第二次城市工作会议纪要》(中发〔63〕699 号),指出:"职工生活福利、劳动保险、公费医疗等规定,凡是不利于计划生育的,应当由有关部门适当修改。今后,职工做节育和结扎手术,一律免费,并且给以短期休养时间,工资照发。居民做节育和结扎手术的费用,可以酌情减免。"③

1964 年 4 月 4 日,国务院批转卫生部、财政部《关于计划生育工作经费开支问题的规定》(〔64〕国卫字 140 号),明确规定了国家在预算中安排的计划生育经费的开支问题,开支范围之一为:"城、乡居民群众施行男、女绝育结扎手术,放、取节育环或人工流产的全部手术费和手术费以外的各项费用(如挂号费、住院费、检验费和医药费)的减免部分。"④

1965 年 6 月 23 日,中共中央、国务院批转《上海市委、市人委关于计划生

---

① 1951 年颁布的《中华人民共和国劳动保险条例》第十三条"疾病、非因工负伤、残废待遇的规定"内容为:

甲、工人与职员疾病或非因工负伤,在该企业医疗所、医院、特约医院或特约中西医师处医治时,其所需诊疗费、手术费、住院费及普通药费均由企业行政方面或资方负担;贵重药费、住院的膳费及就医路费由本人负担,如本人经济状况确有困难,得由劳动保险基金项下酌予补助。患病及非因工负伤的工人职员,应否住院或转院医治及出院时间,应完全由医院决定之。

乙、工人与职员因病或非因工负伤停止工作医疗时,其停止工作医疗期间连续在六个月以内者,按其本企业工龄的长短,由该企业行政方面或资方发给病伤假期工资,其数额为本人工资百分之六十至百分之一百;停止工作连续医疗期间在六个月以上时,改由劳动保险基金项下按月付给疾病或非因工负伤救济费,其数额为本人工资百分之四十至百分之六十,至能工作或确定为残废或死亡时止。详细办法在实施细则中规定之。

② 彭珮云:《中国计划生育全书》,中国人口出版社 1997 年版,第 60 页。

③ 彭珮云:《中国计划生育全书》,中国人口出版社 1997 年版,第 5—6 页。

④ 彭珮云:《中国计划生育全书》,中国人口出版社 1997 年版,第 61 页。

育工作的报告》（中发〔65〕385号），指出："采取奖励计划生育的政策，积极提倡晚婚。规定不论农村社员或城市职工、居民，凡是放节育环、进行人工流产或绝育手术的，医药费全部免收。职工手术假期不扣工资，不影响全勤评奖。社员因施行手术误工，还可酌情给予工分或口粮补贴。"①

1965年7月，国务院计划生育委员会办公室在天津召开全国计划生育座谈会，把天津市在计划生育工作中实行的"节育手术免费，在城区手术后休假按公假处理，工资照发，不影响全勤评奖；在郊区农村给予适当工分补贴"②等做法给予了充分肯定。

1966年1月28日，《中共中央关于计划生育问题的批示》（中发〔66〕70号），在肯定"钱信忠同志所写的有关计划生育问题的材料很好"的基础上，要求各地党委"参照这份材料，认真总结经验，逐步推广"。钱信忠③在写给中共中央《有关计划生育的几个问题》中提出："采取鼓励计划生育的一些措施……一般城乡人民作节育手术，一律免费；避孕药具降价或免费供应；职工做手术假期不扣工资，不影响全勤评奖；社员因做手术误工，不影响基本口粮的分配，等等。这些问题可由省、市、自治区作出相应规定。"④

1970年5月20日，财政部、卫生部发出《关于避孕药实行免费供应的通知》（〔70〕财军事字第87号），决定从1970年起"在全国实行避孕药免费供应"，并且要求"切实作好宣传并抓好避孕药的生产和分配工作，同时要抓好典型，注意总结经验"。"在实行避孕药免费供应时，一定要过细地做工作，要把药物真正发到使用者手里，发挥其应有作用。严格避免药品挤压和浪费。"⑤

1970年9月4日，国家计委制定的《第四个五年国民经济计划纲要》指

---

① 彭珮云：《中国计划生育全书》，中国人口出版社1997年版，第6—7页。
② 彭珮云：《中国计划生育全书》，中国人口出版社1997年版，第481页。
③ 钱信忠时任卫生部部长。
④ 彭珮云：《中国计划生育全书》，中国人口出版社1997年版，第8—9页。
⑤ 国家计划生育委员会：《计划生育文件汇编》（内部资料），1987年，第132页。

出:"要继续提倡晚婚和计划生育,免费供应口服避孕药。"①

(二)实行计划生育政策初期的奖励扶助政策

我们把 20 世纪 70 年代作为实行计划生育和奖励扶助政策的初期阶段。这一时期的奖励扶助政策,基本上沿用了五六十年代的做法,仍然以免费供应避孕药具、带薪休假、给予工分或口粮补贴等为主要特征。当然,也增加了送药具上门、表扬只生一胎夫妇、鼓励男到有女无儿户家结婚落户等措施,体现出一些由"免费"向"给予"过渡的特征。

1971 年 7 月 8 日,国务院转发卫生部军管会、商业部、燃料化学工业部《关于做好计划生育工作的报告》(国发〔71〕51 号),指出:"积极组织口服避孕药和避孕药具的供应,重点放在农村,落实到人,方便群众。……开展计划生育工作的经费由省、市、自治区革委会统筹安排,要节约使用,反对浪费。"②

1973 年 3 月 20 日,卫生部发布《节育手术常规通知》(〔73〕卫军管字第221 号),明确提出了实施各种节育手术后休假的建议:"1. 放节育环:自手术日起休息二天,重体力劳动者,在上环后一周内不作重劳动。2. 取节育环:当日休息一天。3. 输精管结扎:休息七天。4. 单纯输卵管结扎:休息二十一天。5. 人工流产:休息十四天;人工流产同时放环:休息十四天;人工流产同时结扎输卵管,休息一个月。6. 中期中止妊娠:休息一个月;中期中止妊娠同时结扎输卵管:休息四十天。7. 产后结扎输卵管:按产假另加七天。"③

1974 年 1 月 9 日,国务院计划生育领导小组、卫生部、商业部、财政部、燃料化学工业部发出《关于全国实行免费供应避孕药和避孕工具的紧急联合通知》(〔74〕国计育字 1 号),提出:"对避孕药、具要实行免费供应,送货上门。""全国实行免费供应的避孕药、具,由商业部无价调拨给各省、市、自治区。商

---

① 彭珮云:《中国计划生育全书》,中国人口出版社 1997 年版,第 64 页。
② 彭珮云:《中国计划生育全书》,中国人口出版社 1997 年版,第 64—65 页。
③ 国家计划生育委员会:《计划生育文件汇编》(内部资料),1987 年,第 133 页。

业部所需此项资金,由财政部、卫生部直接拨付。"①1975 年 8 月 5 日,国务院批转卫生部《关于全国计划生育工作会议的报告》(国发〔1975〕121 号),要求计划生育部门"坚持送药具上门,方便群众"②。这两个文件既进一步明确了避孕药具"免费供应,送货上门"的政策,也确立了避孕药具免费供应的体制。

1978 年 2 月 24 日,国务院批转《关于全国计划生育工作汇报会的报告》(国发〔1978〕28 号),指出:"在农村应实行男女同工同酬,大力提倡和鼓励男到有女无儿户家结婚落户。招工时,在同等条件下,要注意优先照顾有女无儿户。有关职工生活福利、劳动保险等规定,要有利于破除'重男轻女'旧俗,要照顾好孤寡老人的生活,促进计划生育工作的深入开展。"③

1978 年 10 月 26 日,中共中央批转《关于国务院计划生育领导小组第一次会议的报告》(中发〔1978〕69 号),指出:"职工和农村社员接受节育手术后的休息问题。应参照 1978 年卫生部制订的节育手术常规所附建议,给受术者必要的休息时间。在规定的休息期间,国家和集体单位的职工(包括临时工在内),工资由原单位照发,并且不影响全勤评奖;农村社员的工分,由所在队照记。"④

1979 年 1 月 4 日至 7 日,国务院计划生育领导小组办公室召开的全国计划生育办公室主任会议上提出:对于只生一胎,不再生第二胎的育龄夫妇,要给予表扬。⑤

1979 年 6 月 18 日,第五届全国人民代表大会第二次会议上的《政府工作报告》在谈到做好计划生育工作、切实控制人口增长问题时指出:"全国各方要认真做好思想教育工作、卫生技术工作和幼儿保健工作,使广大群众自觉自

---

① 国家计划生育委员会:《计划生育文件汇编》(内部资料),1987 年,第 134—135 页。
② 彭珮云:《中国计划生育全书》,中国人口出版社 1997 年版,第 65 页。
③ 彭珮云:《中国计划生育全书》,中国人口出版社 1997 年版,第 65—67 页。
④ 彭珮云:《中国计划生育全书》,中国人口出版社 1997 年版,第 12—14 页。
⑤ 参见彭珮云:《中国计划生育全书》,中国人口出版社 1997 年版,第 484 页。

愿地和安全有效地实行计划生育。要订出切实可行的办法,奖励只生一个孩子的夫妇,对无子女的老人逐步实行社会保险。在农村的口粮分配上要坚持按年龄分等定量的制度,在城市住房分配和职工福利方面要规定有关的适当措施,使社会经济政策有利于计划生育的开展。"①

(三)"提倡一孩"政策时期的奖励扶助政策

1980 年 9 月 25 日,中共中央发表《关于控制我国人口增长问题致全体共产党员共青团员的公开信》,确立了"提倡一对夫妇只生育一个孩子"的生育政策。与此相适应,《公开信》也明确提出了"在入托儿所、入学、就医、招工、招生、城市住房和农村住宅基地分配等方面,要照顾独生子女及其家庭"②的奖励扶助政策。实际上,这就意味着奖励扶助政策进入到全面支持和鼓励计划生育家庭,尤其是独生子女家庭的新阶段,开始以现金的形式发放独生子女保健费,对独生子女及其家庭给予各种优惠待遇,并且对独生子女不在身边的老人给予照顾。

1981 年 10 月 27 日,国家计生委主任陈慕华接受了新华社记者就我国人口问题的采访,在回答"怎样鼓励一对夫妇生育一个孩子"的问题时,她明确指出:"主要是宣传教育,各地还根据具体情况和条件制定了一些奖励办法。如:在城市、厂矿、机关,有的每月发给独生子女一定的保健费;有的采取免费入托、免费就医、免费入学等措施;有的采取除国家规定的产假外,再延长休假时间。农村人民公社补助一定数量的工分,或在分配责任田、自留地和宅基地时给予一定的照顾。"③

1981 年 11 月 30 日,五届全国人大四次会议上的《政府工作报告》指出:

---

① 华国锋:《政府工作报告——一九七九年六月十八日在第五届全国人民代表大会第二次会议上》,《人民日报》1979 年 6 月 26 日。

② 彭珮云:《中国计划生育全书》,中国人口出版社 1997 年版,第 16—17 页。

③ 彭珮云:《中国计划生育全书》,中国人口出版社 1997 年版,第 517 页。

"现在许多地区已经实行的奖励每对夫妇生育一个孩子、限制两胎和多胎的办法,应该继续贯彻执行。"①

1982 年 2 月 9 日,《中共中央、国务院关于进一步做好计划生育的指示》(中发〔1982〕11 号)提出:"实行必要的奖励和限制,保证计划生育工作的顺利开展。""计划生育工作,应以思想教育和鼓励为主。""对独生子女及其家庭的奖励和照顾,各地已有一些可行的办法,如发给独生子女保健费,由夫妇双方所在单位各负担百分之五十;国家职工中的独生子女母亲,经本人申请,单位批准,适当延长产假,产假期间工资照发,并不影响其调资、晋级;农村实行生产责任制的地区和单位,对独生子女家庭包产低一些,或多承包责任田。各地究竟采取哪种办法,数量以多少为宜,各省、市、自治区可根据本地具体情况,制定切实可行的办法予以实施。""农村社员年老丧失劳动能力、独生子女不在身边的,应按照当地的有关规定,与无子女老人一样给予照顾,农村应积极举办敬老院等养老事业。"该指示还对奖励优待政策的经费问题作出原则性规定:"关于奖励经费来源,根据我国目前的经济状况,可实行以下办法:国营和城镇集体企业职工的独生子女保健费,由企业福利基金、利润留成中解决,如确有困难的可报经财政部门批准,在企业管理费中补充;机关、学校等行政事业单位,由职工福利费项下开支,如有困难,可在单位行政费或事业费中解决;城镇待业人员的独生子女保健费,可暂由计划生育事业费开支;农村实行包产到户、包干到户的地方,采取多承包一些责任田或降低一些包产指标的办法来奖励独生子女户,一些地方仍可由公益金支付独生子女保健费,数量应和城镇奖励费大体相当。"为了解决部分贫困地区的实际困难,还作出"对于每年平均收入不足五十元的困难地区,经县人民政府批准,由国家补助百分之五十,国家财政和地方财政各负担一半"的规定。②

1983 年 3 月 21 日,国家计生委主任钱信忠在荣获"联合国人口奖"后答

---

① 彭珮云:《中国计划生育全书》,中国人口出版社 1997 年版,第 43 页。
② 彭珮云:《中国计划生育全书》,中国人口出版社 1997 年版,第 19—20 页。

中外记者问时,就印度记者提出的"听说中国每个月也给小孩营养费,一直到14岁。我的想法是,与其1个月给四五块钱,还不如1次把14年的钱都给他,就可以买一个大件家庭用品"问题,作出如下回答:"对奖励这件事,我们还没有什么很好的经验,只是希望对孩子的健康有好处。……究竟采取什么奖励政策好呢? 你这个建议可供参考。"①

1984年4月13日,中共中央批转国家计生委党组《关于计划生育工作情况的汇报》(中发〔1984〕7号),在谈到"奖励和限制政策"时指出:"各省、自治区、直辖市都规定了一些奖励和限制的办法,在执行中,对计划生育起了促进作用。当前的问题是奖不起,越是一胎率高的地方,负担越重;有的地方奖励过高,罚得过重。我们在起草计划生育法时,准备根据各地经验研究解决。目前,各省、自治区、直辖市的规定可暂不变动,但不要层层加码,在罚的时候不准侵犯或破坏群众的基本生产资料和生活资料。"②

(四)计划生育政策调整与稳定时期的奖励扶助政策

20世纪80年代中期,各省、自治区、直辖市按照中央〔1984〕7号文件精神,相继制定或修订了《计划生育条例》,对计划生育奖励扶助的有关问题作出明确规定,从而使计划生育奖励扶助政策有了法律依据,而且与计划生育政策相适应地相对稳定下来。

20世纪90年代,随着市场经济体制的逐渐形成,计划生育奖励扶助内容开始由原来单一的生活扶助(即资金奖励,如独生子女父母奖励费或保健费)延伸到生产扶助和社会保险领域,形成了生活、生产、保障三位一体的政策体系雏形。

在生产扶助方面,主要是把扶贫政策与计划生育结合起来,对计划生育贫困家庭给予重点扶持,力求使他们早日脱贫致富;通过支持计划生育家庭发展

---

① 彭珮云:《中国计划生育全书》,中国人口出版社1997年版,第517—518页。
② 彭珮云:《中国计划生育全书》,中国人口出版社1997年版,第26页。

生产项目,鼓励和支持他们生产致富。1989 年 12 月 18 日,国务院办公厅转发国家计生委、贫困地区开发领导小组《关于扶贫工作与计划生育工作相结合的报告》(国办发〔1989〕59 号),要求:"深刻认识扶贫工作与计划生育工作相结合的意义,在制定扶贫政策和采取扶贫措施时,必须既有利于扶贫,又有利于计划生育,而不是刺激多生。""在同等条件下,对于响应党的号召,自觉实行计划生育的贫困户,在扶贫措施方面予以优先。"①此后,很多地方开始探索扶持计划生育家庭发展生产项目、率先脱贫致富的途径和办法。

1995 年 9 月,国家计生委、国家科委、水利部、农业部、林业部、卫生部、国务院扶贫开发领导小组、中华全国供销合作总社、中国农业银行、全国妇联等10 部门联合下发《关于认真抓好农村计划生育"三结合"工作的通知》(国计生政字〔1995〕242 号),要求各个部门和各级政府高度重视计划生育"三结合"工作,即:计划生育工作与发展农村经济相结合,与帮助农民勤劳致富奔小康相结合,与建设文明幸福家庭相结合,为实行计划生育的家庭提供优先、优惠政策和优质服务,切实帮助他们解决生产、生活、生育中的具体困难。通知还明确了相关部门在计划生育"三结合"工作中的具体职责,要求各相关部门结合自身特点,制定实施针对计划生育家庭的优先、优惠政策措施,各级党委、政府要组织好落实工作。②

在社会保障方面,不少地方为了减轻计划生育家庭和村级计划生育干部的后顾之忧,解决好他们年老后的基本生活问题,探索实施了一些针对计划生育家庭和村级计划生育专干的保险项目,政府出资帮助他们购买保险。1992年,在各地已经进行的探索性实践的基础上,国家计生委、中国计划生育协会、中国人民保险公司联合向国务院上报的《关于计划生育保险工作情况和有关

---

① 《国务院办公厅转发国家计生委、贫困地区开发领导小组关于扶贫工作与计划生育工作相结合报告的通知》,中国政府网 2016 年 10 月 18 日,http://www.gov.cn/zhengce/content/2016-10/18/content_5121137.htm。

② 参见杨魁孚、梁济民、张凡:《中国人口与计划生育大事要览》,中国人口出版社 2001 年版,第 322—323 页。

问题的请示》提到:实行计划生育系列保险,有利于群众生育观念转变,有利于密切党群、干群关系,有利于稳定基层计划生育干部队伍,有利于资金积累与合理使用,有利于加强"两个文明"建设,有利于计划生育工作的深入开展。该请示提出:应当倡导和支持各地开展包括养老保险在内的计划生育系列保险的要求,如计划生育手术保险和独生子女"两全"保险(指健康和生命安全两项保险)、独生子女和双女户父母养老保险、计划生育干部(村级)养老保险等。① 在这一请示指导下,不少地方帮助计划生育家庭和村级计划生育专干购买了保险项目。这一工作不仅起到了稳定基层计生专干队伍的作用,而且也是对计划生育奖励扶助政策体系的发展和完善。

(五)进入 21 世纪后的奖励扶助政策

进入 21 世纪后,计划生育奖励扶助政策逐步走向制度化、规范化、法制化轨道。2001 年 12 月 29 日,第九届全国人民代表大会常务委员会第二十五次会议通过了《中华人民共和国人口与计划生育法》(以下简称《人口与计划生育法》),其中专设奖励与社会保障一章,明确规定了国家在计划生育奖励中的责任,赋予了地方政府在实施奖励扶助政策中的一定权限。例如:第二十三条规定:"国家对实行计划生育的夫妻,按照规定给予奖励。"第二十四条规定:"国家建立、健全基本养老保险、基本医疗保险、生育保险和社会福利等社会保障制度,促进计划生育。国家鼓励保险公司举办有利于计划生育的保险项目。有条件的地方可以根据政府引导、农民自愿的原则,在农村实行多种形式的养老保障办法。"第二十七条规定:"自愿终身只生育一个子女的夫妻,国家发给《独生子女父母光荣证》。获得《独生子女父母光荣证》的夫妻,按照国家和省、自治区、直辖市有关规定享受独生子女父母奖励。"第二十八条规定:"地方各级人民政府对农村实行计划生育的家庭发展经济,给予资金、技术、

---

① 参见杨魁孚、梁济民、张凡:《中国人口与计划生育大事要览》,中国人口出版社 2001 年版,第 255—256 页。

培训等方面的支持、优惠;对实行计划生育的贫困家庭,在扶贫贷款、以工代赈、扶贫项目和社会救济等方面给予优先照顾。"

《人口与计划生育法》颁布实施后,我国开始从国家层面完善计划生育奖励扶助政策,逐步形成了以"三项制度"为主体的政策体系,即:农村部分计划生育家庭奖励扶助制度,简称奖励扶助制度,以2004年2月27日国务院办公厅转发国家人口计生委、财政部《关于开展对农村部分计划生育家庭实行奖励扶助制度试点工作意见的通知》(国办发〔2004〕21号)为标志;"少生快富"工程,以2004年3月10日,国务院办公厅转发国家人口计生委、财政部、国务院扶贫办《关于在西部地区开展"少生快富"扶贫工程试点工作的意见》(国人口发〔2004〕16号)为标志;独生子女伤残死亡家庭扶助制度,亦称计划生育特别扶助制度,简称特别扶助制度,以2007年8月31日国务院办公厅转发国家人口计生委、财政部《关于印发全国独生子女伤残死亡家庭扶助制度试点方案的通知》(国人口发〔2007〕78号)为标志。"三项制度"所需资金,采取中央财政和地方财政分担的做法,并且针对东、中、西部地区制定了不同的分担比例,对西部地区给予较大的财政支持。例如:按照奖励扶助制度实施方案,2004年开始试点时的资金安排为:"视各地财力情况,由中央或地方财政确定负担比例,安排专项资金并分别纳入当年财政预算。地方负担的资金,以省级财政为主。西部试点地区的奖励扶助金按基本标准中央财政负担80%,地方财政负担20%;中部试点地区的奖励扶助金按基本标准中央财政和地方财政分别负担50%;鼓励东部地区自行安排资金进行试点。"特别扶助制度同样遵循了这一资金分担原则,规定:"独生子女伤残死亡家庭扶助资金由各级财政负担,安排专项资金并分别纳入中央财政和地方财政预算。地方负担的资金,以省级财政为主。西部试点地区的扶助资金按基本标准中央财政负担80%,地方财政负担20%;中部试点地区的扶助资金按基本标准中央财政和地方财政分别负担50%;东部试点地区的扶助资金由地方财政自行安排。"

2015年12月27日,十二届全国人大常务委员会十八次会议通过的修订后的《人口与计划生育法》，依然遵循了原来法律中的原则性奖励规定，并且增加了"符合法律、法规规定生育子女的夫妻，可以获得延长生育假的奖励或者其他福利待遇""在国家提倡一对夫妻生育一个子女期间，按照规定应当享受计划生育家庭老年人奖励扶助的，继续享受相关奖励扶助"的规定。2015年 12 月 31 日，中共中央、国务院颁布《关于实施全面两孩政策　改革完善计划生育服务管理的决定》（中发〔2015〕40 号，2016 年 1 月 5 日公布），在明确"对政策调整后自愿只生育一个子女的夫妻，不再实行独生子女父母奖励优惠等政策"的同时，也提出了"建立完善包括生育支持、幼儿养育、青少年发展、老人赡养、病残照料等在内的家庭发展政策，鼓励按政策生育"的要求，形成了"老人老办法，新人新办法"的计划生育奖励扶助框架思路，成为改革或调整计划生育奖励扶助政策的重要依据。2016 年 12 月 30 日，国务院印发《国家人口发展规划（2016—2030 年）》（国发〔2016〕87 号，2017 年 1 月 25 日公布），在《人口与计划生育法》和中央《决定》中计划生育奖励扶助原则基础上，进一步提出要求："完善税收、抚育、教育、社会保障、住房等政策，减轻生养子女家庭负担。完善计划生育奖励假制度和配偶陪产假制度。鼓励雇主为孕期和哺乳期妇女提供灵活的工作时间安排及必要的便利条件。支持妇女生育后重返工作岗位。增强社区幼儿照料、托老日间照料和居家养老等服务功能。"这些法规政策成为国家层面计划生育奖励扶助政策的重要内容和地方政府制定实施具有较强操作性的计划生育奖励扶助政策的重要遵循。

对于计划生育手术并发症人员的实际困难，在 2011 年之前一直没有形成国家层面的制度性扶助政策，而是由地方政府出面解决，有的地方解决得好一些，但很多地方缺乏具体的扶助措施，存在显著的地区性差异。2011 年 6 月15 日，国家人口计生委、财政部发出《关于将三级以上计划生育手术并发症人员纳入计划生育家庭特别扶助制度的通知》（人口政法〔2011〕62 号），在人口和计划生育基层工作比较扎实的地区，开始了将三级以上计划生育手术并发症人员纳入计划生育家庭特别扶助制度的试点工作,2012 年在全国普遍推开,成为国家层面的制度性扶助政策。

2016 年 4 月 15 日,财政部和卫生计生委联合出台《关于进一步完善计划生育投入机制的意见》(财社〔2016〕16 号),在"加大扶助保障力度"部分明确要求继续实施"三项制度",并且进一步明确了相关经费安排问题,即:"国家规定的计划生育扶助保障项目所需经费,由中央和地方按比例安排,补助资金按照目标人群数量和人(户)均标准、绩效评价结果等因素分配。中央财政以 2015 年补助数为基数,增支部分(包括自然增支和提标增支)对西部地区、中部地区分别按照 80%、60%的比例,对东部地区按照 10%—50%不同比例予以补助。""三项制度"的实施,体现了中央政府在落实计划生育基本国策中的主体地位,迈出了以国家财政为主提供奖励扶助资金、实行全国统一的奖励扶助政策的关键一步,解决了部分地区因财政困难而难以兑现奖励扶助金的问题,收到了较好的社会效果。

(六)当前的奖励扶助政策

我国当前的计划生育奖励扶助政策基本形成了以《人口与计划生育法》为依据、以国家层面"三项制度"为主体、以各省层面具体规定为辅助、以单位落实部分奖励项目为补充的政策体系。

1. 国家层面的"三项制度"

(1)农村部分计划生育家庭奖励扶助制度。在借鉴贵州省余庆县 2002 年启动的对农村独生子女和两女结扎户实行优惠政策经验的基础上,经过广泛的调查研究,国家人口计生委于 2003 年 9 月向国务院报送了《关于建议实施〈农村计划生育家庭奖励扶助计划〉的请示》,2004 年 2 月 27 日,国务院办公厅转发了国家人口计生委、财政部《关于开展对农村部分计划生育家庭实行奖励扶助制度试点工作的通知》(国办发〔2004〕21 号),正式启动了农村部分计划生育家庭实行奖励扶助制度试点工作。2004 年 5 月 13 日,国家人口计生委、财政部下发《关于印发〈农村部分计划生育家庭奖励扶助制度试点方案(试行)〉的通知》(国人口发〔2004〕36 号);同年 5 月 21 日,国家人口计生委又下发《关于印发〈农村部分计划生育家庭奖励扶助对象确认条件的政策性解释〉的通知》(国人口发〔2004〕39 号)。这两个通知对计划生育奖励扶助对象的确认条件和奖励扶助标准等作出了具体规定,成为计划生育奖励扶助政策的重要遵循。从国务院办公厅〔2004〕21 号文件下发起,这一奖励扶助政策首先在四川、云南、甘肃、青海、重庆等 5 个省(直辖市)以及河北省承德市、山西省晋中市等 10 个省的 10 个市开始试点。2005 年,试点范围扩大到 23 个省(自治区);东部的北京、天津、浙江、广东等省(直辖市)自行开展试点。至2006 年,奖励扶助制度在全国普遍推开。当时界定的奖励扶助对象条件是:本人及配偶均为农业户口或界定为农村居民户口;1973 年至 2001 年期间没有违反计划生育法律法规和政策规定生育;现存一个子女或两个女孩或子女死亡现无子女;年满 60 周岁。奖励扶助标准是:符合条件的奖励扶助对象,按人年均不低于 600 元的标准发放奖励扶助金,直到亡故为止。2008 年 11 月28 日,国家人口计生委、财政部在《关于实施"三项制度"工作的通知》(国人口发〔2008〕83 号)中决定,自 2009 年 1 月 1 日起,将奖励扶助标准从每人每年不低于 600 元提高到每人每年不低于 720 元。2011 年 12 月 14 日,财政部、国家人口计生委发出《关于调整全国农村部分计划生育家庭奖励扶助和计划生育家庭特别扶助标准的通知》(财教〔2011〕623 号),决定自 2012 年 1 月 1日起,将奖励扶助标准从每人每月不低于 60 元提高到每人每月不低于 80 元,即每人每年不低于 960 元。

(2)西部地区"少生快富"工程。从 2000 年开始,宁夏回族自治区党委、政府创新工作思路,在西海固贫困地区率先开展"少生快富"扶贫工程试点工作,用奖励"少生"代替惩罚"多生"。这一试点,受到广大干部和群众的欢迎和赞许,收到了显著的"少生"和"快富"效益。为了推广宁夏回族自治区"少生快富"扶贫工程的经验做法,2004 年 3 月 10 日,国务院办公厅转发国家人口计生委、财政部、国务院扶贫办《关于在西部地区开展"少生快富"扶贫工程试点工作的意见》(国人口发〔2004〕16 号),决定在扩大宁夏回族自治区试点范围的基础上,将云南省和青海省部分县(市)纳入试点范围。在国家暂不扩大试点的情况下,内蒙古、海南、四川、云南、甘肃、青海、宁夏、新疆等省(自治区)自行启动试点工作。2006 年 10 月 25 日,国家人口计生委、财政部发出《关于印发〈西部地区计划生育"少生快富"工程实施方案〉的通知》(国人口发〔2006〕117 号)后,试点地区扩大到内蒙古、海南、四川、甘肃、新疆等省区。"少生快富"工程的目标人群是:按照政策法规的规定,可以生育三个孩子而自愿少生一个孩子,并且按各省区有关规定采取了长效节育措施的夫妇;奖励标准是:对自愿申请参加、符合条件的对象,向每对夫妇发放不少于 3000 元的一次性奖励;政策理念是:用奖励"少生"代替惩罚"多生",把"少生"和"快富"结合起来,引导和帮助他们把奖励资金用于发展生产、勤劳致富;资金供给模式为:中央和地方财政共同承担,中央财政按每对夫妇奖励 3000 元的标准负担 80%,地方财政负担 20%;地方财政负担的资金,以省级财政为主。这一制度的实施,对于西部地区推进人口和计划生育工作,转变群众生育观念,摆脱"越生越穷、越穷越生"的怪圈,促进人口与资源、环境的协调发展和可持续发展,均起到了一定的积极作用。

(3)计划生育家庭特别扶助制度。为缓解独生子女伤残死亡家庭的实际困难,使他们生活上得到帮助,精神上获得慰藉,2007 年 8 月 31 日,国家人口计生委和财政部联合发出《关于印发全国独生子女伤残死亡家庭扶助制度试点方案的通知》(国人口发〔2007〕78 号),决定从 2007 年开始,首先在西部地区的重庆市、贵州省,中部地区的山西省、吉林省、湖南省,东部地区的上海市、江苏省、山东省以及青岛市,开展独生子女伤残死亡家庭扶助制度试点工作。同时,鼓励已开展独生子女伤残死亡家庭扶助工作的地区,结合本方案,继续做好相关工作。2008 年这一制度在全国范围内全面推开。按照通知规定,对符合条件的对象①,由政府发放独生子女伤残死亡家庭扶助金。扶助标准为:独生子女死亡后未再生育或合法收养子女的夫妻,由政府给予每人每月不低于100元的扶助金,直至亡故为止;独生子女伤、病残后未再生育或收养子女的夫妻,由政府给予每人每月不低于80元的扶助金,直至亡故或子女康复为止。为更好地指导这一扶助制度的开展,2008年8月11日,国家人口计生委印发了《关于完善计划生育家庭特别扶助对象具体确认条件的通知》(国人口发〔2008〕60号),对扶助对象的界定作出具体规定。

2011年12月14日,财政部和国家人口计生委联合发出《关于调整全国农村部分计划生育家庭奖励扶助和计划生育家庭特别扶助标准的通知》(财教〔2011〕623号),决定自2012年1月1日起,将独生子女死亡家庭特别扶助标准从每人每月不低于100元增加到每人每月不低于135元,将独生子女伤残家庭特别扶助标准从每人每月不低于80元增加到每人每月不低于110元。

2013年12月18日,国家卫生计生委、民政部、财政部、人力资源和社会保障部、住房城乡建设部联合发出《关于进一步做好计划生育特殊困难家庭扶助工作的通知》(国卫家庭发〔2013〕41号),决定自2014年1月1日起,将女方年满49周岁的独生子女伤残、死亡家庭夫妻的特别扶助金标准分别提高到:城镇每人每月270元、340元,农村每人每月150元、170元,并建立动态增长机制。

2016年4月15日,财政部和卫生计生委出台《关于进一步完善计划生育投入机制的意见》(财社〔2016〕16号),调整了《关于进一步做好计划生育特殊困难家庭扶助工作的通知》中区分城乡的独生子女伤残、死亡家庭扶助标准的做法,统一了城乡独生子女伤残、死亡家庭扶助标准,将农村独生子女伤残、死亡家庭扶助标准提高到了与城镇一致的水平,并且强调根据经济社会发

---

① 扶助对象应同时符合以下条件:1933年1月1日以后出生,女方年满49周岁,只生育一个子女或合法收养一个子女,现无存活子女或独生子女被依法鉴定为残疾(伤病残达到三级以上)。

展水平等因素,实行特别扶助制度扶助标准动态调整。

计划生育家庭特别扶助制度走过了一条由统到分,再由分到统的路子。最初实行的是城乡统一的扶助标准;2011 年的第一次调整,根据经济发展水平提高了扶助标准,仍然不分城乡,继续实行统一的标准;但 2013 年的第二次调整,却变成了城乡有别,虽然提高幅度都很大,但还是引起了农村扶助对象的极大不满;2016 年的第三次调整,纠正了执行两年的城乡有别的扶助政策,又回归到了城乡统一的标准上。

(4)计划生育手术并发症人员扶助制度。计划生育手术并发症是实施节育手术的一种不良后果,尤其是在 20 世纪 80 年代"大突击"工作模式下,出现计划生育手术并发症的情况较多,当然也与当时技术条件差的情况有一定关系。虽然在计划生育中他们的身体受到损害,但却长期未能享受国家层面的制度性扶助,不同地区的相关扶助制度存在很大差异,直到 2011 年 6 月 15日,国家人口计生委、财政部发出《关于将三级以上计划生育手术并发症人员纳入计划生育家庭特别扶助制度的通知》(人口政法〔2011〕62 号),才开始在人口和计划生育基层工作比较扎实的地区,进行将三级以上计划生育手术并发症人员(以下简称并发症人员)纳入计划生育家庭特别扶助制度的试点,2012 年在全国普遍推开,有了制度性扶助措施。计划生育手术并发症人员的扶助标准为:对三级并发症人员,给予每人每月不低于 100 元的扶助金;对二级并发症人员,给予每人每月不低于 200 元的扶助金;对一级并发症人员,给予每人每月不低于 300 元的扶助金。同时还作出规定,要根据城乡居民平均消费水平、物价水平及财政可承受能力,建立动态调整机制。

2. 省级层面的相关规定

为认真实施 2015 年修订后的《人口与计划生育法》,贯彻落实中央《决定》"鼓励按政策生育"的精神,各省、自治区、直辖市相继修订了《人口与计划生育条例》,主要对《人口与计划生育法》和中央《决定》中"鼓励按政策生育"

的原则性规定作出了具有较强操作性的规定。从 2016 年启动的新一轮计划
生育条例修订情况看,计划生育奖励扶助政策改革或调整主要是围绕以下问
题展开的。

（1）增加生育假。根据《人口与计划生育法》第二十五条"符合法律、法规
规定生育子女的夫妻,可以获得延长生育假的奖励或者其他福利待遇"和中
央《决定》"完善计划生育奖励假制度"的精神,各省、自治区、直辖市修订的
《人口与计划生育条例》都改变了以往奖励产假只针对晚婚晚育夫妇的规定,
建立了面向所有按政策生育的夫妇的奖励假制度,在《女职工劳动保护特别
规定》中"女职工生育享受 98 天产假"的基础上,普遍延长了一个月以上的生
育假时间(见表 3-1)。

表 3-1　各省、自治区、直辖市延长产假时间

延长时间	省　　区
30 天	北京、天津、上海、江苏、浙江、湖北、广东、重庆
60 天	河北、山西、内蒙古、辽宁、吉林、安徽、江西、山东、湖南、四川、云南、陕西、青海、宁夏、新疆
50 天	广西
60—82 天	福建
82 天	黑龙江、甘肃
3 个月	河南、海南

注:北京规定"女职工经所在机关、企业事业单位、社会团体和其他组织同意,可以再增加假期一至三
　　个月";天津规定"不能增加生育假(产假)的,给予一个月基本工资或者实得工资的奖励";黑龙江、
　　陕西、甘肃规定按政策生育的妇女产假延长至 180 天,减去法定产假 98 天后则为 82 天;福建规定
　　按政策生育的妇女产假延长至 158—180 天,减去法定产假 98 天后则为 60—82 天;重庆规定"符合
　　法律法规规定生育的女职工,经本人申请,单位批准,产假期满后可连续休假至子女一周岁止,休假
　　期间的月工资按照不低于休假前本人基本工资的百分之七十五发给,但不得低于当年本市最低工
　　资标准";陕西规定"女职工参加孕前检查的,在法定产假的基础上增加产假十天"。
资料来源:根据各省区修订后的《人口与计划生育条例》内容整理。

（2）增设丈夫护理假。本轮《人口与计划生育条例》修订前,虽然多数省
区也都规定了男方护理假或陪护假,但都是与晚育相挂钩,也就是说,只有晚

育者才可以享受。本轮修订中各省区都删除了"晚育"的附加条件,所有按政策生育的丈夫都可以享受护理假。增加丈夫护理假或陪护假(见表3-2)的做法,是对《人口与计划生育法》第二十五条"符合法律、法规规定生育子女的夫妻,可以获得延长生育假的奖励或者其他福利待遇"的具体化,也是本轮《人口与计划生育条例》修订的一个亮点,有利于强化男性在生育中的责任,减轻妇女的养育负担,更好地体现性别平等。

表3-2 各省、自治区、直辖市增加陪护假时间

延长时间	省 区
7 天	天津、山东
10 天	上海、安徽
15 天	北京、河北、山西、辽宁、吉林、黑龙江、江苏、浙江、福建、湖北、江西、广东、海南、重庆、贵州、青海、陕西、新疆
20 天	湖南、四川
25 天	内蒙古、广西、宁夏
30 天	云南、甘肃
1 个月	河南

注:安徽和陕西规定异地生活为20天。

资料来源:根据各省区修订后的《人口与计划生育条例》内容整理。

(3)违法生育与征信挂钩。为了强化惩罚措施在计划生育中的制约作用,一些省区在《人口与计划生育条例》中增加了与征信或信用挂钩的内容。例如,福建规定:"县(市、区)人民政府卫生和计划生育行政部门可以依照国家和本省有关规定,委托乡(镇)人民政府、街道办事处征收社会抚养费。对拒不缴纳社会抚养费的,卫生和计划生育行政部门可以通知有关机构将其违法信息录入个人信用征信系统。"湖南规定:"县级以上人民政府应当将公民计划生育情况纳入社会信用体系。"广东规定:"各级人民政府将公民计划生育情况纳入社会信用体系。"广西规定:"人口和计划生育工作应当推行诚信计划生育长效机制。"宁夏规定:"各级人民政府应当将公民计划生育情况纳

入社会信用体系。"新疆规定:"公民有生育的权利和依法实行计划生育的义务,违法生育的,应当依法征收社会抚养费,并将违法生育及社会抚养费欠缴情况纳入征信系统。"以上规定除广西比较模糊之外,其余 5 个省区都是非常明确地把公民计划生育情况纳入征信或信用系统,写进了《人口与计划生育条例》,而且福建和宁夏是在 2014 年实施"单独二孩"后修订《人口与计划生育条例》时就写进去的,福建还曾发生过政策外生育者因未缴纳社会抚养费在机场被拒绝领取登机牌、不能乘飞机的情况。严格说来,将违法生育与征信挂钩的做法已经超出了计划生育奖励扶助政策的范围,或者说将违法生育行为与征信挂钩的做法并不是计划生育奖励扶助政策的内容,而是计划生育利益导向的范畴,具有惩罚的性质,因为在《人口与计划生育法》和各省区《人口与计划生育条例》中对违法生育的处理是被列在"法律责任"部分的。但由于这样的惩罚措施比起奖励来效果更好,所以,往往被当作省级层面的具体措施。

3. 单位承担的责任

总的说来,随着我国经济社会形势的变化,国家在计划生育奖励扶助中的责任主体地位日益凸显,单位的责任越来越少,但按规定还是要承担一定的责任。例如,《人口与计划生育法》就明确要求:"法律、法规或者规章规定给予获得《独生子女父母光荣证》终身只生育一个子女的夫妻奖励的措施中由其所在单位落实的,有关单位应当执行。"各省区对单位承担计划生育奖励扶助的规定基本上都包括以下三个方面的内容:一是已经获得独生子女父母光荣证的夫妻,凭证可以从领取独生子女父母光荣证起,每月享受一定数额的独生子女父母奖励费或保健费,具体数额和享受期限因省区不同而异。关于奖励数额,多数省区规定为夫妻双方各 10 元,有的省区 20 元,最高的 50 元(山西);关于享受期限,有的到独生子女 18 岁,有的到 16 岁,有的到 14 岁。二是独生子女托育及 18 周岁之前的教育、医药费用,多数省区规定由夫妻双方所在单位依照有关规定报销,或者给予一定补贴。三是退休补助或奖励,多数省区规定:独生子女父母,是国家工作人员、企业事业单位职工的,退休后按照其退休前月工资的5%每月增发退休金,或者由所在单位给予一次性奖励,或者为其办理补充养老保险。例如,新疆规定:"夫妻退休,由所在单位各给予加发本人工资百分之五的奖励金,或者各给予不低于三千元的一次性奖励。"辽宁规定:"职工退休后,由其所在单位每月发给10元或者一次性发给2000元补助费。"值得说明的是,凡是明确规定加发5%退休金的,一般都附加了"不得超过本人原标准工资的100%"的规定。有的省区只规定了一次性奖励,如黑龙江规定:"企业和实行养老保险的机关、事业单位职工,2000年2月1日前领取《独生子女父母光荣证》,在本条例实施后退休的,由其所在单位给予不低于三千元的一次性补助;2000年2月1日及以后领取《独生子女父母光荣证》的,由所在单位在领证时为其一次性办理相当于本人一个月工资额的独生子女父母补充养老保险。"甘肃规定:"独生子女父母属国家机关、事业单位工作人员或者企业职工的,退休时由各自所在单位给予不低于1000元的一次性奖励。"山东规定:"独生子女父母为企业职工的,退休时由所在单位按照设区的市上一年度职工年平均工资的百分之三十发给一次性养老补助。"有的省区把企业职工一次性退休补助的权限下放到了市、县,如安徽规定:"国家机关和事业单位职工退休时,提高百分之五的退休金;企业职工退休时,给予一次性补助,具体标准由所在地设区的市、县级人民政府确定。所需经费,是国家机关和事业单位、国有企业职工的,由所在单位承担;其他人员由户籍所在地设区的市、县级人民政府承担。国有企业改制、破产的,其退休职工计划生育奖励资金的发放依照国家和省人民政府有关规定执行。"有的省区在《人口与计划生育条例》中没有作出明确的奖励数额规定,而是原则性地提出给予适当奖励,如内蒙古规定:"退休时,夫妻双方所在单位应当给予适当的奖励";吉林规定:"退休时,夫妻双方所在单位根据实际情况,可以给予适当的奖励"。

二、奖励扶助政策的三大转变

随着经济社会发展形势和计划生育工作的阶段性变化,计划生育奖励扶助政策无论是设计理念,还是政策目标和实施主体,都发生了重大变化,体现出与时俱进的时代特征。

(一)设计理念由控制人口增长向增进人民福祉转变

计划生育奖励扶助政策服务于计划生育政策的目标定位,就决定了其设计理念与计划生育政策目标密不可分,必然随着计划生育政策的变化而变化,显示出明显的时代特征。

为了扎实有序地做好计划生育工作,国务院计划生育领导小组办公室于1973年12月11—27日在北京召开全国计划生育工作汇报会,在各地广泛交流开展计划生育工作经验的基础上,提出了"晚、稀、少"的生育政策要求。应该说,这是我国在计划生育工作方面第一次提出的明确要求。"晚"是指男25周岁以后、女23周岁以后结婚,女24周岁以后生育;"稀"是指生育间隔3年以上;"少"是指一对夫妇生育子女数不超过两个。1978年10月,中共中央批转国务院计划生育领导小组《关于国务院计划生育领导小组第一次会议的报告》(中发〔1978〕69号),最先提出了"提倡一孩"的政策要求,即:"提倡一对夫妇生育子女数,最好一个最多两个,生育间隔三年以上。"①1980年9月7日,时任国务院总理的华国锋在五届全国人大三次会议上的报告中指出:"国务院经过认真研究,认为在今后二三十年内,必须在人口问题上采取一个坚决的措施,就是除在人口稀少的少数民族地区以外,要普遍提倡一对夫妇只生育一个孩子,以便把人口增长率尽快控制住,争取全国总人口在本世纪末不超过

---

① 杨魁孚、梁济民、张凡:《中国人口与计划生育大事要览》,中国人口出版社2001年版,第44、47、50、51、66页。

12 亿。"①1980 年 9 月 25 日,中共中央发表《关于控制我国人口增长问题致全体共产党员共青团员的公开信》,进一步明确了"普遍提倡一对夫妇只生育一个孩子"的要求。

与那一时期的计划生育政策相适应,计划生育奖励扶助政策的核心就是奖励独生子女家庭。这一点从当时一些省区出台的《计划生育条例》或其他具有法律效应的文件即可反映出来。例如:1980 年 2 月 2 日广东省人大常委会颁布实施的《广东省计划生育条例》、1980 年 3 月山东省人大常委会颁布实施的《山东省关于计划生育若干问题的试行规定》和 1982 年 3 月浙江省人大常委会颁布实施的《浙江省计划生育条例》,其中的奖励条款都只是针对"终身只生一个孩子,已采取有效措施,保证不再生育者"。20 世纪 80 年代中期以后各省区出台的《计划生育条例》,也都是把奖励扶助的对象限定为独生子女及其家庭。

1984 年生育政策调整后,扩大了二孩生育照顾面,实际上意味着提高了对家庭利益的重视程度。1989 年 7 月 1 日,在国务院召开的贫困地区经济开发领导小组第八次全体会议上,讨论并同意了国家计生委和国务院贫困地区经济开发领导小组《关于扶贫工作和计划生育相结合的报告》,提出了把扶贫工作与计划生育工作结合起来的目标②,迈出了计划生育与发展生产相结合,促进计划生育家庭发展、增进计划生育家庭福利的步伐。

进入 20 世纪 90 年代后,计划生育奖励扶助政策逐渐增加了为计划生育家庭解决实际困难、增进计划生育家庭福利的内容,不论是吉林的计划生育"三结合"经验、江苏盐城的"少生快富"文明工程,还是宁夏的"少生快富"工程、贵州对农村独生子女和两女结扎户实行优惠政策的经验,都是力求把计划生育与发展经济、脱贫致富、家庭幸福结合起来,为计划生育家庭办实事,不让

---

① 彭珮云:《中国计划生育全书》,中国人口出版社 1997 年版,第 40 页。
② 参见彭珮云:《中国计划生育全书》,中国人口出版社 1997 年版,第 476 页。

听党话的人吃亏、不让计划生育家庭吃亏的色彩越来越浓。这些做法都得到了国家决策层的认可与肯定,并逐步在全国范围内加以推广。1991 年 5 月 12 日,中共中央、国务院颁布的《关于加强计划生育工作　严格控制人口增长的决定》(中发〔1991〕9 号)明确要求:"各部门制定有关社会福利、劳动就业以及其它方面的政策和法规,都要有利于鼓励晚婚晚育、少生优生。"2000 年 3 月 2 日,中共中央、国务院出台《关于加强人口与计划生育工作　稳定低生育水平的决定》(中发〔2000〕8 号),在强调当时经济社会环境下"稳定低生育水平的工作要求更高,任务更艰巨",必须"稳定现行的生育政策"的同时,要求更好地践行"以人的全面发展为中心"的原则,"尊重人民群众作为计划生育主人的地位,维护其合法权益。把计划生育工作与发展经济、帮助群众勤劳致富、建设文明幸福家庭有机结合起来"。"各级政府及扶贫开发部门应有计划、有重点地对实行计划生育的贫困户予以优先扶持,提高他们的生产自救和发展能力。""各级政府及基层组织要建立激励机制,落实对实行计划生育家庭的奖励和优惠政策。""劳动保障及其他有关部门要从实际出发,通过多种途径,采取优惠措施,建立有利于计划生育的社会保障制度。""民政等部门要制定有利于计划生育家庭的社会救助政策,对实行计划生育的贫困户给予生活保障补助。"

进入 21 世纪后,随着"三项制度"的全面实施和"提标扩面",对计划生育家庭的奖励扶助力度越来越大,更好地体现出以人为本的理念和服务于计划生育基本国策的原则,增进了计划生育家庭的福利。

综上所述,我国计划生育奖励扶助政策的设计理念经历了一个由服务于单一控制人口增长的计划生育政策向服务于统筹解决人口问题、帮助计划生育家庭解决实际困难、为计划生育家庭谋取福利、重点构建计划生育特殊困难家庭保障兜底体系的转变。

（二）政策目标由降低生育率向统筹解决人口问题转变

进入新世纪后，我国在取得控制人口数量增长伟大成就的同时，也出现了一些新生的结构性人口问题，尤其突出的是出生性别比失衡、老龄化速度过快等。为了统筹解决人口问题，2006 年 12 月 17 日，中共中央、国务院颁布《关于全面加强人口和计划生育工作　统筹解决人口问题的决定》（中发〔2006〕22 号），充分肯定了实行计划生育对我国提前实现人口再生产类型转变、有效缓解人口对资源环境的压力、有力促进经济社会发展中的重要作用，明确指出了我国人口发展呈现出来的前所未有的复杂局面，并且第一次在文件中使用了统筹解决人口问题的概念，成为我国计划生育政策目标转向的重要标志。该决定要求深入开展"婚育新风进万家"活动和"关爱女孩行动"，全面推行农村计划生育家庭奖励扶助制度①和"少生快富"工程等，积极探索建立独生子女伤残死亡家庭扶助、长效节育措施奖励、节育手术保险、城市计划生育夫妇年老一次性奖励等制度。在这一时期实施的计划生育家庭奖励扶助制度中，把农村两女户同独生子女户一样纳入了奖励扶助对象。一些省区实行的独生子女中高考加分政策，也把双女包括了进来。我国计划生育奖励扶助政策由单一服务于以降低生育率为中心的数量控制型向以人为本和关注家庭利益，兼顾出生性别比治理、独生子女和双女户家庭养老问题的综合治理型转变，增加了计划生育家庭的福利待遇，体现出统筹解决人口问题的思路，成为统筹解决人口问题、促进人口长期均衡发展的重要基础。

---

①　农村部分计划生育家庭奖励扶助制度对于综合解决人口问题的意义主要在于：通过明确奖励扶助对象和标准，开启了帮助农村计划生育家庭解决养老问题的新篇章，意在帮助这些家庭解决部分养老资金来源；把双女户纳入奖励扶助对象，体现了对女孩及其家庭的特殊关爱，意在帮助群众改变"养儿防老""重男轻女"的传统观念，形成"生男生女一样好""女儿照样能养老"的社会风气，促进出生人口性别比下降。

（三）实施主体由单位向政府转变

我国在实行计划生育政策初期,少有奖励扶助政策方面的顶层设计,国家也很少直接出资用于支持计划生育家庭发展,而是把单位作为奖励扶助政策的执行主体,依靠单位对计划生育家庭给予奖励扶助。例如,中共中央《公开信》虽然提出"在入托儿所、入学、就医、招工、招生、城市住房和农村住宅基地分配等方面,要照顾独生子女及其家庭。要认真实行男女同工同酬的政策",但这里涉及的奖励成本,其实都是要求单位承担的,所以,从某种程度上说,奖励扶助政策虽然是由国家制定的,但单位才是真正意义上的责任主体。因此,单位情况不同,在落实程度上就存在一定差异。只是我国当时还属于计划经济体制,单位都是国有或集体性质的,这种由国家制定政策、由单位承担实施成本的做法并没有受到多大影响。以 1989 年 3 月 20 日河北省出台的《河北省计划生育条例》为例,对计划生育家庭的奖励,基本上都是由单位承担的,其中第二十三条规定:"按法定婚龄推迟三年以上结婚的,为晚婚,已婚妇女二十四周岁以上第一次生育的,为晚育。实行晚婚的,奖励婚假十五天,实行晚育的,奖励产假四十五天。奖励婚、产假期间,享受正常婚、产假待遇。"第二十四条规定:"对自愿只生育一个子女的夫妻,经县级计划生育委员会批准,发给《独生子女证》。(一)从领取《独生子女证》之日起,到子女 14 周岁止,对独生子女父母由双方所在单位每月分别发给不低于五元的奖金。(二)在产假期间领取《独生子女证》的,对产妇增加奖励产假三十天。"2003年 7 月 18 日修订的《河北省计划生育条例》,进一步增加了奖励的内容,例如:对符合晚婚晚育条件的,除继续享受十五天的奖励婚假和四十五天的奖励产假之外,还增加了"并给予男方护理假十天"的规定;对独生子女父母的奖励金额,由原来的每月五元增加到"不低于十元",发放期限由原来的十四岁延长到十八岁;对符合二孩生育政策自愿不再生育的夫妻,增加了"分别给予不低于一千元的一次性奖励",以及"独生子女父母,是国家工作人员、企业事业单位职工的,退休时分别给予不低于三千元的一次性奖励;是农村居民及城镇无业居民的,年老丧失劳动能力时,给予适当补助"等规定。无论是1989年的条例还是2003年的条例,上边提到的各种直接奖励金都是由单位承担的,而且婚假、产假期间代岗人员的工资以及相应的培训费用等支出,也都由单位承担。

进入21世纪开始实施"三项制度"后,政府在计划生育奖励扶助政策中的主导和主体地位日渐凸显,单位承担的部分越来越少。无论是2004年实施的农村部分计划生育家庭奖励扶助制度,还是2007年实施的独生子女伤残死亡家庭扶助制度,都确定了安排专项资金、纳入财政预算的原则,形成了中央财政和地方财政按比例分担、地方负担的资金以省级财政为主的制度,摘除了单位的责任。计划生育奖励扶助政策实施主体由单位为主向国家及地方政府为主的转变,与我国经济体制转变、经济持续快速发展、国家和省级财政支付能力增强的情况有很大关系,凸显了计划生育的基本国策性质以及政府在计划生育工作中的主导地位和重要作用。

第四章　我国计划生育奖励扶助政策改革的必要性

　　为了加强计划生育工作,严格控制人口增长,1982 年党的十二大把"计划生育"确定为我国的基本国策。为了实现计划生育目标,中央政府和各级地方政府出台了一系列奖励扶助政策,对响应国家号召、实行计划生育的家庭给予一定的鼓励,并提供一定的保障。在计划生育奖励扶助政策的引导和支持下,计划生育工作取得显著成效,人口快速增长的势头得到有效控制,全国一共少生 4 亿多人①,从而使我国的人口形势发生了重大变化,人口再生产类型实现了由高出生率、低死亡率、高增长率向低出生率、低死亡率、低增长率的历史性转变。在计划生育奖励扶助政策实施过程中,党和政府对计划生育家庭成员的就业、子女上学、住房、养老、奖金补贴等都给予了支持和扶助,有效提升了计划生育家庭的生活质量和保障程度。然而,随着经济社会发展和客观环境的变化,我国人口呈现出老龄化、少子化趋势,与"独生子女"生育政策相适应的计划生育奖励扶助政策也暴露出了一些问题。

　　党的十八届五中全会后,我国启动了继 2013 年"单独二孩"政策调整后的再一次调整,并于 2016 年 1 月 1 日开始实施"全面两孩"政策,从而结束了

---

　　①　参见《计生 40 多年　少生 4 亿多人》,《人民日报》2013 年 11 月 12 日。

实施长达 35 年的"提倡一对夫妻只生育一个孩子"的计划生育政策。这一生育政策的重大调整,成为我国人口和计划生育史上的一个重要里程碑。全国人大常委会修订后的《人口与计划生育法》,明确了"全面两孩"政策的法律地位。生育政策的重大调整,客观上要求对计划生育奖励扶助政策作出相应的改革或调整。从另一方面说,计划生育奖励扶助政策的改革或调整,既是完善计划生育政策体系的应有之意,也是落实计划生育基本国策、实施"全面两孩"政策的重要保障,对于满足计划生育家庭利益、提升计划生育家庭发展能力、把群众关心的好事办好等,都具有重要意义。在新的人口形势和生育政策环境下,以往服务于"提倡一孩"生育政策的奖励扶助政策已经难以适应"全面两孩"政策的要求了。按照 2015 年 12 月 31 日中共中央、国务院《关于实施全面两孩政策　改革完善计划生育服务管理的决定》,对政策调整后自愿只生育一个子女的夫妻,不再实行独生子女父母奖励优惠等政策。为了体现政策法规的体系性和完整性,保持与《人口与计划生育法》中"国家对实行计划生育的夫妻,按照规定给予奖励"规定的一致性,中央《决定》也提出了"鼓励按政策生育"的原则。这就意味着,实施"全面两孩"政策后,无论是一孩生育还是二孩生育,都是鼓励的对象,都可以得到奖励扶助,这就必然要求把原来实施的仅把一孩家庭和双女家庭作为奖励扶助对象以及城乡有别的奖励扶助政策作出根本性修订,制定实施不分城乡、全国统一的奖励扶助政策。这样的政策调整,不仅是落实"全面两孩"政策、保持适度生育水平的重要保障,也是推进社会公平、消除群体差异的重要举措,对推进我国二元社会制度改革和城乡一体化进程也具有积极意义。

　　总之,随着生育政策的城乡并轨和地区统一,必然要求对城乡差异和地区有别的奖励扶助政策作出调整与完善。随着计划生育家庭的养老需求、日常照料需求、精神慰藉需求、生病照料需求、托育需求、子女教育需求等日益增大,对传统的重视经济帮扶、轻视服务供给的奖励扶助政策提出了新的要求。因此,构建与"全面两孩"政策相适应的计划生育奖励扶助政策体系,既是保障计划生育家庭权益的现实需要,也是鼓励群众按政策生育的有效抓手,更是促进人口均衡发展的重要途径。

一、实施奖励扶助政策是推进"全面两孩"政策实施的重要措施

在过去 30 多年的时间里,我国一直推行"提倡一对夫妻只生育一个孩子"的计划生育政策,而为了照顾农村地区的实际情况,绝大多数省、自治区、直辖市于 20 世纪 80 年代中期开始实行"一孩半"政策(即有条件地允许第一孩生了女孩的家庭生育第二个孩子)。为了鼓励群众实行计划生育,我国自实行计划生育政策之初就开始制定实施奖励扶助政策,其目的就是引导群众响应国家计划生育政策,减少生育子女数量。2004 年后,相继制定实施国家层面的"三项制度",形成了以国家为主体的全国统一的奖励扶助制度。同时,国家还注重建立健全基本养老保险、基本医疗保险、生育保险和社会福利等社会保障制度,对计划生育家庭在参加社会保险方面给予照顾或优惠,这种做法在一定程度上减轻了计划生育家庭的后顾之忧,保证了计划生育家庭成员在生病、年老后的基本生活。按照国家层面的"三项制度",地方各级人民政府也根据本地实际情况,出台了一系列针对农村计划生育家庭的政策措施,在经济活动中给予资金、技术、培训等方面的支持和优惠,在扶贫贷款、以工代赈、扶贫项目和社会救济等方面对计划生育贫困家庭给予优先照顾。这些政策措施的实施,进一步保障了计划生育家庭在经济发展、增加收入方面的利益诉求,计划生育家庭获得了更多的福利,起到了较好的正面导向作用,助推了群众生育观念转变,提升了群众实行计划生育的主动性。概括而言,以往的计划生育奖励扶助政策形成了三大特点:一是服务于"提倡一孩"的生育政策,奖励扶助对象基本上限于一孩及两个女孩家庭;二是服务于二元生育政策,实行城乡有别的奖励扶助对象和标准;三是政府在奖励扶助政策中的责任和作

用日益增大,但地区差异较为突出。

虽然我们难以准确测量奖励扶助政策在多大程度上促进了计划生育政策的落实,或者说在生育率转变中起到了多大的作用,但其具有一定的促进作用的判断似乎是可以肯定的。本课题组于 2016 年 7—9 月组织的计划生育奖励扶助情况调查数据表明:27.36%的调查对象认为奖励扶助政策具有一定的吸引力,11.32%的符合"单独二孩"政策的调查对象是因为被计划生育奖励扶助政策的吸引而没有作出生育二孩的计划(调查时还没有实施"全面两孩"政策),13.07%的调查对象是为了避免受到惩罚没有生育二孩;39.42%的调查对象认为家庭生活水平提高与遵守计划生育政策有一定的关系;1.29%的调查对象认为不必调整奖励扶助政策。这些情况表明,部分群众对奖励扶助政策还是持肯定态度的,这从一个侧面说明了奖励扶助政策的正向效应。当然,也应当看到部分群众对奖励扶助政策的评价不高、对调整奖励扶助政策的呼声较高的情况。例如,课题组的调查结果显示:39.60%的调查对象认为奖励扶助政策没有吸引力,29.82%的调查对象认为家庭生活水平提高与遵守计划生育政策没有关系,68.95%的调查对象认为应当调整奖励扶助政策。值得注意的是,这个调查是在党的十八届五中全会之前进行的,当时还没有实施"全面两孩"政策,如果在实施"全面两孩"政策后调查的话,可能对调整奖励扶助政策的呼声会更高。

课题组的调查还发现,即使在已经实施"单独二孩"政策的环境下,符合二孩生育条件但并没有生育二孩计划的家庭,多数都是基于生育成本过大的考虑。在调查对象中,认为经济因素对生育二孩决策有影响的占 54.25%,因为时间因素对生育二孩决策有影响的占 28.26%,因为幼儿照料因素对生育二孩决策有影响的占 27.94%。可见,之所以出现微观层面二孩生育意愿不高、宏观层面"单独二孩"政策"遇冷"或政策效应不大的问题,关键原因就在于生育成本(包括直接成本、间接成本和机会成本)过大,对家庭构成了较大压力,育龄夫妇二孩生育动力不足。

实施"全面两孩"政策后,上面谈到的问题仍然存在,而且涉及面更大、受影响的家庭更多了。多项调查(包括本课题组的调查)结果表明,很多育龄夫妇之所以在实施"全面两孩"政策后生育二孩的意愿不高,符合生育政策条件但却没有生育二孩或没有生育二孩的打算,一个非常重要的原因就在于生育成本过高、压力过大。因此,要真正贯彻落实中央"鼓励按政策生育"的精神,消除育龄群众生育二孩的顾虑,提高育龄群众生育二孩的意愿,使每个家庭都能拥有两个子女,使"全面两孩"政策能够真正落地,就需要对以往的计划生育奖励扶助政策进行改革或调整,针对按政策生育的"新人"制定实施新的鼓励措施(即"新人新办法"),着力构建生育友好型、家庭支持型社会政策体系,减轻家庭抚养子女的经济成本及幼儿照护与教育负担,帮助生育女性解决好生育照料成本与职业发展之间的矛盾。只有这样,才是贯彻落实中央"鼓励按政策生育"精神的真切体现,才是推动群众按政策生育的实际行动。

二、调整奖励扶助政策是继续做好计划生育
特殊困难家庭帮扶工作的重要措施

按照对历史负责的态度和《人口与计划生育法》、中央《决定》要求,在"老人老办法"方面,要继续实行以往各项奖励扶助政策,重点做好失独残独家庭扶助工作。不少研究认为,失独残独家庭已经由当时的"光荣群体"变为现实的"弱势群体",不仅面临年老后缺乏照料资源的困境,而且面临物质和精神方面的困境,因此,关注这些家庭的特殊诉求,解决他们的实际困难,保障他们的基本生活,成为后计划生育时代的一项重要任务。①

---

① 参见黄涛:《失独家庭及其扶助保障政策研究——以河南省为例》,《人口研究》2018年第5期。

（一）不断加大扶助力度，为计划生育特殊困难家庭提供基本保障

自 2007 年开始，国家全面实施计划生育特别扶助制度，加大对计划生育特殊困难家庭（指独生子女发生伤残或死亡且未再生育或收养子女的家庭）的扶助力度，取得了积极成效。2010 年国家人口计生委办公厅发出《关于认真做好 2011 年三项制度扶助对象资格确认及预算申报工作的通知》（人口办财务〔2000〕86 号），2011 年国家人口计生委、财政部发出《关于将三级以上计划生育手术并发症人员纳入计划生育家庭特别扶助制度的通知》（人口政法〔2011〕62 号），2011 年国家人口计生委发出《关于印发〈计划生育手术并发症鉴定管理办法（试行）〉的通知》（人口科技〔2011〕67 号），这三个通知重点对扶助对象的资格确认及扩面对象（即将经鉴定属于计划生育手术并发症的人员纳入免费治疗和特别扶助范围）作出具体规定，困扰基层干部和计划生育手术并发症人员多年的治疗费用与扶助问题的解决有了政策依据，增强了这一工作的可操作性。2013 年 12 月 18 日，国家卫生计生委、民政部、财政部、人力资源和社会保障部、住房和城乡建设部五部委发出《关于进一步做好计划生育特殊困难家庭扶助工作的通知》（国卫家庭发〔2013〕41 号），明确要求加大对计划生育特殊困难家庭的经济扶助力度。在计划生育特别扶助标准方面，初步建立起了与经济发展相协调的动态调整机制。自 2007 年实行这一特别扶助制度以来，已经做过三次调整，扶助标准逐步提高，对于解决计划生育特殊困难家庭的生活困难起到了较大作用。但是从目前情况看，扶助标准与扶助需求之间仍然存在较大差距，尤其是地区差异悬殊问题较为突出；在扶助标准动态调整方面，也存在不明确、不具体的问题，例如是按时间调整还是按人均收入增长幅度调整、根据什么标准确定调整幅度等。这些问题都需要在未来的政策调整中加以解决，以保证同类家庭享受同样的扶助，都能有一个稳定的基本生活。

（二）不断扩展服务项目，提高计划生育特殊困难家庭的生活质量

人的需求具有多元性,计划生育特殊困难家庭不仅不会例外,而且多元化的需求比一般家庭更为迫切,例如:失能半失能失独老人的生活照料、购物、看病等,残独家庭中子女的生活照料、康复治疗以及夫妻老年体弱后自身的生活服务需求等,迫切需要得到外部力量的扶助。但在以往的特别扶助政策中,并没有生活服务方面的统一要求,部分地区也只是开展了一些探索性的帮扶工作。例如,河北、山西、河南等省根据自愿原则,提倡计划生育家庭父母与医疗机构签订《医疗救助授权书》,打造医疗服务绿色通道,遇有突发性急、重病症时,医疗服务机构可根据授权内容进行紧急救治,这就解决了失独夫妻病重需要手术时无人签字的难题;建立社区医疗服务巡诊和家庭医生签约制度,为计划生育特殊困难家庭提供便利的就医条件,逐步解决就医难题。湖北省还针对计划生育家庭特殊困难成员的特殊需求,采用"医疗救助"和生活帮扶相结合的方式给予特殊扶助。在健康扶助方面,通过购买服务的形式,向计划生育家庭特殊困难成员开展了血液分析、彩超、心电图、胸片、骨密度、肝肾功能等10余个免费体检项目。在生活帮扶方面,通过发放记载被帮扶人员信息和志愿者电话的"连心服务卡",建立了志愿者与失独家庭、困难家庭"一对一"的帮扶结对关系;同时,还为计划生育特殊困难家庭成员建立生活和健康档案,对他们实行"五照顾"(子女教育照顾、父母就医照顾、生殖保健照顾、家庭养老照顾、重点帮扶照顾),并开展精神慰藉服务、家政服务等,使他们在生活上受到照顾、健康上受到关注、精神上得到慰藉。还有一些地方通过政府购买服务或组织志愿者服务的方式,为有生活服务需求的计划生育特殊困难家庭提供专门服务。我们认为,在未来的政策调整中,应当根据计划生育特殊困难家庭成员年龄越来越大、自理能力越来越差的实际情况,把生活服务作为重点,尽可能为他们提供全方位的服务项目,或者提供"菜单式"服务项目,由各个

家庭根据自身情况自主选择,逐步实现生活服务制度化、规范化,尽量满足这些家庭的生活帮扶需求。

（三）不断强化亲情关爱，满足计划生育特殊困难家庭成员的精神需求

在很多计划生育特殊困难家庭,由于失独、残独的特殊性,其成员往往具有较强的孤独感和无助感,缺乏亲情关爱,失去精神支柱。但在以往的特别扶助政策中,并没有亲情关爱方面的要求和内容,只是一些地区做了尝试性的探索。例如,河北、河南、安徽等省通过开展社会关怀活动,分别建立了计划生育特殊困难家庭"1229"亲情关爱服务模式,加强了对计划生育特殊困难家庭的亲情关怀,对满足计划生育特殊困难家庭成员的精神需求起到了一定作用。"1229"亲情关爱服务模式中的"1",是指建立一个活动阵地,即在县、乡、村为计划生育特殊困难家庭提供一个健康知识讲座、心理疏导、联谊交流的场所。第一个"2"是指建立两个服务档案:一是帮扶档案,二是健康档案,通过《亲情关爱行动服务手册》,实现计划生育特殊困难家庭与社会卫生管理信息的对接。第二个"2"是指建立两支队伍:一是建立帮扶队伍,实现管理人员与计划生育特殊困难家庭的对接;二是建立医疗专家队伍,为计划生育特殊困难家庭提供健康知识讲座、心理疏导、咨询义诊等服务。"9"是指开展九项服务活动:一是"暖心"服务,即为计划生育特殊困难家庭发放慰问品和救助金;二是健康知识讲座,即为计划生育特殊困难家庭举办养生、保健、急救等方面的知识讲座;三是联谊活动,即为计划生育特殊困难家庭提供户外踏青、游园、文艺活动等服务;四是精神慰藉,即为计划生育特殊困难家庭开办书法、绘画、健身等业余兴趣班;五是心理疏导,即为有精神和心理障碍的计划生育特殊困难家庭成员提供心理疏导;六是住院补贴保险,即通过购买服务的方式,为计划生育特殊困难家庭父母购买住院护工补贴保险;七是建立计划生育特殊困难家庭紧急救助机制,帮助这些家庭成员解决临时性特殊困难;八是对有生育能力

的独生子女死亡家庭实施再生育援助,每个家庭最高可获得 2 万元的治疗和辅助生育的补助;九是发放居家养老补贴,提高他们的福利待遇。从上面的九项服务活动内容看,前五项显然属于亲情关爱,后四种主要侧重于经济扶助。按照马斯洛的需求层次理论,得到亲情关爱也是一种需求,而且是一种比较高级的需求。在未来的政策调整中,应当把亲情关爱和精神需求考虑在内,逐步实现亲情关爱活动制度化、规范化,尽量满足这些家庭成员的精神需求。

(四)重视养老扶助,提高计划生育特殊困难家庭成员老有所养保障程度

在养老扶助方面,针对计划生育特殊困难家庭养老难题日渐突出的问题,各省区自 2014 年起陆续建立了一批计划生育特殊困难家庭养老服务中心,并且将敬老院、福利院、计划生育特殊困难家庭养老服务中心由民政系统统一管理,采取集中供养的方式,帮助计划生育特殊困难家庭解决养老难题。凡是独生子女死亡的失独父母,入住养老中心一律免费提供吃、住。养老中心还设有学习室、医务室、活动室、阅览室等配套设施,为入住老人提供全方位的颐养休闲服务。2015 年 6 月,河北省财政厅、卫生计生委联合发出《关于印发〈河北省计划生育救助公益金管理使用办法〉的通知》,力求通过支持契约赡养的方式,逐步解决计划生育特殊困难家庭夫妻年老后无人赡养的难题。按照该办法,根据计划生育特殊困难家庭夫妻本人意愿,选定直系或旁系亲属作为赡养人,卫生计生行政部门指导双方按照法律规定签订《赡养协议》,明确赡养人与被赡养人的权利义务关系,由赡养人按照《赡养协议》赋予的责任照顾被赡养人的生活起居,做好临终关怀。2015 年 12 月,河北省石家庄市出台《石家庄市政府购买社区居家养老服务实施方案》和《关于政府购买服务若干问题的处理意见》,对计划生育特殊困难家庭成员入住养老院的问题作出规定:计划生育特殊困难家庭成员满 60 岁可以优先入住公立养老院,并且全部享受政府购买居家养老服务,每人每月给予 200 元服务补贴。根据《人口与计划生

育法》"在国家提倡一对夫妻生育一个子女期间,按照规定应当享受计划生育家庭老年人奖励扶助的,继续享受相关奖励扶助"和中央《决定》"帮扶存在特殊困难的计划生育家庭,妥善解决他们的生活照料、养老保障、大病治疗和精神慰藉等问题"的要求,在未来的政策调整中,应当高度重视计划生育特殊困难家庭成员的老有所养问题,保障他们的养老待遇高于一般社会养老保障标准,帮助他们颐养天年。

三、奖励扶助政策改革是解决以往 存在问题的必然要求

几十年来,我国计划生育奖励扶助政策适用于经济社会发展和人口计划生育形势的变化,在设计理念、实施主体、框架体系、主体内容、扶助标准等方面不断改革发展,对促进计划生育工作起到了重要的保障作用。但是,也必须承认,奖励扶助政策无论与新时代发展要求相比,还是与人口发展形势要求相比,仍然存在很多需要改革或改进的领域。

(一)差异性的奖励扶助政策不符合全国统一的生育政策要求

党的十八届五中全会决定在全国实施"全面两孩"政策,并在修订后的《人口与计划生育法》中得到确认。这就意味着要取消以往计划生育政策上的区别对待,实行覆盖全国居民、城乡统一、不分地区的计划生育政策。生育政策的全国统一,必然要求对以往实行的区别对待的奖励扶助政策进行改革,在奖励扶助标准上取消城乡差异、地区差异和身份差异,实行体现公平公正的全国统一的奖励扶助政策。由于目前实行的奖励扶助政策基本上都是国家层面制定原则性框架,把制定具体实施细则的权利赋予了各省、自治区、直辖市,这就使得奖励扶助政策内容和具体标准出现了较大的区域差异,缺乏全国统一的标准。

1. 扶助标准不统一

在独生子女保健费上,存在很大的地区差异。从各省区根据 2015 年修订后的《人口与计划生育法》修订的《人口与计划生育条例》内容看,海南省补助标准最高,自发证之日起夫妻每月可以领取不低于 100 元的补助,直到子女年满 18 周岁为止;江苏省标准最低,每对夫妻每年只能各自领取不低于 20 元的补助;北京、天津、安徽等多数省区的独生子女保健费标准为每人每月不低于10 元。在独生子女父母退休待遇上,有的省区发放 1000 元、2000 元、3000 元不等的一次性奖励;有的省区则按照退休金的标准增发一定比例的补助;还有的省区按照退休前的工资水平全额发放退休金;部分省区发放一次性奖金,同时还在退休金上给予一定的补助和照顾。[1]

在独生子女伤残死亡家庭扶助制度方面,多数地区执行的是国家标准(实际上可以理解为最低标准),部分地区的扶助标准大大高于国家规定标准,存在较大的省区差异。对各省区修订后的《人口与计划生育条例》内容的分析发现,有 7 个省区实行的是 2014 年调整后的区分城乡的奖励扶助标准,即:独生子女伤残、死亡家庭夫妇的特别扶助金标准分别为城镇每人每月 270元、340 元,农村每人每月 150 元、170 元;部分省区虽然沿用了原来不分城乡的扶助办法,但在奖励扶助标准上或多或少都有所提高,最高的省区为每人每月 680 元。多数地区没有一次性补助金(即在独生子女发生伤残死亡事件后,给予一定数额的一次性补助),但一些地区发放一定数额的一次性扶助金,个别地区甚至高达两三万元。

由于以往计划生育工作水平存在区域差异,导致了不同地区奖励扶助财政负担的差异,这也成为扶助标准存在差异的一个重要原因。例如,有的地区计划生育家庭和失独残独家庭数量较大、比例较高,有的地区计划生育家庭和

---

① 参见吕红平、崔红威、杨鑫:《"全面两孩"后的计划生育奖励扶助政策走向》,《人口研究》2016 年第 3 期。

失独残独家庭数量较少、比例较低。[①] 在奖励扶助标准上,不仅存在较大的省级差异,而且存在显著的省内不同地区之间的差异。

城乡有别、地区差异的奖励扶助标准,导致了同为奖励扶助对象却不能享受同等待遇的问题。例如:独生子女父母退休奖励,基本上只是针对有单位的人员,其中一些私营企业、外资企业难以落实,多数农村家庭享受不到。部分农村计划生育家庭奖励扶助制度不能惠及城镇家庭;多数地区执行的是国家规定的最低标准,一些地区则提高了好几倍。有些奖励政策只限于西部少数民族地区等区域,其他地区不能享受,等等。

对实行计划生育的家庭给予一定的奖励,具有正面导向作用,理所应当。政府出台实施的针对独生子女伤残死亡家庭的扶助政策,标准再高也不过分。但是,如果差距过大,往往也会出现一些问题,如地区间的相互攀比甚至会成为这些家庭上访的重要原因。

2. 扶助项目差异大

在对计划生育家庭的具体扶助项目上,各省区存在较大差异。河北、河南等省针对农村独生子女或双女家庭实行升学加分的照顾性政策,在其子女中考和高考时给予 10 分到 20 分的加分照顾,而大部分省区并没有这一照顾政策。从长期以来实行的生育假看,有的省区生育假期长一些,有的省区生育假期短一些;有的省区有生育陪护假,有的省区没有生育陪护假。即使实施"全面两孩"政策后各省区修订的《人口与计划生育条例》,在生育假期和生育陪护假方面也存在较大差异,部分省区在国家法定生育假基础上增加了 30 天的生育假,多数省区则增加了 60 天的生育假,有的省区直接规定了 180 天的生育假;在生育陪护假方面,最短的仅为 7 天,最长的 1 个月,以 15 天的最多。

---

① 参见郝佳:《失独风险、利益损害与政府责任》,《人口与经济》2016 年第 4 期。

3.婴幼儿照料服务差异大

在婴幼儿照料服务方面,一个普遍的问题是托儿所少、入托难。在为计划生育家庭提供托育补助和扶助方面,各省区之间存在较大差异。通过对31个省区市《人口与计划生育条例》内容的整理分析发现,其中18个省区市对此作出了相关规定,13个省区市没有相关内容。在18个有相关规定的省区市中,大致可以分为三种类型:一是作出了报销或部分报销入托、入园费的规定,如北京规定:独生子女的托育管理费,由夫妻双方所在单位依照有关规定报销;上海规定:按照本市有关规定报销子女入托儿所、幼儿园的部分入托费和管理费。二是作出了入托、入园给予适当照顾的规定,如河北规定:对独生子女入托儿所、幼儿园等方面给予适当照顾;山西规定:子女入园时,双方所在单位可以给予一定补贴。内蒙古规定:适当补助托育费;辽宁规定:子女托育费,由其所在单位按照当地规定予以补贴;吉林规定:入托(园)费用由父母所在单位根据情况给予适当补助;宁夏规定:子女入托,在同等条件下优先照顾。三是作出了允许有条件的单位对子女入托给予补助、减免或免费的规定,如贵州规定:有条件的单位、乡镇人民政府、街道办事处(社区)可以酌情补助或者减免独生子女的入托费等;甘肃规定:独生子女优先入托、入园,有条件的单位可以免费。此外,在有相关规定的18个省区中,有的明确了责任主体,如北京、山西、辽宁等;有的并没有明确责任主体,如河北、上海、宁夏等。

(二)重经济轻服务的奖励扶助政策难以满足家庭需求多样化的趋势

从目前计划生育奖励扶助政策内容看,经济支持方面的相关政策较多,社会支持和服务方面的相关政策较少。就奖励扶助政策的覆盖面而言,经济支持政策覆盖面更大,不仅有针对一般计划生育家庭的普惠性政策,还有针对贫困家庭、农村家庭、伤残家庭、失独家庭等计划生育家庭的特殊扶助政策。就奖励扶助政策的时效性而言,"经济支持"政策涵盖了计划生育家庭从生育、养育到养老等整个生命周期,特别是独生子女家庭,不仅子女在教育上可以享受照顾,独生子女父母还可以享受到经济奖励、创业扶持、养老金补助等扶助。计划生育奖励扶助政策中对育龄夫妇免费享受计划生育技术服务的内容有较为具体而明确的规定,而对婴幼儿照顾、入学、伤残、就医等服务内容涉及甚少。如 2015 年修订的《人口与计划生育法》第二十一条规定:"实行计划生育的育龄夫妻免费享受国家规定的基本项目的计划生育技术服务","所需经费,按照国家有关规定列入财政预算或者由社会保险予以保障",但并没有对按政策生育育龄夫妻的具体技术服务项目作出规定。"全面两孩"政策背景下,计划生育家庭面临的突出问题仍然包括儿童教育与照料问题,尤其是 0—3 岁早期儿童照料。调查显示,很多计划生育家庭目前最希望政府提供的服务是儿童托管照料。① 这一需求与现有的早期儿童家庭亲职政策及托育服务现状紧密关联。一方面现有计划生育奖励扶助政策中对 1 岁及以上儿童家庭的支持非常少,没有国外早已实行多年的育儿假,6 个月以内的母乳喂养率一直难以达标。另一方面,3 岁以下的托儿机构严重不足,家长面临严峻的工作和儿童照料压力的冲突。这一点在奖励扶助政策中也没有具体规定,实现工作与育儿平衡的问题仍缺乏政策支持。此外,儿童放学后的照料、安全与保护等也日益成为计划生育家庭关注的重点。而儿童托班、儿童照料同样在计划生育奖励扶助方面缺乏必要的支持性政策规定,很多社会服务因为缺乏政策引导和保障,存在一定的开办和运行难度。

（三）奖励扶助标准过低难以起到政策导向作用

我国现行计划生育奖励标准过低,降低了群众自觉实行计划生育的吸引力。具体说来,在以往"提倡一孩"生育政策背景下,计划生育奖励扶助政策

---

① 参见史薇:《"全面两孩"政策背景下托幼服务研究:综述与展望》,《人口与社会》2017年第 2 期。

对于家庭生育决策和生育行为所起的作用,恐怕远远不如反方向的惩罚政策的作用大,很多家庭之所以"只生一个",是成本最小化的决策机制在起作用,而不是家庭收益最大化。也就是说,实行计划生育的家庭主要是因为规避各种惩罚,尤其是体制内人员可能面临的经济惩罚加"双开"的惩罚,反映出政策威慑力远远大于吸引力的特点。实施"全面两孩"政策后,由于除了中央《决定》提出的"鼓励按政策生育"的原则性规定和各省区修订后的《人口与计划生育条例》延长了生育假之外,还没有出台新的具有操作性的奖励扶助政策,原来的各种独生子女奖励扶助政策不再适用于新的生育行为。从这个意义上可以说,计划生育奖励扶助政策出现了一定程度的"空位",从实际效果看,也没有起到"鼓励按政策生育"的作用,多次生育意愿调查反映出的一些育龄夫妇由于经济、照料压力大和家庭与工作冲突而放弃生育二孩的情况就说明了这一点。

我国现行计划生育奖励标准过低的问题主要表现为:相对于经济增长速度,计划生育奖励标准增速过慢;相对于当下的消费水平,计划生育奖励数额太小;相对于人们的受益预期,计划生育奖励扶助受益期滞后。[1] 自 20 世纪 80 年代初期至今,我国的国民总收入、国内生产总值、财政总收入、城乡居民家庭人均纯收入等指标均增长了数十倍,但计划生育奖励扶助标准却远远没有实现同步增长。20 世纪 80 年代初期,当时绝大多数省区的独生子女父母奖励费(保健费)为夫妇双方每人每月 5 元,即夫妇一方每年可领到 60 元的计划生育奖励金;目前,绝大多数省区的独生子女父母奖励费仅增加到每人每月 10 元,即夫妇一方每年可领到 120 元的计划生育奖励金,与 20 世纪 80 年代时相比只增长了 1 倍。相对于国民总收入、国内生产总值和人均纯收入增

---

① 汤兆云:《计划生育奖励扶助制度实施中的问题及改进建议——基于福建泉州、厦门两地的调查》,《南京人口管理干部学院学报》2013 年第 1 期。

长速度来说,计划生育奖励标准的增长幅度几乎可以忽略不计。[1] 因为 20 世纪 80 年代初期每年 60 元的独生子女父母奖励费(保健费)相当于当时城镇职工年平均工资的 7.52%(1982 年全国人均 GDP 为 533 元,城镇职工年平均工资为 798 元),而目前的标准还不到城镇职工年平均工资的 0.2%(2017 年全国城镇非私营单位就业人员年平均工资为 74318 元[2];全国居民人均可支配收入 25974 元,其中,城镇居民人均可支配收入 36396 元,农村居民人均可支配收入 13432 元[3])。如此之低的奖励扶助标准与日益升高的收入水平形成了巨大反差,很多家庭在经济压力面前想生而不敢生,即现行奖励扶助标准很难起到"鼓励按政策生育"的作用。根据本课题组 2016 年 7—9 月在 7 个省区进行的调查,在回答"奖励扶助金额对本村(居)民是否具有吸引力"问题的 1937 样本中,仅有 27.36%的回答为有吸引力,39.40%的认为没有吸引力,33.04%的人说不清。

农村部分计划生育家庭奖励扶助金的享受时间具有明显的滞后性,不是领取独生子女光荣证后即可享受,而是需要等到年满 60 岁以后才能够享受。而且一些群众担心未来奖励扶助政策变化,或者随着社会保障覆盖面的扩大和保障水平的提高,计划生育奖励扶助政策完全被社会保障政策包容进去,到时候享受不到优惠,变成空头支票。

(四)相关社会政策不协调影响到政策体系的完整性和协调性

相关社会政策与计划生育政策不协调的情况主要表现为:实行计划生育的前 30 年,由于计划生育工作的特殊地位,我国的社会政策基本上清理和修

---

[1] 参见吕红平:《实施人口新政　打造计生良法——〈人口与计划生育法〉修订研究》,人民出版社 2016 年版,第 148—149 页。

[2] 参见国家统计局:《2017 年城镇非私营单位就业人员年平均工资 74318 元》,国家统计局网站,2018 年 1 月 18 日,http://www.stats.gov.cn/tjsj/zxfb/201805/t20180515_1599424.html。

[3] 参见国家统计局:《2017 年居民收入和消费支出情况》,国家统计局网站,2018 年 1 月 18 日,http://www.stats.gov.cn/tjsj/zxfb/201801/t20180118_1574931.html。

订了与计划生育不相符合的政策法规,出台的社会政策都能与计划生育挂钩,实现了政策法规的协调性和一致性。但是实施"全面两孩"政策后,这些社会政策并没有作出与之相适应的修订,显然就落伍了(这一情况与"全面两孩"政策出台时间较短,其他相关法规还没有来得及修订的情况有关),形成了政策间新的不协调问题,甚至变成提升二孩生育意愿和生育行为的制约因素,不符合"鼓励按政策生育"的精神。现行相关社会政策中,与计划生育奖励扶助政策不相适应的主要有以下几个方面:

1. 流动人口服务管理

为了加强和规范流动人口的计划生育工作,2009 年 5 月 11 日,国务院颁布了《流动人口计划生育工作条例》(2009 年 10 月 1 日施行),第十六条规定:"育龄夫妻生育第一个子女的,可以在现居住地的乡(镇)人民政府或者街道办事处办理生育服务登记。"由于生育服务登记的目的在于准确掌握孕育信息,更好地提供生育服务,不办理生育服务登记就意味着不能享受计划生育服务和优惠,实际上就是被排除在计划生育服务之外。由于计划生育服务项目都是免费的,不在其覆盖范围之内,就意味着需要花钱购买才能得到此类服务。原来"提倡一孩"生育政策下,这一规定含有对政策外生育家庭的惩罚性质,实施"全面两孩"政策后,该条例中把计划生育基本项目免费服务对象仅限于"育龄夫妻生育第一个子女"的规定,就显得与生育政策不协调了。

2. 社会抚养费管理办法

为了加强计划生育工作,规范计划生育秩序,对违反计划生育政策生育的家庭给予经济上的惩罚,2002 年 8 月 2 日,国务院颁布了《社会抚养费征收管理办法》(国务院令第 357 号,2002 年 9 月 1 日施行),第三条规定:"不符合人口与计划生育法第十八条的规定生育子女的公民,应当依照本办法的规定缴纳社会抚养费。"实施"单独二孩"政策后,为了适应生育政策的变化,进一步规范和统一征收标准,国家卫生计生委起草了《社会抚养费征收管理条例(送审稿)》,报送国务院审查。为广泛听取社会各界的意见和建议,提高立法质量,国务院法制办公室于2014年11月20日向全社会全文公布了《社会抚养费征收管理条例(送审稿)》,公开征求意见,要求有关单位和各界人士在2014年12月20日前通过国务院法制办公室提供的三种途径提出意见。为了与"单独二孩"生育政策相一致,《社会抚养费征收管理条例(送审稿)》把社会抚养费征收对象由原办法中的"不符合人口与计划生育法第十八条的规定生育子女的公民"修改为"已生育一个子女,不符合法律法规规定再生育一个子女"的公民。《社会抚养费征收管理条例(送审稿)》公布后,引起了很大争论,但后来这个送审稿竟没了结果。2015年10月党的十八届五中全会决定实施"全面两孩"政策后,这个基于"单独二孩"政策修订的《社会抚养费征收管理条例(送审稿)》显然就不合时宜了,也就一直没有正式出台。就目前情况而言,无论是2002年颁布的《社会抚养费征收管理办法》,还是2014年公开征求意见的《社会抚养费征收管理条例(送审稿)》,都不符合"全面两孩"政策,社会抚养费征收处于"两难境地"。

3. 收养法规

1991年12月29日七届全国人大常委会第二十三次会议通过、1998年11月4日九届全国人大常委会第五次会议修订的《中华人民共和国收养法》第六条规定:"收养人应当同时具备下列条件:(一)无子女;(二)有抚养教育被收养人的能力;(三)未患有在医学上认为不应当收养子女的疾病;(四)年满三十周岁。"第八条规定:"收养人只能收养一名子女。收养孤儿、残疾儿童或者社会福利机构抚养的查找不到生父母的弃婴和儿童,可以不受收养人无子女和收养一名的限制。"《收养法》中关于收养人条件和收养子女数量的规定与当时"提倡一对夫妇只生育一个孩子"的生育政策保持了一致性,体现了政策体系的整体性和协调性,是完全正确的。但是,生育政策由"提倡一孩"调整为"全面两孩"后,《收养法》中关于收养人条件和收养子女数量的规定还没有作出相应的调整,同样显示出与生育政策的不一致。

4. 交通运输规程

我国实行计划生育以前,《公路汽车旅客运输规则》和《铁路旅客运输规程》均规定:每一成人旅客可免费携带 2 名身高不足 1 米的儿童(超过 2 名时,超过的人数应购买儿童票)。中共中央《公开信》发表后,为了与计划生育政策保持一致,1980 年 11 月 22 日制定、1981 年 4 月 1 日起执行的《公路汽车旅客运输规则》修改为:"每一全票,可免费随带身高一米一以下的儿童一名(不供给座位),超过一名时应按超过人数购买儿童票";1991 年 4 月 2 日颁布实施的《铁路旅客及行李包裹运输规程》规定:"每一大人可免费携带身高不足 1.1 米的小孩一名,超过一名时,超过的人数应购买儿童票。"1997 年 12 月 1 日颁布实施的《铁路旅客运输规程》仍然延续了 1991 年《铁路旅客及行李包裹运输规程》关于儿童票的规定。2010 年 12 月 1 日修订的《铁路旅客运输规程》,根据儿童身高变化情况,将每一成人旅客可免费携带一名儿童的身高调整到 1.2 米,每一大人可免费携带的小孩人数仍然维持原规定。每一成人旅客可免费携带儿童数量由 2 名向 1 名的变化,充分反映出计划生育政策作为基本国策的影响力。

1985 年 1 月 1 日制定、1996 年 2 月 28 日修订、2004 年 7 月 12 日再次修订的《中国民用航空旅客、行李国内运输规则》规定:"儿童按适用成人票价的 50% 购买儿童票,提供座位。婴儿按适用成人票价的 10% 购买婴儿票,不提供座位;如需要单独占用座位时,应购买儿童票。每一成人旅客携带婴儿超过一名时,超过的人数应购儿童票。"

应该说,1980 年后制定实施或修订的运输规程,都与 1980 年 9 月 25 日中共中央《公开信》中"提倡一对夫妇只生育一个孩子"的生育政策保持了高度一致性,体现了法律法规的整体性和协调性。但实施"全面两孩"政策后,生育政策完成了由"提倡一孩"到"全面两孩"的重大转变,而这些规程还没有作出相应的调整,显示出与生育政策的不协调和不一致。

四、生育政策调整对奖励扶助政策
改革提出了客观要求

以严格控制人口增长为导向的计划生育奖励扶助政策,对降低人口增长率、提高人均资源占有量、促进经济社会发展、改善人民生活等方面都产生了积极效应。但是,随着现代化进程加快和社会保障程度提高,城乡居民生育意愿显著下降,我国又面临"低生育陷阱"的问题。如何解决好由于家庭生育抚养压力过大、妇女生育二孩与职业工作之间的矛盾等原因所导致的二孩生育意愿不足、部分育龄夫妻不愿意生育二孩以及"全面两孩"政策效应不强等问题,成为新时代计划生育奖励扶助政策改革或调整需要重点考虑的问题。

(一)奖励扶助政策改革是实现与生育政策相协调的客观要求

计划生育是我国的一项基本国策,但是不同时期的计划生育政策有不同的具体要求。如前所述,我国的生育政策大致经历了从"晚、稀、少"到"提倡一孩",再到"一孩半""单独二孩",最后转向"全面两孩"这样一个过程。生育政策从"提倡一孩"向"全面两孩"的转变,必然要求以独生子女家庭为主要对象的奖励扶助政策向与"全面两孩"生育政策相适应的方向转变,这样的转变既是奖励扶助政策与生育政策保持一致的客观要求,也是保持政策整体性、协调性和一致性的客观要求。然而,由于"全面两孩"政策实施前后符合政策生育的对象不同,这就要求处理好奖励扶助政策的衔接问题。按照修订后的《人口与计划生育法》,奖励扶助政策的实施需要区分两类人群:一类是实施"全面两孩"政策前已经形成的计划生育家庭,对于此类家庭,明确要求继续执行以往的各种奖励扶助政策,而且还要实行动态调整;另一类是实施"全面两孩"政策后的计划生育家庭,即按政策生育的家庭,对于此类家庭作出了"按照规定给予奖励"的规定。两类人群适用于不同的办法,正是前边所说的"老人老办法,新人新办法"双轨制奖励扶助制度。但问题在于,对于以往计划生育家庭的奖励扶助有较为具体的政策措施,而对于实施"全面两孩"政策后按政策生育家庭的奖励扶助政策,仅限于《人口与计划生育法》中"国家对实行计划生育的夫妻,按照规定给予奖励"和中央《决定》中的"鼓励按政策生育"的原则性规定,缺乏具有可操作性的政策措施。

因此,为使"全面两孩"政策真正落地,就必须做好改革或调整计划生育奖励扶助政策的工作。事实上,《人口与计划生育法》和中央《决定》都给出了计划生育奖励扶助政策改革或调整的依据和要求。计划生育奖励扶助政策改革或调整,就近期重点而言,无非是把《人口与计划生育法》中"国家对实行计划生育的夫妻,按照规定给予奖励"和"符合法律、法规规定生育子女的夫妻,可以获得延长生育假的奖励或者其他福利待遇"等规定,以及中央《决定》中"完善计划生育家庭奖励扶助制度和特别扶助制度,实行扶助标准动态调整"和"鼓励按政策生育"精神,具体化为具有较强可操作性的政策措施而已。而且中央《决定》还要求"建立完善包括生育支持、幼儿养育、青少年发展、老人赡养、病残照料等在内的家庭发展政策",党的十九大报告进一步要求"促进生育政策和相关经济社会政策配套衔接"。这些内容实际上就内在地包含着通过改革或调整,促进计划生育奖励扶助政策体系化、相关经济社会政策与"全面两孩"生育政策相协调的意思。如何把这些精神落实在具体政策上,则要求相关部门在调查研究的基础上,在实践中不断探索,在探索中进行制度创新。

(二)奖励扶助政策改革是引导群众按政策生育的必然要求

多年来的实践证明,计划生育奖励扶助政策的实施直接或间接地影响了群众的生育观念和生育行为,对于新型生育文化的形成起到了重要促进作用。2001年颁布的《人口与计划生育法》明确规定:"自愿终身只生育一个子女的夫妻,国家发给《独生子女父母光荣证》。""获得《独生子女父母光荣证》的夫妻,按照国家和省、自治区、直辖市有关规定享受独生子女父母奖励。""地方各级人民政府对农村实行计划生育的家庭发展经济,给予资金、技术、培训等方面的支持、优惠;对实行计划生育的贫困家庭,在扶贫贷款、以工代赈、扶贫项目和社会救济等方面给予优先照顾。"在奖励扶助政策导引下,几千年来流传下来的"传宗接代""养老送终"等传统生育观念发生了根本性变化,广大群众基本上形成了"晚婚晚育""少生优生""生男生女一样好"等科学、文明、进步的婚育观念,人口和计划生育政策变得深入人心。[1] 国家在基本养老保险、基本医疗保险、生育保险和社会福利等社会保障制度上对计划生育家庭的倾斜和帮扶,免除了广大群众的后顾之忧,增强了部分计划生育家庭的获得感,提升了广大群众实行计划生育的积极性。

从实行计划生育之前的农村每家七八个子女、城市三四个子女,到后来的农村平均一个半子女、城市大部分独生子女,虽然主要是严格实行计划生育政策的直接结果,但鼓励少生优育的奖励扶助政策所起的作用也是不可忽视的。在实施"全面两孩"政策的现实背景下,尤其是为了解决生育意愿低迷问题、消除部分群众经济方面的顾虑,应该借鉴之前的经验,采取切实可行的鼓励措施,这也正是中央《决定》提出"鼓励按政策生育"的原因所在。实施"全面两孩"政策后,从客观上要求对实施多年的奖励扶助政策作出重大修改,取消独生子女家庭奖励,设置生育津贴或生育补助,减轻政策内生育家庭的养育负担,为部分迫于生育成本过大不愿生育或不愿生育二孩的家庭提供部分资金补助和照料支持,并且体现生育行为的社会性特征以及国家对生育的责任,鼓励群众按政策生育,保障群众生得起、养得好。[2] 根据 2013 年国家卫

---

① 参见洪娜:《计划生育奖励扶助水平差异对生育水平的影响——基于全国 30 个省区数据的定量分析》,《人口与发展》2013 年第 4 期。

② 参见吕红平、崔红威、杨鑫:《"全面两孩"后的计划生育奖励扶助政策走向》,《人口研究》2016 年第 3 期。

生计生委组织的生育意愿调查,我国 20—44 岁居民意愿生育子女数平均为
1.93 个。[①] 2016 年全国妇联儿童工作部与北京师范大学中国基础教育质量
检测协同创新中心在对全国 10 个省市、0—15 岁的上万名儿童父母进行调查
基础上发布的《实施"全面两孩"政策对家庭教育的影响》调查报告显示:现有
一孩家庭中,53.3%没有生育二孩的意愿,其中发达省份、城市地区、高学历受
访者中有 60%以上的家庭不愿意生育二孩。调查发现,教育、医疗、卫生、生
活环境这四项公共服务资源状况是影响生育二孩决策的重要因素,其中
83.7%的父母认为孩子的入园、入学、升学情况是最为重要的因素。[②] 2016 年
7—9 月本书课题组组织的调查表明,被调查对象的平均理想子女数为 1.77
个,其中城镇 1.72 个,农村 1.82 个;在已有一孩育龄妇女中,希望生育二孩的
占 38.44%,不想生的占 42.98%,还没想好的占 18.58%。从实际情况看,无
论是实施"单独二孩"政策后,还是实施"全面两孩"政策后,很多符合政策的
群众并没有生育二孩,其中一个非常重要的原因就是"不敢生"压力大。鉴于
此,需要在取消"新人"独生子女奖励的同时,制定实施新的覆盖全部政策内
生育家庭的奖励扶助政策,无论是一孩生育还是二孩生育都给予经济和服务
上的扶助,把群众的生育观念和生育行为引导到与"全面两孩"政策相一致的
轨道上来,进而实现按政策生育的目标。

五、生育的社会价值为奖励扶助
政策改革提供了理论依据

随着经济社会发展和人口形势变化,"提倡一孩"政策背景下的计划生育

---

① 参见庄亚儿、姜玉、王志理等:《当前我国城乡居民的生育意愿——基于 2013 年全国生
育意愿调查》,《人口研究》2014 年第 3 期。

② 参见《妇联:一半以上一孩家庭没有生育二孩的意愿》,新华网 2016 年 12 月 22 日,
http://news.xinhuanet.com/politics/2016-12/22/c_1120168926.htm。

奖励扶助政策,无论与经济社会发展的实际要求相比,还是与按政策生育家庭的利益诉求相比,都出现了一定的偏差或滞后性,需要加以改革或调整。未来的奖励扶助政策改革或调整,应当以承认生育的社会价值为理论基础,坚持公平共享经济社会发展成果的原则。

(一)奖励扶助政策改革是生育价值社会补偿的体现

恩格斯在《家庭、私有制和国家的起源》一书中提出了"两种生产"的理论,认为人类社会的生产分为两种,即生活物质资料的生产和人自身的生产。① 按照这一理论,生育无疑属于人类社会生产的一种,而且生育还是物质资料生产的重要因素,毫无疑问具有社会价值。对于这一点,虽然很少有人反对,但也很少有人对生育社会价值补偿问题进行过系统研究,更没有形成生育成本社会化分摊的社会补偿机制。实施"全面两孩"政策后是否还有必要继续实行奖励扶助政策,这是一个非常值得研究的重要问题。虽然 2015 年修订后的《人口与计划生育法》仍然保留着"国家对实行计划生育的夫妻,按照规定给予奖励"的原则性规定,但并没有对应当奖励的内容作出具体规定,而且中央《决定》中还有"对政策调整后自愿只生育一个子女的夫妻,不再实行独生子女父母奖励优惠等政策"的内容。那么,"不再实行独生子女父母奖励优惠等政策"是不是就意味着不再实行奖励扶助政策了呢? 对照中央《决定》和党的十九大报告相关内容,显然不能简单化地作出这样的推断。因为中央《决定》中"对政策调整后自愿只生育一个子女的夫妻,不再实行独生子女父母奖励优惠等政策"的表述,实际是在强调不再实行针对独生子女父母的奖励优惠等政策,这与"全面两孩"政策是一致的。实施"全面两孩"政策,当然就不会再发放独生子女父母光荣证;而没有独生子女父母光荣证,独生子女奖励也就失去了法律依据,当然也就不能再把新增加的独生子女及其家庭作为

---

① 参见《马克思恩格斯选集》第 4 卷,人民出版社 2012 年版。

奖励扶助的对象了。另一方面,中央《决定》也明确要求:"建立完善包括生育支持、幼儿养育、青少年发展、老人赡养、病残照料等在内的家庭发展政策,鼓励按政策生育。"党的十九大报告则进一步指出:"促进生育政策和相关经济社会政策配套衔接。"实际上还是表达了通过制定实施和修改完善相关生育支持政策,落实"鼓励按政策生育"精神的意思。为什么在"全面两孩"政策背景下还要实施生育支持政策呢? 我们认为,既是为了帮助育龄夫妇解决生育抚养子女过程中经济压力过大、照护资源稀缺等问题,增强家庭发展能力;也是基于生育的社会性或生育所具有的社会价值,由国家给予通过生育为社会发展增加劳动力的家庭作出贡献的一种补偿。这是因为,生育并不仅仅是家庭的私事,还是国家的大事、民族的大事;生育的孩子既是家庭的"财富",也是国家的"财富",成长为劳动力后要为经济社会发展做贡献。① 从这个意义上说,生育具有重要的社会价值。国与家是紧密联系在一起的,家是国的基础,国是家的保障,国家生育政策目标的实现要靠每个家庭。所以,帮助家庭解决生育中的困难和问题,有利于减少"全面两孩"政策实施的障碍,有利于推进国家生育政策目标的实现。国家对按政策生育的家庭给予适当的补助,正是承认生育社会价值的表现,理所应当。现代社会,社会化程度越来越高,人的社会属性特征越来越突出,人的生存与发展越来越离不开社会,传统社会私人化、家庭化特征十分显著的生育行为越来越紧密地与社会联系起来,很多传统的生育观念和生育功能如养儿防老、传宗接代、延续香火等逐渐淡出,生育不再是纯粹的私人行为和家庭行为,也不再仅限于家庭的需要。正是由于生育的社会属性以及生育和人口发展、人口发展与经济社会发展之间的内在联系,使得国际社会和各国政府越来越重视人口发展,各国政府也都在尝试通过制定实施生育干预(包括直接干预和间接干预)政策,推进人口与经济社

---

① 参见张一琪:《生娃是家事也是国事》,《人民日报(海外版)》2018 年 8 月 6 日。

会、资源环境协调发展。在生育管理领域,政府有着不可推卸的责任。①

政府的责任是什么? 虽然我们可以列出很多,但最基本和最核心的应当是协调社会关系、促进社会发展、处理个人和家庭无法处理的问题。具体到人口发展领域而言,在需要倡导节制生育、控制人口增长的情况下,应当承担起控制人口增长的责任;在需要保持适当生育水平、实施"全面两孩"政策而群众生育意愿不高的情况下,就应当承担起鼓励和支持二孩生育的责任。为什么这样说呢? 究其原因主要在于:人口是综合国力的象征,也是综合国力的根本。人口发展战略是国家的重大战略,既是其他一切战略(包括可持续发展战略)的重要内容,也是其他一切战略的前提和基础,一切社会发展战略的实施,都必须以科学的人口发展战略为依据。而人口发展战略的实现,则依赖于与之相适应的生育政策。党的十九大报告中,在"促进生育政策和相关经济社会政策配套衔接"之后,紧接着就是"加强人口发展战略研究",这样的内容安排正体现了二者之间的内在联系,凸显了人口发展的战略意义。我国在"提倡一孩"政策的计划生育时代,时任中共中央总书记的江泽民就曾经明确表示:"控制人口增长属于政府调控的职能。"没有哪一个人、哪一个国家或组织能够否认我国政府在计划生育取得举世瞩目成就中的巨大作用。同样地,在实施"全面两孩"政策的新时代,也只有政府能够肩负起"鼓励按政策生育"的千秋大任。②

然而,在生育社会价值的认可和补偿方面,现行相关法规政策的内容却显得非常薄弱,除了产假福利之外,很少有实际内容。青年人生育意愿之所以下降,"单独二孩"的政策效应之所以不够理想,以及"全面两孩"政策实施后生育数量低于预期的情况,都与生育压力过大、家庭难以承受的情况有关。关于

---

① 参见吕红平:《完善配套政策:按政策生育的重要保障》,《人口与计划生育》2018 年第 11 期。

② 参见吕红平:《完善配套政策:按政策生育的重要保障》,《人口与计划生育》2018 年第 11 期。

生育意愿不足的原因,大致可以归纳为以下几点:一是生育成本加大,抚养负担过重,很多家庭难以承受;二是托育公共服务供给不足,抚育孩子与工作之间的矛盾难以调和,妇女的生育积极性下降;三是社会养老服务发展较快,家庭养老模式逐渐式微,子女的养老功能显著弱化,等等。一些实证研究结果也说明,越来越多的符合生育政策的育龄妇女之所以放弃二孩生育,其原因正在于育儿成本过高。① 因此,要落实中央《决定》"鼓励按政策生育"的精神,对按政策生育的家庭给予一定的支持或扶助,就显得十分必要了。

对按政策生育的家庭给予奖励和扶助,是认可生育社会价值的体现。以往虽然也一直在实行奖励扶助政策,但其出发点主要体现在使响应国家政策生育的家庭经济上得实惠、生活上受益、社会上受尊重、政治上有荣誉感等方面,对于这一点,前面已经作出详细讨论,在此不再赘述。但值得指出的是,以往国家层面的奖励扶助政策基本上都是原则性规定,政策实施中的具体措施是在国家授权的情况下由地方政府根据实际情况制定出来的。这种做法虽然也含有对生育社会价值的肯定,但却存在社会化程度不高以及由此导致的差异性较大的问题。为此,需要及时完善计划生育奖励扶助政策,提升奖励扶助的统一层次,对生育家庭给予更多的补助,更好地体现生育的社会价值。

(二)奖励扶助政策改革是计划生育家庭分享经济社会发展成果的要求

计划生育家庭遵守国家政策,为经济社会发展作出了贡献。从我国劳动年龄人口负担系数变化情况看,几十年来,我国出现了少儿人口比重和少儿负担系数下降、老年人口比重和老年负担系数上升的态势,但由于少儿负担系数下降幅度大大超过老年负担系数上升幅度,从而使总负担系数呈下降趋势,劳动年龄人口负担系数降低了一半,2010 年降至 34.2% 的最低值,使我国很长

---

① 参见张晓青、黄彩虹、张强等:《"单独二孩"与"全面二孩"政策家庭生育意愿比较及启示》,《人口研究》2016 年第 1 期。

一段时间处于"人口红利"期。丰富的劳动资源和较轻的社会负担,有力地促进了经济社会快速发展。今天经济发展的成就和未来发展的基础,有计划生育家庭的一份贡献,对他们给予补偿,使他们享受到经济社会发展的成果,符合公平公正原则和公共服务理论,理所应当。

所以,对于"全面两孩"政策之前的计划生育家庭,必须继续给予奖励扶助。实施"全面两孩"政策后,奖励扶助政策不再以引导群众少生为目标,而是需要转向满足群众按政策生育的需求和提高生殖健康水平等方面。在生育意愿低迷的现实情况下,社会支持政策的重点应当是:制定实施有利于"全面两孩"政策的生育补助制度和托育服务制度,减轻家庭的经济和照料压力。从经济发展的贡献回报和发展成果的公平共享角度说,奖励扶助政策改革是计划生育家庭分享经济建设成果的客观要求。

六、家庭发展的现实需求要求改革奖励扶助政策

随着改革开放以来经济社会快速发展与变迁,我国家庭结构发生了较大变化,家庭规模小型化趋势日益明显,并且还出现了大量计划生育特殊困难家庭、残疾人家庭、留守家庭、流动家庭及其他贫困家庭,直接影响了这些家庭的发展能力。在此背景下,要提升计划生育家庭发展能力,对家庭尤其是计划生育特殊困难家庭提供一定的扶助和支持,就显得十分必要了。

(一)家庭发展能力不足问题较为突出

家庭发展能力不足问题与家庭规模缩小密切相关。根据调查数据,我国家庭平均人数的变化情况为:20 世纪 50 年代大约 5.3 人,1982 年 4.43 人,1990 年 3.96 人,2000 年 3.46 人,2010 年 3.10 人。① 与此同时,核心家庭成

---

① 根据历次全国人口普查资料整理。

为主要家庭模式。国家卫生计生委在对全国 1624 个村(居)、3 万多个家庭,涉及 18 万多人的调查数据整理分析基础上完成的《中国家庭发展报告 2014》显示:我国家庭发展呈现出明显的规模小型化、结构简单化、类型多样化趋势,2 人家庭、3 人家庭成为家庭类型的主体,由两代人组成的核心家庭占到家庭总数的六成以上;隔代家庭、单亲家庭、空巢家庭、丁克家庭日益增加,婚前同居和大龄未婚现象越来越多;有老年人的家庭不断增加,大约有四成 65 岁及以上老年人或老年夫妇独立生活,超过 1/3 的高龄老人独立生活,超过 10% 的生活不能自理的老年人单独生活,家庭缺乏支持能力、社会支持不足的问题较为突出。①《中国家庭发展报告 2016》显示:家庭传统功能弱化与社会支持不足、家庭照料资源短缺与社会照料提供不足、家庭生活和工作与家庭生育需求、家庭问题多样化和复杂化与家庭政策碎片化和应对措施单一等矛盾较为突出,我国城乡户内人口数已不足 3 人,近九成的家庭有不同程度的照料需求,其中近一成的家庭有未成年人照料需求,近四成的家庭有"上有老、下有小"的双重照料需求。在 0—5 岁儿童中,47.3% 的主要由母亲照料,祖父母辈分担照料责任的隔代抚育占 31.7%;3 岁以下儿童上托儿所的比例极低,2 岁儿童仅有 14.4% 的在托育机构。在老年人家庭照料方面,八成以上日常生活能完全自理的老年人生活照料的首选是依靠自己(85.6%),不能完全自理的老年人中一半以上首选靠自己(53.6%),其次是靠老伴(17.2%)和儿子(15.9%);在不能完全自理的老年人中,仅有 54.4% 的有其他家庭成员照料;子女是完全失能老人最主要的照料者,近 20% 的完全失能老人缺乏他人照料。②

伴随着计划生育进程和家庭规模缩小,独生子女家庭数量快速增加。根

---

① 参见国家卫生和计划生育委员会:《中国家庭发展报告 2014》,中国人口出版社 2014 年版,第 26—42、116—121 页。

② 参见国家卫生和计划生育委员会:《中国家庭发展报告 2016》,中国人口出版社 2016 年版,第 9—20、68—73、129 页。

据王广州的研究测算,我国独生子女家庭 2010 年就接近 1.5 亿;按照当时的生育水平,2020 年将超过 2 亿,2050 年将超过 3 亿。庞大的独生子女家庭规模,不可避免地会导致失独家庭规模增大。按照王广州的研究,我国 2010 年的失独家庭数量,按比较宽的统计口径估计为 100.3 万,按比较严的统计口径估计为 64.45 万。[1] 卫生部发布的《2010 中国卫生统计年鉴》数据显示,中国每年新增 7.6 万个失独家庭,2010 年全国失去独生子女的家庭数量已经超过100 万。这一数据与王广州研究成果中的宽统计口径估计数值完全一致。多数学者的研究均认为,随着时间的推移,失独家庭数量还会不断增加,到 2050年时,无论是 5 岁及以上累计死亡的独生子女数量,还是 10 岁及以上累计死亡的独生子女数量,都将超过 1100 万。[2]

家庭规模和家庭结构的显著变化,尤其是独生子女家庭的大量出现和失独家庭数量的不断增加,使家庭发展能力不足的问题日益凸显,亟须通过落实"全面两孩"政策加以改变。

(二)家庭发展需求日益增大

随着家庭规模小型化,家庭的需求发生了较大变化,托育、养老、应对日益复杂的家庭风险等方面的需求越来越突出。首先,生育抚养压力增大。随着物价上涨尤其是房价飙升,不少家庭在获取基本生活资料、维持相对稳定的生活方面出现了明显增大的压力,子女抚养教育、家人下岗/失业、住房困难、还贷压力、经济拮据、工作压力、赡养父母、家人残疾等诸多问题,使不少家庭在发展中面临较大压力。其次,生育养育问题日益突出。随着男女平等基本国策的推进和女性就业的普遍化,男女两性的社会角色日趋相近,既要参加社会工作,也要承担家庭责任,尤其是女性,更要面临工作和职业发展与生育和子女照料等家庭责任的冲突或矛盾。再次,儿童照料"亲职弱化"。早期儿童照

---

① 参见王广州:《独生子女死亡总量及变化趋势研究》,《中国人口科学》2013 年第 1 期。
② 参见王广州:《独生子女死亡总量及变化趋势研究》,《中国人口科学》2013 年第 1 期。

料是影响儿童发展和家庭代际关系的重要因素,尽管由祖父母、外祖父母或保姆承担0—6岁早期儿童照料可以缓解年轻夫妻的工作压力,但是长远而言也有可能会导致亲子疏离、亲职无能等诸多问题。① 最后,少子化和老龄化加剧了家庭养老问题。对于第一代独生子女夫妇来说,逐渐进入"上有4老,下有1小"甚至还有若干祖辈的人生阶段,需要同时面对抚养不起孩子和赡养不了父母的担忧,而且由于子女创业、出国、忙于照顾小家庭等,他们也很难得到来自子女的照顾和关心。

(三)奖励扶助对提升家庭发展能力具有重要作用

通过奖励扶助政策对计划生育家庭发放津贴或生育补助(如生育津贴、养老津贴等),实行税收减免、实物救助等扶助和优惠,是社会公共政策在促进家庭发展能力提升方面的重要内容。从我国的奖励扶助实践看,无论是以独生子女及其家庭为对象的奖励扶助政策,还是针对独生子女伤残死亡家庭的特别扶助制度,以及帮助计划生育家庭解决生活、生产、生育困难的各项政策,其出发点都是为了保障计划生育家庭的基本生活、提升计划生育家庭的发展能力。

女性是重要的人力资源,在家庭生活中具有尤其重要的作用。为了保障妇女的身体健康和就业权利,我国在法规政策中对孕产期妇女保护问题作出了具体规定。1992年制定、2005年修订的《中华人民共和国妇女权益保障法》规定:"妇女在经期、孕期、产期和哺乳期受特殊保护。""任何单位不得因结婚、怀孕、产期、哺乳等情形,降低女职工的工资,辞退女职工,单方解除劳动(聘用)合同或者服务协议。"2012年国务院出台的《女职工劳动保护特别规定》,还将《中华人民共和国妇女权益保障法》中的一些原则性规定具体化为政策措施,对孕妇的工作环境和工作时间、女职工生育假时间、解决女职工生

---

① 参见陈雯:《亲职抚育困境:二孩国策下的青年脆弱性与社会支持重构》,《中国青年研究》2017年第10期。

理卫生和哺乳方面的困难等作出了具体可操作性的规定,将产假延长到了98天,对应当增加产假的具体情况以及流产后的休假时间也都作出了明确规定。这些对女性的特殊保护规定,对保障女性的生育权利和身体健康,进而对家庭生活的运行和家庭发展能力的提升,都具有一定的作用。

多年来,我国实施的针对计划生育家庭的奖励津贴或补助、医疗费用补贴、产假福利、就业照顾等奖励扶助政策,在一定程度上缓解了计划生育家庭的困难,提高了计划生育家庭的生活水平。但是,在目前情况下,由于生育抚养成本过大、职业竞争加剧、家庭发展需求日益多元化等因素的影响,响应国家"全面两孩"政策的家庭,在子女抚养及提升家庭发展能力方面必然会面临更多的困难和更大的压力。从国家层面讲,实施"全面两孩"政策是实现人口长期均衡发展和保持强劲可持续发展势头的重要基础,帮助按政策生育的家庭解决生育中的困难和问题,不仅是一种责任,也是实现生育政策目标的手段。所以,更需要拓展奖励扶助项目,增大奖励扶助力度,使按政策生育的家庭能够得到更多的实惠,以刺激育龄群众的生育意愿,促进"全面两孩"政策落实。

七、国家经济实力增强为奖励扶助政策改革提供了经济基础

2015年修订后的《人口与计划生育法》第七条明确规定:"国务院编制人口发展规划,并将其纳入国民经济和社会发展计划。"而计划生育奖励扶助政策作为计划生育政策的保障措施和配套政策,服务于国家人口发展目标,理应纳入国民经济和社会发展规划,计划生育家庭的各种社会保障项目理应随经济社会发展不断调整和完善,逐步建立起与经济社会发展相适应的奖励扶助政策体系和与物价指数相挂钩的扶助标准动态调整机制。

随着改革开放的不断深化,我国取得了经济稳定快速发展的伟大成就。

根据统计资料,1978—2017 年我国 GDP 总量年均增长率高达 14.92%,人均 GDP 年均增长 13.79%,连续四十年两位数的增长速度,在世界经济发展史上独一无二,成为世界上为数不多的能够保持经济快速稳定增长的国家之一。2017 年,我国 GDP 总量达到 827122 亿元,稳居世界第二大经济体;粮食总产量 61791 万吨,全社会固定资产投资 641238 亿元,社会消费品零售总额 366262 亿元,具备了强劲的发展基础;从产业结构看,第一产业增加值所占比重为 7.91%,第二产业增加值比重为 40.46%,第三产业增加值比重为 51.63%,产业结构优化效果显著;城乡居民人均可支配收入达到 25974 元。[1] 当今的中国,早已解决了温饱问题,正在向全面小康的目标冲刺,按党的十九大精神,到 2020 年要实现全面小康的目标。可以有把握地说,国家的经济实力已今非昔比,完全有能力拿出更多的资金用于调整奖励扶助政策,增加按政策生育家庭的福利。

从人均 GDP 变化情况看,实行"提倡一孩"生育政策之初的 1982 年,我国人均 GDP 只有 533 元,2017 年达到 59660 元(见图 4-1),2017 年比 1982 年增长了 110 倍(未考虑物价指数变化)。

然而,在我国经济增长和收入水平大幅度提高的同时,却存在奖励扶助标准长期不变的情况。实行计划生育政策之初,多数地区的独生子女奖励为夫妻双方每人每月 5 元,世纪之交前后多数地区增加到了每人每月 10 元。从独生子女奖励金与人均收入的比较看,1982 年每人每年 60 元的奖励扶助金相当于当时人均 GDP 的 11.26%,相当于当时城镇职工年平均工资的 7.52%[2],其实际购买力远远大于今天的 120 元,因为每人每年 120 元的奖励扶助金仅相当于 2017 年人均 GDP 的 0.2% 和城镇职工年平均工资的 0.16%。

---

[1]　参见国家统计局:《中华人民共和国 2017 年国民经济和社会发展统计公报》,国家统计局网站 2018 年 2 月 28 日,http://www.stats.gov.cn/tjsj/zxfb/201802/t20180228_1585631.html。

[2]　1982 年全国人均 GDP 为 533 元,城镇职工年平均工资为 798 元,2017 年全国人均 GDP 为 59660 元,城镇职工年平均工资为 72974 元,所提及的百分比为 60/533 = 11.26%,60/798 = 7.52%,120/59660 = 0.2%,120/72974 = 0.16%。

（单位：元）

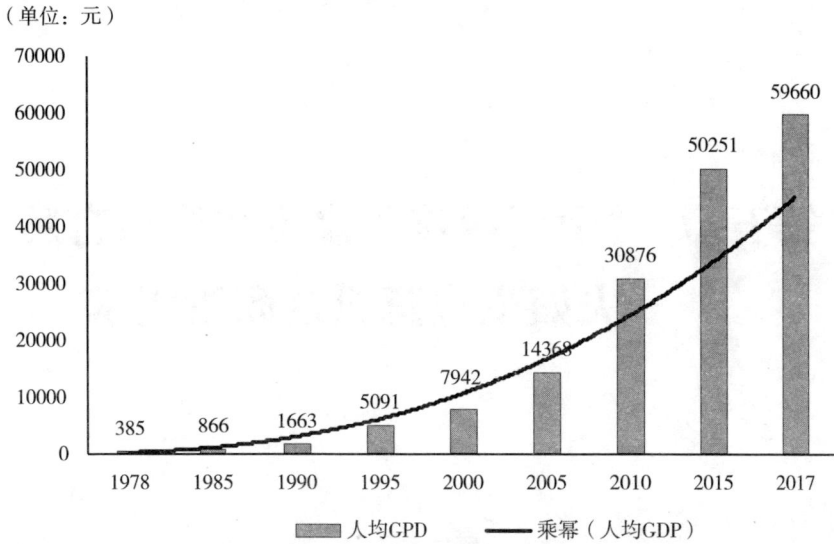

图 4-1　1978—2017 年我国人均 GDP 变动情况

可见，随着经济社会的快速发展，现行奖励扶助标准已经远远滞后于经济发展水平和人均收入变化情况，对家庭的吸引力微乎其微，因此，非常有必要对奖励扶助标准作出较大调整。

第五章 "全面两孩"政策实施后育龄夫妇生育意愿及政策需求

为了系统了解我国"全面两孩"政策实施后育龄夫妇的实际生育情况、生育意愿及他们的政策需求,本书课题组于 2016 年 7—9 月选择安徽、贵州、河北、河南、湖北、黑龙江和新疆七个省(自治区)开展了"计划生育奖励扶助情况调查",调研地点覆盖我国东、中、西部三类不同发展水平的地区,调查采用问卷调查和深度访谈两种方式。

问卷调查对象为达到法定结婚年龄的已婚育龄夫妇,调查内容包括被访者及其配偶的个人基本信息、家庭经济状况、已育子女情况、期望子女数量,生育二孩的影响因素、家庭当前享受到的全民性普惠政策和计划生育特惠政策,对计划生育奖励扶助政策的认识,以及对计划生育奖励扶助政策和其他相关经济社会政策调整完善的要求,等等。

深度访谈则是为了深入了解计划生育家庭享受到了怎样的奖励扶助政策,按政策生育会面临怎样的困难和问题,以及需要什么样的新的奖励扶助政策支持等。课题组在开展问卷调查的部分县(区)分别组织了面向相关部门(如民政、教育、财政、妇联等)领导、卫计委主任、计生工作人员以及已婚育龄群众代表的座谈会。

一、调查对象的基本情况

问卷调查采用多阶段分层抽样方法,在选取的七个省(自治区)中各抽取三个县(区),每个县(区)随机抽取 1 个乡(镇、街道),然后根据就近原则在每个乡(镇、街道)调查 100 个对象,共发放并收回问卷 2100 份,通过数据清洗,剔除无效问卷 74 份,剩余有效问卷 2026 份,问卷合格率 96.48%。调查对象基本情况如下:

(一)超七成受访者为女性

从性别构成看,被访者中男性 591 人,占 29.17%;女性 1435 人,占 70.83%(见表 5-1)。受访者性别分布基本符合课题组的调查预期,即女性多于男性。一方面,虽然从总体上看女性受访者所占比例较大,但是由于受访者需要回答的关于配偶与家庭相关信息的问题大多属于客观性问题,无论是丈夫回答,还是妻子回答,并没有太大差别;另一方面,由于社会进步、女性受教育程度提升与劳动参与率提高带来的女性社会、经济地位提高,女性在生育问题上的话语权越来越大。因此,关于二孩生育愿意及其影响因素的主观性问题,课题组更期望由女性受访者来回答。

(二)近九成受访者为汉族

从民族构成看,受访者中,汉族 1780 人,占 87.86%;少数民族 246 人,占 12.14%(见表 5-1)。其中,女性受访者中少数民族占比为 13.51%,男性受访者中少数民族占比为 8.95%。少数民族受访者占比稍高于全国第六次人口普查时 8.40% 的数据。

表 5-1　调查对象与夫妻双方的民族构成　　　　　（单位:%）

调查对象		汉　族	少数民族	合　计
受访者	丈夫	26.60	2.57	29.17
	妻子	61.25	9.58	70.83
	小计	87.86	12.14	100.00
受访家庭	夫妻双方	84.83	9.69	94.53
	夫妻一方	5.47	5.47	5.47
	小计	90.31	15.18	100.00

由于部分受访育龄女性处于离异或丧偶状态,不适宜填写丈夫的信息,所以,我们只整理分析了处于在婚状态的调查对象的信息。共计回收问卷 1991 份,其中,夫妻双方均为汉族的家庭 1689 个,双方均为少数民族的家庭 193 个,仅一方为少数民族的家庭 109 个,分别占家庭总数的 84.83%、9.69% 和 5.47%(见表 5-1)。

（三）非农业户口受访者数量略多于农业户口

从户口性质看,农业户口受访者 955 人,非农业户口受访者 1071 人,分别占受访者总数的 47.14% 和 52.86%(见表 5-2)。其中非农业户口包括城镇户口、居民户口和其他三种类型,三者占比分别为 89.45%、10.46% 和 0.09%。由于部分地区户籍制度改革后,无论城镇还是农村居民统一登记为居民户口,我们无法获得户籍制度改革前受访对象的户口性质,且这部分受访者所占比例较小,因此,我们在研究中将居民户并入了非农户口。

表5-2 调查对象与夫妻双方的户口构成 （单位:%）

调查对象		农 业	非农业	合 计
被访者	丈夫	13. 67	15. 50	29. 17
	妻子	33. 46	37. 36	70. 83
	小计	47. 14	52. 86	100. 00
被访家庭	夫妻双方	43. 50	46. 86	90. 36
	夫妻一方	9. 64	9. 64	9. 64
	小计	53. 14	56. 50	100. 00

受访家庭中,夫妻均为农业户口的 866 个,均为非农户口的 933 个,一方为农业户口、另一方为非农业户口的 192 个,分别占总受访家庭的 43.50%、46.86%和9.64%。

（四）过半数的受访女性年龄在37岁以下

从调查对象的年龄分布状况看,无论是受访者整体年龄构成情况,还是受访家庭中夫妻双方的年龄分布状况,平均年龄与中位年龄相差不大,分布较为均衡。妻子年龄在 20—49 岁之间的分布较为均匀,其中,近 1/4 的处于 30 岁以下生育旺盛期,近 1/4 的处于 30—36 岁之间;丈夫年龄则比较均匀地分布在 20—55 岁之间(见表5-3)。

表5-3 调查对象与夫妻双方的年龄构成 （单位:岁）

调查对象		年 龄					
		最小	1/4 分位	1/2 分位	3/4 分位	最大	平均
受访者	丈夫	20	31. 96	37. 17	43. 50	54	37. 54
	妻子	20	30. 75	36. 50	41. 92	49	36. 33
受访家庭	丈夫	20	32. 42	38. 08	43. 75	55	37. 95
	妻子	20	30. 58	36. 17	41. 71	49	36. 13

（五）不足一成的家庭有流动人口

关于流动问题,本次问卷调查询问了受访者及其配偶的户口所在地与现住地的关系,并将户口所在地"与现住址相同"和在"本市本区/县,与现住址不同"的视为没有流动,将户口所在地在"本市其他区/县""本省其他市"和"外省"的视为流动,户口所在地"待定"的不作为本课题的研究对象,则剩余问卷1975份。分析结果显示,本次调查到的流动人口占比较小。其中,夫妻双方均没有流动的家庭占92.00%,双方均流动的占2.28%,丈夫没有流动、妻子流动的占3.29%,丈夫流动、妻子没有流动的占2.43%(见表5-4)。

表5-4　调查对象及其配偶的流动情况　　　　　　　　（单位:%）

	妻子不流动	妻子流动	小　计
丈夫不流动	92.00	3.29	95.29
丈夫流动	2.43	2.28	4.71
小计	94.43	5.57	100.00

（六）近七成的受访者学历为高中及以下程度，超六成的夫妻学历相当

在本次调查中,我们将受教育程度分为小学及以下、初中、高中或中专、大专、本科、硕士、博士7个等级,由于博士受访者极少,因此在分析时将其与硕士做合并处理,统称研究生。调研结果显示,调查对象及其配偶的受教育程度以初中为最多,初中及以下文化程度者约占43%,高中或中专文化程度者约占24%,大专及以上文化程度者约占33%(见表5-5)。

表 5-5　调查对象及其配偶的受教育程度　　　　　　（单位:%）

	小学及以下	初中	高中或中专	大专	本科	研究生	合计
丈夫	5.08	37.96	23.88	18.30	13.73	1.06	100.00
妻子	7.25	37.25	23.43	18.20	13.07	0.79	100.00

为了比较丈夫与妻子文化程度的差异,我们将受教育程度由低至高分别赋值为1—6六个数字,再用丈夫的受教育程度减去妻子的受教育程度,从而得到夫妻受教育程度的差值。0表示丈夫和妻子文化程度相同,正数表示丈夫文化程度高于妻子,负数表示丈夫文化程度低于妻子,绝对值越大说明丈夫与妻子的文化程度差距越大。据此做出图5-1,可以发现夫妻双方的文化程度与我们平时掌握的信息基本一致,即:夫妻双方文化程度相同的最多,占62.77%;丈夫文化程度高于妻子的占20.32%,丈夫文化程度低于妻子的占16.92%(见图5-1)。

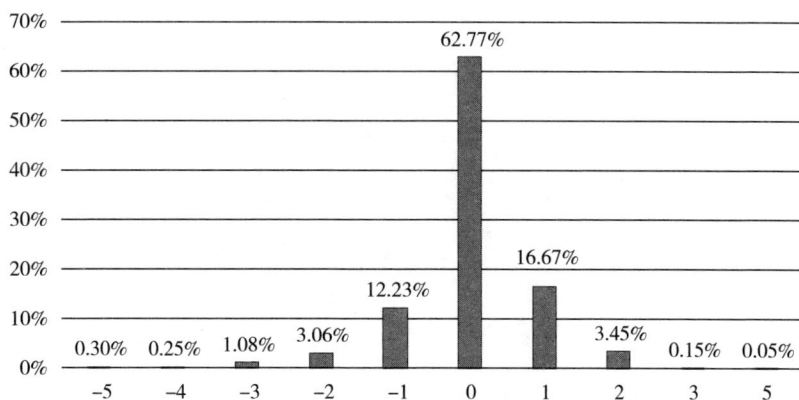

图5-1　丈夫与妻子的学历差

（七）超六成的夫妻从事职业相同

在调查中,我们将调查对象的职业分为政府机关或事业单位工作人员、企业职员、个体经营、经商、打工、务农、没有工作、其他共计 8 种类型。总体上看,调研结果显示男性和女性的职业分布状况较为接近,都是普通打工者最多,其次是务农,第三是在政府机关或事业单位工作,而个体经营和在企业工作的人数相仿;没有工作的最少(见表5-6)。

表 5-6　调查对象及其配偶的职业情况　　　　（单位:人,%）

职业类别	丈　夫		妻　子	
	人数	比例	人数	比例
政府机关事业单位	343	17.35	355	17.52
企业职员	237	11.99	225	11.11
经商	361	18.26	289	14.27
打工	542	27.42	569	28.08
务农	420	21.24	367	18.11
其他	23	1.16	35	1.73
没有工作	51	2.58	186	9.18
总计	1977	100.00	2026	100.00

对调查数据的进一步分析发现,夫妻同行、从事同一职业的家庭共计1262 户,夫妻不同行、从事不同职业的共计 714 户,分别占除去缺失值后调查家庭总数的 63.87% 和 36.13%。其中,夫妻同为打工者的占比最高,达到 18.53%;其次是夫妻均务农的家庭,占比为 14.62%;夫妻同为政府机关或事业单位工作人员的家庭占比为 11%;丈夫职业优于妻子的 400 户,丈夫职业差于妻子的314 户,虽然依然存在男性职业好于女性的现象,但差异已经不那么显著了。

（八）超六成的家庭年收入在5万元以下

调查数据显示,调查前一年(即2015年)超过91%的被访家庭年总收入低于10万元,其中家庭年总收入为3—5万元的家庭占比最高,其次是年总收入为5—10万的家庭,第三是年总收入为3万元以下的家庭,分别占被访家庭总数的34.86%、30.84%和26.42%,超过10万元的家庭占比很小(见表5-7)。

表5-7 2015年被访家庭的总收入与总支出分布情况 （单位:%）

收入水平	总收入	总支出
3万元及以下	26.42	44.45
3—5万元	34.86	36.06
5—10万元	30.84	15.07
10—20万元	6.83	4.07
20万元以上	1.05	0.35
合计	100.00	100.00

从支出情况看,调查前一年(即2015年)超过四成的受访家庭总支出为3万元及以下,36.06%的受访家庭总支出在3—5万元之间,总支出超过5万元的家庭不足20%(见表5-7)。

对家庭收支情况的比较分析发现,1091个家庭收支基本持平,824个家庭收入大于支出,83个家庭支出大于收入,分别占被访家庭总数的54.60%、41.24%和4.16%。这种情况说明,多数调查对象的家庭收支情况属于基本持平或略有结余,经济条件特别好和特别差的占比较小。

（九）近七成的夫妻来自非独生子女家庭，多为二代或三代一起居住

从本次调查的夫妻双方原生家庭的结构状况看,夫妻双方均为独生子女的129户,一方为独生子女的532户,双方均为非独生子女的1330户,分别占

6.48%、26.72%和66.80%,非独生子女较多。

本次调查覆盖了一代户、二代户、三代户和四代户四类家庭,分别占3.31%、53.99%、41.39%和1.31%。关于被调查者当前家庭的代际构成,主要是通过询问被调查者"家里共有几代人同吃同住"而获得。其中,一代户66个,包括尚未生育的夫妻32对、子女已成年或因其他原因未与子女同住的夫妻32对,未与家人同住、独自在外打工的被调查者2人;二代人一起同吃同住的家庭最多,共计1075个,包括夫妻与子女同住和夫妻与父母同住两种情况,两者分别占94.23%和5.77%;三代人一起同吃同住的家庭824个,分为夫妻带子女与丈夫父母同住、与妻子父母同住、与双方父母同住三种情况,分别占87.1%、12.29%和0.61%;四代户的家庭26个,均为5人以上同吃同住的大家庭,人口最多的拥有10名家庭成员。

从调研对象的家庭成员构成情况看,九成以上的夫妻与子女在一起居住,三代同堂的家庭大多都是与丈夫的父母住在一起,仅有3.87%的夫妻与本人或配偶的兄弟姐妹住在一起,2.01%的家庭中居住着与该家庭有其他关系的成员。

二、调查对象的生育情况

(一)分孩次的生育情况

在被调查家庭中,没有孩子的家庭53个,占2.63%;拥有1个孩子的家庭1517个,占75.14%;拥有2个孩子的家庭433个,占21.45%;拥有3个及以上孩子的家庭16个(其中4个子女的家庭3个),占0.79%(见图5-2)。总体而言,大多数家庭都只有一个孩子,已经生育2个及以上孩子的家庭占比较低。这种情况一方面说明多数家庭的生育行为符合以往的计划生育政策;另一方面也说明,按照"全面两孩"的政策要求,接近八成的家庭还可以生育二孩,落实"全面两孩"政策存在较大空间。

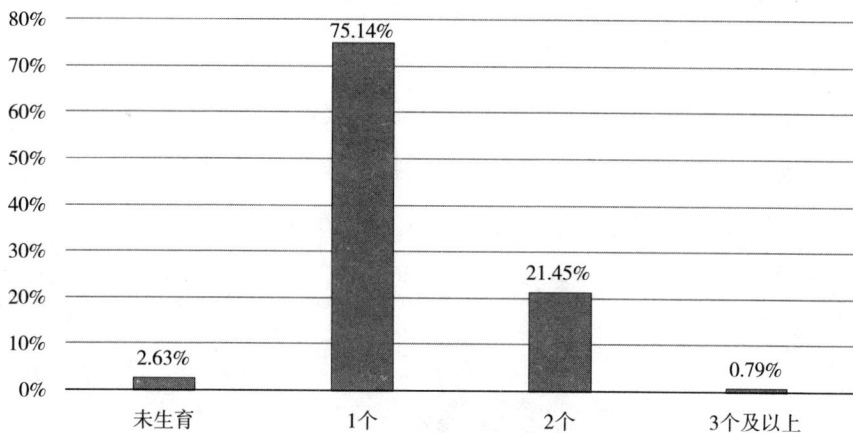

图 5-2 被调查家庭生育情况

在生育 2 个孩子的家庭中,1 个男孩、1 个女孩的家庭 271 个,占 62.50%;2 个男孩的家庭 68 个,占 15.70%;2 个女孩的家庭 94 个,占 21.70%。在我国传统生育文化中,人们普遍追求"儿女双全",有 2 个子女的家庭中接近 2/3 的有 1 男 1 女的情况表明,"儿女双全"的愿望在多数二孩家庭得到了满足(见图 5-3)。

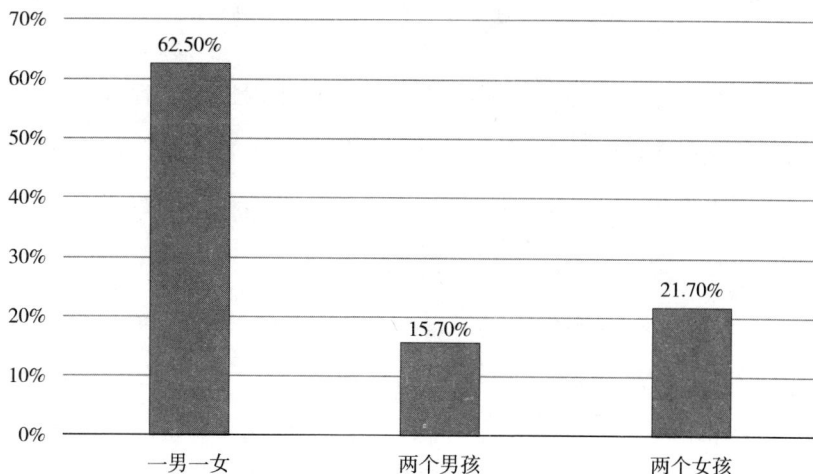

图 5-3 被调查二孩家庭子女性别组合情况

（二）分文化程度的生育情况

从受教育程度与生育子女数量的关系看,表现出文化程度与生育 1 个子女的呈正比、与生育 2 个子女的呈反比的特点,即文化程度越高,生育 1 个子女的比例越大、生育 2 个子女的比例越小(见图 5-4)。

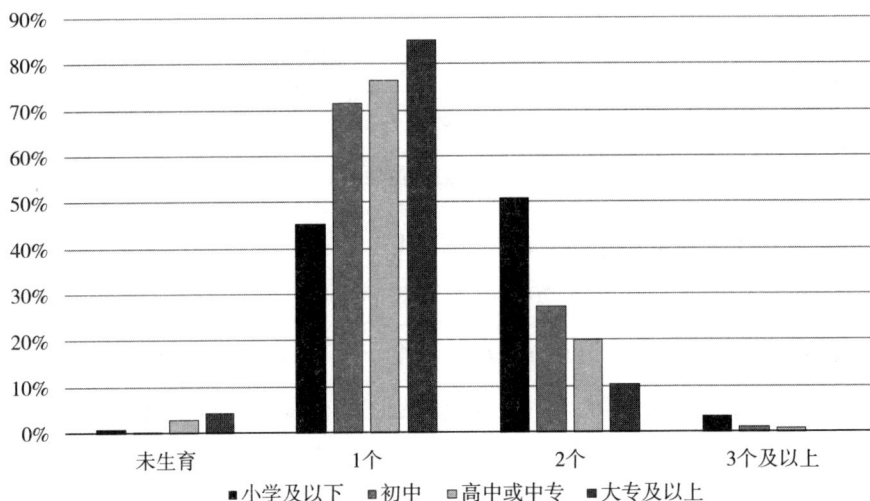

图 5-4 不同文化程度妇女生育子女数量

从不同受教育程度妻子的生育情况看,同样表现出受教育程度与生育 1 个子女的比例呈正比、与生育 2 个子女的比例呈反比的特点。妻子受教育程度为小学及以下的 146 个家庭中,未生育的 1 个,生育 1 个的 66 个,生育 2 个的 74 个,生育 3 个的 4 个,生育 4 个的 1 个;1 个男孩的家庭 106 个,1 个女孩的家庭 52 个,2 个男孩家庭的 19 个,2 个女孩的家庭 16 个。妻子受教育程度为初中的 751 个家庭中,未生育的 1 个,生育 1 个的 537 个,生育 2 个的 205 个,生育 3 个的 6 个,生育 4 个的 2 个;1 个男孩的家庭 478 个,1 个女孩的家庭 310 个,2 个男孩的家庭 26 个,2 个女孩的家庭 64 个,3 个女孩的家庭 1 个。妻子受教育程度为高中或中专的 474 个家庭中,未生育的 13 个,生育 1 个的

363 个,生育 2 个的 95 个,生育 3 个的 3 个;1 个男孩的家庭 272 个,1 个女孩的家庭 214 个,2 个男孩的家庭 16 个,2 个女孩的家庭 22 个。妻子受教育程度为大专及本科的 631 个家庭中,未生育的 38 个,生育 1 个的 535 个,生育 2 个的 58 个;1 个男孩的家庭 324 个,1 个女孩的家庭 291 个,2 个男孩的家庭 9 个,2 个女孩的家庭 7 个。妻子受教育程度为硕士及以上的 16 个家庭中,生育 1 个的 15 个,生育 2 个的 1 个;1 个男孩的家庭 11 个,1 个女孩的家庭 5 个。

（三）分职业的生育情况

按职业分析,务农妇女生育二孩的比例明显偏高,但略低于生育一孩的比例,生育一孩的比例和生育二孩的比例差距不太大;其他职业妇女生育二孩的比例也较高,但略低于务农的妇女;除此之外的职业,妇女生育二孩的比例较低(见图 5-5)。这种情况一方面反映出以往计划生育政策区别对待的影响;另一方面也说明,除务农和其他职业外的女性,二孩生育水平有较大提升空间。

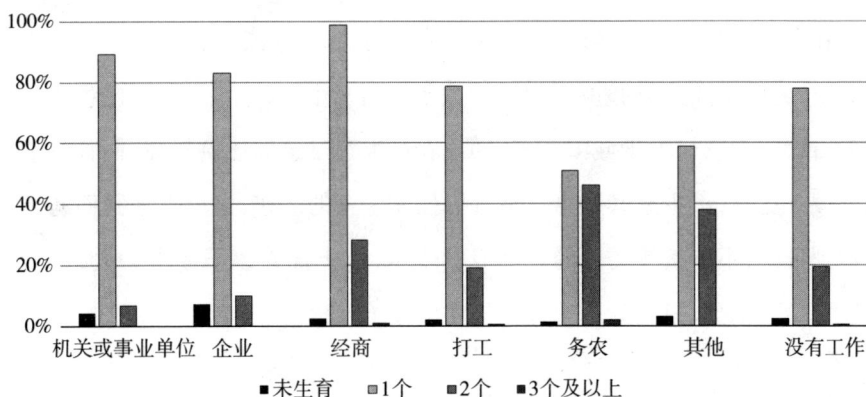

图 5-5 不同职业妇女生育子女数量

（四）分户籍性质的生育情况

从分户籍性质的家庭生育情况看,农业户口家庭生育一孩的比例明显低于非农业户口家庭,生育二孩的比例明显高于非农业户口家庭。农业户口家庭生育二孩的比例达到了1/3,非农业户口家庭生育二孩的比例仅占10%;非农业户口家庭没有生育3个子女的,农业户口家庭还有个别生育3个及以上子女的(表5-8)。这一情况说明,无论农业户口家庭还是非农业户口家庭,二孩生育都有较大的政策空间,其中非农业户口家庭生育二孩的政策空间更大。

表5-8　分户籍性质的家庭生育构成情况　　　　　（单位:%）

生育子女数	合　计	非农业	农　业
0	2.63	4.47	0.62
1	75.19	84.89	64.59
2	21.44	10.65	33.23
3个及以上	0.74	0.00	1.56

在子女性别组合方面,城镇和农村均为1个男孩的占比最高,均超过50%,差别不大;1个女孩的占比城镇大于农村7个百分点;2个男孩和2个女孩的占比均为农村大于城镇。这说明,农村生育二孩的比例较高,而且对于男孩的偏好更强,不少家庭是为了生育男孩才生育的二孩,这一点在我们的访谈中得到证实,不少接受访谈的家庭成员表示,由于抚养孩子成本太大,其实并不愿意生育二孩,只是为了生育男孩才生育了二孩。

（五）分收入水平的生育情况

按收入水平分析,绝大多数家庭收入水平在3万元—10万元之间。在不同收入水平家庭中,生育二孩的比例呈两头高、中间低的特点,即低收入家庭和高收入家庭生育二孩的比例较高,而中等收入家庭生育二孩的比例较低(见图5-6)。这是由于收入水平与户口性质和职业高度相关,收入水平较低和较高的家庭往往都是农村户口,而且职业为务农、打工或经商者,受传统生育文化影响较大。这从一个侧面印证了农村居民生育水平高于城镇、农村家庭生育二孩的占比较高的情况。

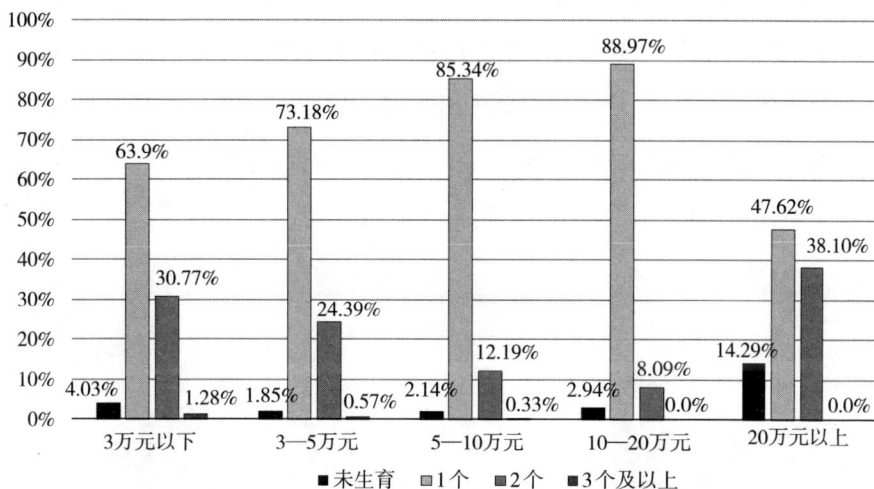

图5-6 不同收入水平家庭生育子女数量

三、调查对象的生育意愿

调查结果表明,被调查对象的平均理想子女数为1.77个,其中城镇1.72个,农村1.82个;育龄妇女意愿子女数为1个的占24.75%,意愿子女数为2个的占72.73%,意愿子女数为3个及以上的占2.08%;在已有一孩育龄妇女中,希望生育二孩的占38.44%,不想生育二孩的占42.98%,还没想好是否生育二孩的占18.58%。总体而言,被调查对象的二孩生育意愿不高。

（一）分性别的二孩生育意愿

在已有一孩的家庭中,夫妻之间在二孩生育意愿方面较为相近,但也存在一定程度的差异。丈夫想生育二孩的占比高于妻子,不想生育二孩和还没想好是否生育二孩的占比均低于妻子;妻子想生育二孩的占比较低,不想生育二孩和还没想好是否生育二孩的占比较高(见图5-7)。究其原因,主要在于丈夫承担家务劳动较少,在抚养子女方面投入的时间和精力较少,而妻子是家务劳动的主要承担者,生育二孩对其职业发展、休闲娱乐等个人生活的影响更大。所以,很多妇女对生育二孩有较多顾虑,有的直接回答不想生育二孩,部分妇女回答还没想好是否生育二孩,处于观望状态。

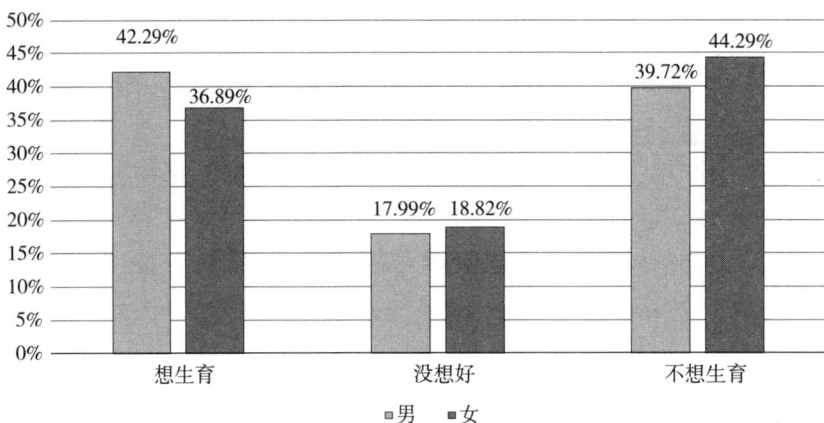

图5-7　被调查家庭的二孩生育意愿

值得注意的是,在已育一孩、想生二孩的家庭中,想生男孩的占20.00%,想生女孩的占41.94%,对二孩性别持无所谓态度、只是为了给孩子找个伴儿的想法的占38.06%。这一组数据说明,对于二孩的性别期待与以往特别强的男孩偏好相比,已经有了显著差异,反映出生育观念的根本变化。这种情况既与男性及其家庭承担的结婚成本极高,结婚费用基本上依靠父母提供,儿子找不到对象、不能结婚成家将成为父母最大心病的情况有很大关系;也与现代社会子女在赡养父母方面共同承担责任,女儿的"小棉袄"作用更大,女儿也能养老的现实有很大关系。

(二)分文化程度的生育意愿比较

不同文化程度的被调查者在二孩生育意愿方面存在显著差异。总体而言,二孩生育意愿与文化程度之间呈现出正相关的特点,文化程度较低的被调查者不愿意生育二孩的较多,文化程度较高的被调查者想生育二孩和没想好是否生育二孩的较多(见表5-9)。这一结论既与以往研究不一致,也与本文后边的二元 Logistic 分析不一致。究其原因,主要是这里对样本总体的分析没有考虑性别与户籍性质等因素的影响。对调查数据的深入研究发现,男性受教育程度高的,二孩生育意愿较强,农村受教育程度高的,二孩生育意愿较强。正是由于这些因素的干扰,才产生了前述分析结果。

表5-9 分文化程度的二孩生育意愿 (单位:%)

二孩 生育意愿	小学及以下	初中	高中或中专	大专及以上
不想生育	11. 53	40. 18	23. 70	24. 59
还没想好	2. 23	33. 44	26. 11	38. 22
想生育	2. 10	28. 39	23. 22	46. 59

在二孩生育的性别期待上,除小学及以下文化程度者(没有希望生育男孩的)之外,初中及以上文化程度者希望生育男孩的占比基本一致,都在20%左右,文化程度低者希望生育一个女孩的比例较高,对二孩性别持无所谓态度的比例则随着文化程度的升高而升高(见图5-8)。这一结果与以往研究存在较大差异。究其原因主要在于,以往研究文献一般认为,人们在生育性别方面的观念与文化程度高度相关:文化程度低的人,受传统生育文化的影响较

大,重男轻女的思想观念较强,更倾向于生育男孩;文化程度高的人,接受的现代文化观念较多,男女平等的思想较强,对孩子性别持无所谓态度的较多,刻意苛求生育男孩的较少。从本次调查结果反映出的情况看,随着时代的发展,人们在生育问题上更为现实,不少家庭为了避免过重的抚养负担,已经改变了以往重"面子"的观念,男孩的"面子"效应逐渐被子女的情感效应所替代。所以,在二孩性别期待上,希望生育男孩的反而少于希望生育女孩的,对二孩性别持无所谓态度的也多于希望生育男孩的。

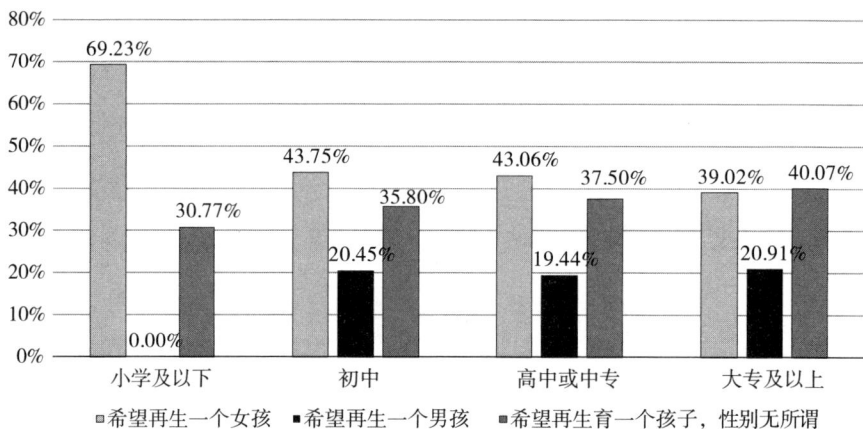

图 5-8 不同文化程度女性的二孩性别意愿

(三)分职业的生育意愿

不同职业的被调查者在二孩生育意愿方面存在显著差异。总体而言,体制内的就业者想生育二孩的比例较高,体制外的就业者不想生育二孩的比例较高,还没想好的比例差别不大。例如:企业就业者想生育二孩的比例超过五成,机关事业单位的就业者想生育二孩的比例占到四成以上;而务农和打工者想生育二孩的比例均不到三成,不想生育二孩的比例则接近六成(见表 5-10)。

表5-10 分职业的二孩生育意愿 （单位:%）

二孩 生育意愿	机关事 业单位	企业	经商	打工	务农	其他	没有工作
不想生育	37.50	27.09	44.21	54.62	58.30	46.67	41.57
还没想好	17.86	21.18	20.66	16.63	13.51	30.00	22.29
想生育	44.64	51.72	35.12	28.75	28.19	23.33	36.14

在二孩生育的性别期待上,无论哪种职业,都是希望生育女孩的多于希望生育男孩的,其中其他职业没有希望生育男孩的。在希望生育二孩但对性别持无所谓态度的女性中,除其他职业之外的所有女性,占比基本上都在四成左右,差别不大(见图5-9)。这说明,各类职业女性的生育性别偏好基本消失,不同职业领域生育方面的男女平等观念基本确立。

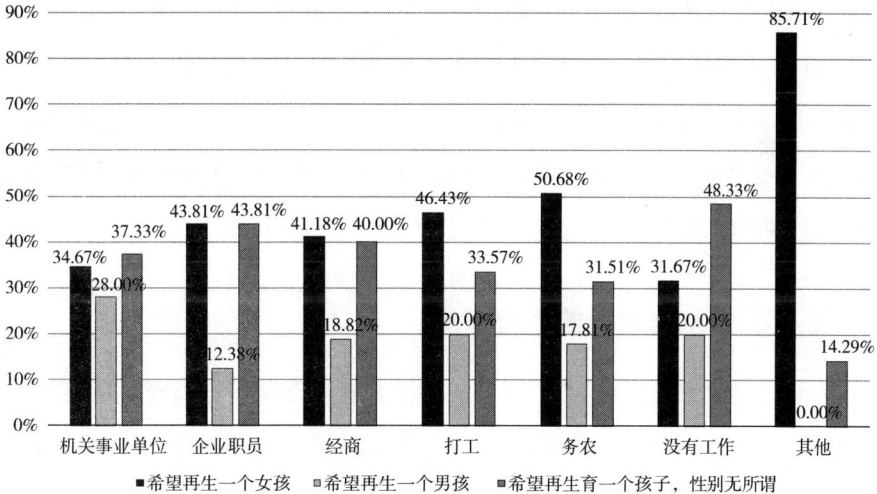

图5-9 不同职业女性的二孩性别意愿

（四）分收入水平的生育意愿

不同收入水平的被调查者在二孩生育意愿方面存在显著差异。总体而言,在不同收入水平者中,想生育的占比呈两头低、中间高的特点,不想生育的占比与收入水平呈负相关,还没想好是否生育的占比除收入在 20 万元及以上者较高之外,其他收入组差距不大,均在二成左右(见表 5-11)。这一结论也与以往调查数据显示的结果有较大差异,否定了"越穷越生"的观点,反映出人们在生育问题上越来越理性的特点。

表 5-11　分收入水平的二孩生育意愿　　　　　(单位:%)

二孩 生育意愿	3 万元 及以下	3—5 万元	5—10 万元	10—20 万元	20 万元 及以上
不想生育	60.48	48.58	34.23	32.81	28.57
还没想好	12.88	20.74	19.89	16.41	42.86
想生育	26.64	30.68	45.88	50.78	28.57

在二孩生育的性别期待上,无论收入水平高低,都表现出希望生育女孩的多于希望生育男孩的特点。收入水平在 20 万元以下的被调查者中,希望生育一个男孩的比例均在二成左右,高收入组稍高于低收入组;收入水平在 20 万元及以上的高收入者中没有希望生育男孩的(见图 5-10)。不同收入组的被调查者,希望生育二孩但对生育性别持无所谓态度的均占四成左右,同样显示出生育性别偏好基本消失、生育领域男女平等观念基本确立的情况。

(五)分家庭规模的生育意愿

被调查对象家庭成员数量不同,二孩生育意愿存在显著差异。从表 5-12 可以发现,家庭成员为 5 人时愿意生育二孩的占比最高,达到了 56.8%;家庭成员为 4 人时愿意生育二孩的占比最低,为 34.6%。从整体上看,愿意生育二孩的家庭平均规模为 4.18 人,愿意生育一孩的家庭平均规模为 3.82 人(见表 5-12)。即家庭成员数量越多,二孩生育意愿越强,家庭成员越数量越少,二孩生育意愿越弱。家庭人数与生育意愿之间所表现出来的这种关系,实质上与生育照料资源的差异有很大关系。

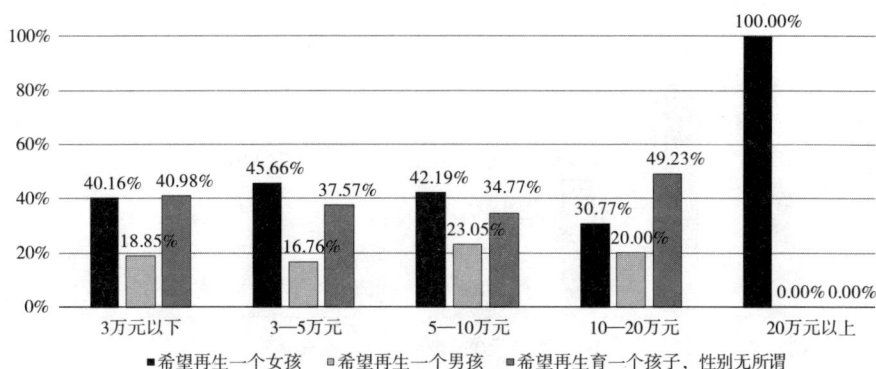

图5-10 不同收入水平女性的二孩性别意愿

5-12 家庭成员数与二孩生育意愿 （单位:%)

家庭成员	2人	3人	4人	5人	6人及以上	合计	平均人数
意愿二孩	37.50	39.30	34.60	56.80	54.20	44.00	4.18
意愿一孩	62.50	60.70	65.40	43.20	45.80	56.00	3.82
总计	100.00	100.00	100.00	100.00	100.00	100.00	3.98

四、育龄群众生育的现实困难和 对奖励扶助政策的认识

（一）生育的现实困难

针对二孩生育,部分育龄夫妇表示存在诸多困难,从而影响到二孩生育行为的实现。从调查情况看,在"哪些因素对您的再生育决策有影响"问题的选项中(多选题),超过1/4的调查对象认为生育综合成本过高是影响二孩生育决策的重要因素,其中超过半数的被调查者把不愿意生育二孩的原因归于经济压力过大,接近三成的认为时间机会成本过大和缺乏孩子照料资源,不到10%的归因于住房条件不佳和事业工作压力过大。

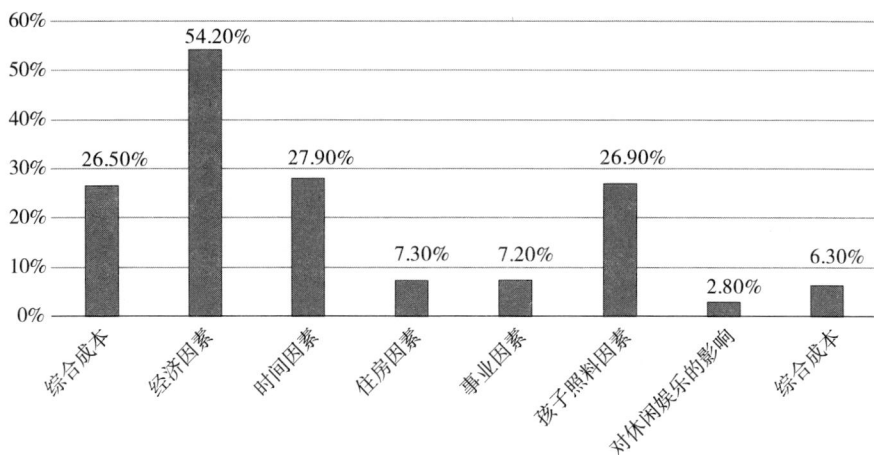

图 5-11　二孩生育的困难因素

（二）对奖励扶助政策的认识

1. 多数被调查者认为奖励扶助政策缺乏吸引力

我国长期实行的计划生育奖励扶助政策,基本上都是由各地确定具体奖励扶助标准,标准不统一、扶助力度小的特点较为明显。20 世纪 80 年代,奖励扶助政策基本上只针对独生子女家庭,多数地区都是按夫妻双方每月 5 元发放,在当时个人收入中的占比还不算低,大约占到 10% 左右,虽然说不上有巨大的吸引力,但至少独生子女家庭对每月领取奖励金还是当回事的。由于几十年来经济发展水平和居民收入水平快速提高,而独生子女奖励金只增加到了 10 元,在个人收入中的占比大大降低,基本上失去了对独生子女家庭的吸引力。如图 5-1 所示,在"奖励扶助金额对实行计划生育是否具有吸引力"问题的选项中,认为奖励扶助金额有吸引力的被调查者仅占 27.40%,认为奖励扶助金额没有吸引力的被调查者占 39.60%,33.00% 的被调查者回答"说不清"(见图 5-12)。这表明,由于奖励扶助资金支持力度过小,群众对奖励扶助政策的认可度不高,觉得没有多大的吸引力。在调查访谈中一些育龄妇女就说道:"独生子女奖励金一个月才 10 元,不领吧,它也是个钱;领吧,有时候也不值得,尤其是在外地打工的情况下更是如此。"有的人开着豪车领取独生子女奖励金,领到的奖励金还不如加油的钱多,这还不算时间成本。多数基层干部也认为:现在的奖励扶助金就像是"鸡肋"。

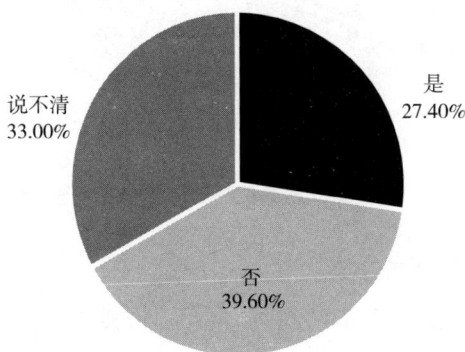

图 5-12 对奖励扶助政策是否具有吸引力认识的态度

2. 多数被调查者认为奖扶政策应当进行调整

由于奖励扶助金额过小,对实行计划生育缺乏吸引力,多数被调查者强烈要求调整奖励扶助金额,增大奖励扶助力度。如图 5-13 所示,在"奖励扶助政策是否应当进行调整"问题的选项中,有 68.90% 的被调查者认为需要对奖励扶助政策进行调整,29.80% 的被调查者认为无所谓,仅有 1.30% 的被调查者认为无须调整。

3. 多数被调查者希望奖励扶助内容多元化

社会生活丰富多样,家庭生活具有全方位的需求。对计划生育家庭而言,由于响应政策少生孩子,在某种程度上削弱了家庭资源,造成生活中的多种困难,因此,对计划生育奖励扶助内容提出了多方面的需求。如图 5-14 所示,在奖励扶助政策调整内容的问题调查中(多选题),认为应当增加奖励扶助金

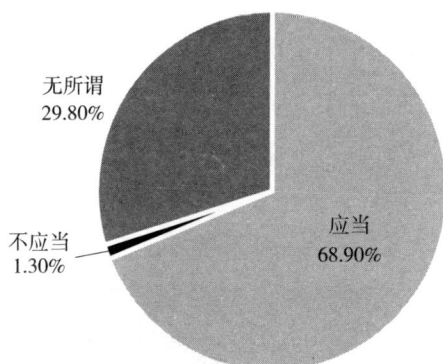

图 5-13 对奖励扶助政策是否应当进行调整的态度

额的最多,认为应当增加养老金的次之,分别为 72.50% 和 70.20%,二者均超过 2/3;认为应当增加生育津贴和增加生活照料内容的分别占 43.10% 和 37.70%,也都超过 1/3;此外,还有很多育龄夫妇对延长产假、减免子女学费、入养老院优惠、住院陪护费等方面有较强的需求。

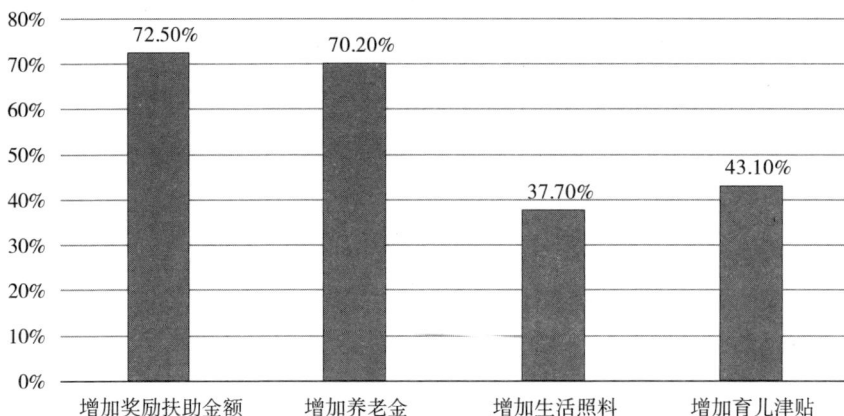

图 5-14 对奖励扶助内容调整的要求

此外,还需说明的是,本次调查中共计 1928 个被访者的生育行为符合当时的计划生育政策,是计划生育奖励扶助政策的对象。在对所有被访者的生育意愿进行分析的基础上,进一步探讨计划生育家庭与非计划生育家庭生活水平、社会地位与养老保障方面的差异,深入了解计划生育家庭对计生奖励扶助政策的看法与诉求,有利于提出适用于新时期鼓励落实"全面两孩"生育政策的计划生育奖励扶助政策。

五、二孩生育意愿的影响因素分析

(一)模型构建

本文选取二元 Logistic 模型对是否希望生育二孩的影响因素进行分析。二元 Logistic 模型是用来研究因变量某个取值的概率变量与自变量依存关系的方法,其因变量为二分类变量,一般用 0 和 1 对其取值进行表示。二元 Logistic 模型假设自变量与因变量之间的关系是非线性的,且不对自变量的分布做假设,在估计时采用极大似然估计的迭代方法,找到回归系数"最可能"的估计值。

二元 Logistic 模型的一般形式为:

$$\ln(\frac{P_i}{1 - P_i}) = P = \alpha + \beta_1 x_1 + \beta_2 x_2 + \cdots + \beta_n x_n$$

其中 $P_i / (1-P_i)$ 表示事件发生的机会比率,即事件发生的概率与不发生的概率之比;P 为 $P_i / (1-P_i)$ 的对数值,即事件发生的机会比率的对数值;二元 Logistic 模型表示事件发生的机会比率的对数是 X_i 的线性函数;回归系数 β_i 表示自变量改变一个单位时,事件发生与不发生的概率之比的对数变化值。若 P 为正,则自变量 X_i 的值增加时,因变量等于 1 的机会将增加;若 P 为负,则自变量 X_i 的值增加时,因变量等于 1 的机会将减小。在二元 Logistic 模型中,拟合优度是次重要的,因此,不应过度追求模型的拟合优度而放弃回归系数的拟合结果,相比较而言,回归系数的期望符号及其统计上的显著性对研究的问题更有意义。

（二）理论假设

以往研究普遍认为，生育意愿受到个体因素、家庭等方面的影响。本研究加入了奖励扶助政策，从个体因素、家庭、经济和奖励扶助政策四个方面综合分析二孩生育意愿影响因素。综合前文描述分析，这里重点检验在控制各种因素的条件下，各种因素对二孩生育意愿的作用机制。在个体因素方面，本研究假设处在最佳育龄期的女性二孩生育意愿高，并且由于就业或收入原因，女性二孩生育意愿低于男性；由于城乡二元结构的影响，农村二孩生育意愿高于城镇；受教育程度越高，二孩生育意愿越低。在家庭因素方面，兄弟姐妹个数越多，二孩生育意愿越低；一孩为女孩的家庭，二孩生育意愿更高；一孩健康状况越差，二孩生育意愿越高；在一孩由自己照看的情况下，女性的二孩生育意愿较低，而男性的二孩生育意愿较高；家庭经济状况越差，生育意愿越低。在奖励扶助政策方面，关注奖励扶助政策、关注奖励扶助金额的人群二孩生育意愿较高，不关注奖励扶助政策的人群二孩生育意愿较低。

（三）变量定义

在分析中，我们把已生育一孩的人是否希望再生育一个子女作为因变量，筛选出目前仅生育了一孩的样本，剔除了没想好是否生育二孩、已经生育二孩和三孩的样本，并且把女性样本年龄界定在 15—49 岁，男性样本的年龄界定在 15—55 岁。之所以作出这样的处理，是为了能够更准确地分析二孩生育意愿。由于调查数据中包括男性被访者和女性被访者，所以本研究将分别对男性样本和女性样本进行回归分析，以探讨男性和女性在目前生育政策和奖励扶助体系下的二孩生育意愿的影响因素及其差异。将因变量定义为：愿意生育第二个孩子＝1，不愿意生育第二个孩子＝0。

表 5-13 二孩生育意愿影响因素的变量定义

变量类别		变量定义	均 值	
			女性	男性
因变量	是否希望生育二孩	1=否,2=是	1.454	1.515
个人因素	女性年龄	连续变量(岁)	36.2	—
	男性年龄	连续变量(岁)	—	37.5
	户籍性质	1=非农业,2=农业	1.416	1.392
	受教育程度	1=小学及以下,2=初中, 3=高中或中专,4=大专, 5=本科,6=硕士,7=博士	3.010	3.310
	兄弟姐妹个数	被调查者兄弟姐妹个数	2.101	2.016
家庭因素	一孩性别	1=男,2=女	1.400	1.430
	一孩健康状况	1=很健康,2=基本健康, 3=一般,4=不太健康, 5=不健康	1.030	1.050
	一孩由谁照看	1=自己/配偶,2=祖父母, 3=外祖父母,4=雇人照看, 5=其他	1.450	1.500
经济因素	家庭总收入	1=3万以下,2=3—5万, 3=5—10万,4=10—20万, 5=20万以上	2.180	2.520
	家庭总支出	1=3万以下,2=3—5万, 3=5—10万,4=10—20万, 5=20万以上	1.760	2.030
奖扶因素	申请享受奖扶 是否困难	1=是,2=一般、 可以接受,3=否	2.184	2.155
	奖扶政策是否 应当调整	1=应当,2=无所谓, 3=不应当	1.303	1.336
	奖扶金额是否 有吸引力	1=是,2=说不清,3=否	2.137	2.115

对自变量,本研究划分出四个层次,分别从个人特征、家庭因素、经济因素和奖扶因素四个方面对影响二孩生育意愿的因素进行综合分析。其中个人特

征包括年龄、户籍性质和受教育程度;家庭特征包括兄弟姐妹个数、第一孩性别、第一孩健康状况、第一孩由谁照料;经济因素包括全年家庭总收入和全年家庭总支出;奖扶因素包括申请享受奖扶是否存在困难、奖扶政策是否应该调整、奖扶政策是否具有吸引力。从因变量的均值来看,女性均值略微小于男性,即女性的二孩生育意愿小于男性,说明男性更加倾向于生育二孩。

从因变量来看,打算生育第二个孩子的人群占多数,女性的二孩生育意愿低于男性。从自变量来看,在个人特征方面,女性年龄均值为 36.2 岁,男性年龄均值为 37.5 岁,整体上看男性年龄大于女性;受教育程度变量中,男性受教育程度高于女性受教育程度。在家庭特征方面,兄弟姐妹个数为连续变量,被调查者平均有两个或以上兄弟姐妹;一孩性别、一孩健康状况和一孩由谁照料等因素的均值显示样本的性别差异不大,大多数被访者是由自己或配偶来照料小孩。在经济因素方面,对于家庭总收入进行了分组,女性样本和男性样本的家庭总收入均值都在 3—5 万组,女性被访者家庭总收入均值略微低于男性被访者家庭总收入均值;家庭总支出方面,男性被访者家庭总收入均值高于女性被访者家庭总收入均值。在奖扶因素方面,多数被访者认为申请享受奖励扶助政策存在一定难度,目前的奖励扶助政策吸引力很小,希望对奖励扶助政策作出调整。

(四)回归结果分析

1. 模型检验

在进行二元 Logistic 回归分析时,本研究没有进行自变量分块的设置,且采用的是自变量一次性进入的方法,模型的显著性检验结果如表 5-14 所示。从检验结果可以看出,在 5% 的显著性水平上模型拒绝自变量与 Logit P 之间关系不显著的原假设,说明采用此模型进行因变量与自变量之间关系的拟合是合理的。

表 5-14 二元 Logistic 模型的显著性检验

	Chi-square	df	Sig.
Step	298.597	7	.000
Block	298.597	7	.000
Model	298.597	7	.000

2. 女性样本回归结果分析

从女性样本回归结果看(见表5-15),女性被访者的个体特征、家庭特征、经济特征和奖励扶助政策中多数变量对于二孩生育意愿具有显著影响。

在个人特征方面,年龄对二孩生育意愿具有显著影响。研究发现,随着年龄的增加,二孩生育意愿呈先升后降的特点;二孩生育意愿最高的年龄是35岁,35岁之前二孩生育意愿逐渐增大,35岁之后生育意愿逐渐减低。户籍性质对二孩生育意愿也具有显著影响,农业户籍被访女性的二孩生育意愿较非农业户籍被访女性更强,农业户籍女性的二孩生育意愿是非农业户籍女性的1.42倍。受教育程度对二孩生育意愿影响显著,受教育水平越高二孩生育意愿越低,该结论与已有研究结果一致。

从家庭因素看,对女性被调查者,一孩性别对二孩生育意愿的影响不显著,否定了一孩是女孩的家庭二孩生育意愿较高的假设。这在一定程度上反映出生育性别偏好的弱化,"生男生女一样好"的观念已经被接受,甚至有些家庭开始偏好女孩。一孩健康状况对二孩生育意愿具有显著影响,第一个孩子越健康,女性的二孩生育意愿越低;第一个孩子的健康状况越差,女性的二孩生育意愿越高。该结果与已有研究一致,说明人们对健康孩子的期望成为多数第一个孩子健康状况欠佳的家庭选择生育二孩的重要原因。从一孩由谁照看的情况看,对二孩生育意愿的影响不显著,女性更担心生育二孩给自己带来工作和经济收入问题。

对经济因素的分析发现,家庭总收入对女性二孩生育意愿的影响显著。

家庭总收入越高,女性二孩生育意愿越高,家庭总收入每提升一个单位,女性二孩生育意愿的发生比就会增加 0.256 个单位。但是,家庭总支出对女性二孩生育意愿的影响不显著,即在家庭收入有稳定保障的条件下,女性并不担心生育后的子女照料问题,也不担心生育二孩带来的家庭支出问题。

表 5-15 影响二孩生育意愿因素的回归结果

因素分类	变量	模型 1 回归系数(B)	模型 2 回归系数(B)
个人特征	年龄	0.069***	0.215***
	年龄的平方	−0.001**	−0.003***
	户籍(非农业)	0.352*	0.676*
	受教育程度	−0.336***	−0.113*
家庭因素	兄弟姐妹个数	0.056	−0.026*
	一孩性别(男)	0.180	0.464**
	一孩健康状况	0.900**	0.405*
	一孩由谁照看	0.108	−0.253**
经济因素	家庭总收入	0.256*	0.255*
	家庭总支出	0.028	0.031**
奖扶因素	申请享受奖扶是否有难度	0.038	−0.111
	奖扶政策是否应当调整	−0.409**	−0.322**
	奖扶金额是否有吸引力	0.095	−0.124**

注:***、**、* 分别表示在 10%、5% 和 1% 的水平显著,模型 1 为女性样本回归结果,模型 2 为男性样本回归结果。

从奖扶政策因素看,奖励扶助政策调整对二孩生育意愿的影响显著。认为奖励扶助政策应该调整的女性,其二孩生育意愿比较高。由此可以认为,奖励扶助政策在一定程度上可以促进生育水平的提升。因此,调整优化二孩生育奖励扶助政策、提高奖励扶助金额,对实现按政策生育具有积极意义。同时,享受奖励扶助政策申请难度和奖励扶助政策是否具有吸引力两个变量对二孩生育意愿的影响不显著,这一方面说明目前在申请享受奖励扶助政策方面并不存在多大难度;另一方面也说明奖励扶助金额太低,并不能起到促进女性二孩生育意愿提升,进而起到鼓励按政策生育、实现"全面两孩"政策目标的作用。

3. 男性样本与女性样本的回归结果比较分析

从男性样本的回归结果(表5-15模型2)来看,个人特征、家庭因素、经济因素和奖扶政策对二孩生育意愿具有显著影响。与女性样本回归结果相比,个人特征方面,年龄变量对男性二孩生育意愿的影响仍然显著,为倒U型曲线,男性二孩生育意愿最高的年龄是36岁。从户籍性质来看,农业户籍男性二孩生育意愿比非农业户籍男性二孩生育意愿更高,与女性样本回归结果相比,这种城乡差异被放大了,即农村男性二孩生育意愿比女性更强。受教育程度仍然对男性二孩生育意愿有显著影响,受教育程度越高,男性二孩生育意愿越低,相较于女性样本回归结果,受教育程度在男性样本中的作用显得更弱,即较男性而言,教育对女性二孩生育意愿的削弱作用更大。

在家庭因素方面,被访者兄弟姐妹个数、一孩性别、一孩由谁照看等因素对男性二孩生育意愿具有显著影响。被访者兄弟姐妹个数与二孩生育意愿呈负相关,兄弟姐妹个数越多二孩生育意愿越低,可能的原因是男性家庭兄弟姐妹个数多,可以增强抵御风险的能力,从而降低了二孩生育意愿。一孩性别对男性二孩生育意愿具有显著影响,一孩为女孩的男性被访者二孩生育意愿更高,一孩为男孩的男性被访者二孩生育意愿较低,一孩为女孩的男性被访者二孩生育意愿是一孩为男孩的男性被访者二孩生育意愿的1.59倍,这说明男性有着比女性更强的男孩偏好。从一孩由谁照看的角度看,一孩由自己照看的男性被访者二孩生育意愿最高,而一孩由祖父母、外祖父和雇人照看的男性被访者二孩生育意愿较低,即相较于女性,男性更关心生育后子女的照料问题和总支出问题。

在经济因素方面,家庭总收入和家庭总支出对男性二孩生育意愿均具有显著影响。家庭总收入和总支出越高，男性二孩生育意愿越强，经济条件较差的男性二孩生育意愿较低。

在奖助因素方面，奖励扶助政策调整和奖励扶助金额对男性二孩生育意愿具有显著影响。认为奖励扶助政策应当调整的男性被访者的二孩生育意愿更高，认为奖励扶助金额具有吸引力的男性被访者的二孩生育意愿更高。这说明，调整奖励扶助政策，能够惠及具有更高二孩生育意愿的群体，进而可以刺激二孩生育意愿的提升，并促进二孩生育政策的落实。申请享受奖扶政策的难易程度在女性和男性回归模型中均不显著，在申请难度方面，男性和女性的观点一致，即申请无难度，也不会影响到二孩生育意愿。

（五）结论与启示

本部分的研究结果表明，二孩生育意愿受到多种因素的影响，在考察个人特征、家庭因素、经济因素的同时，加入奖励扶助的政策因素，对二孩生育意愿的影响因素进行了综合分析。其中年龄、户籍性质、受教育程度、兄弟姐妹个数、一孩性别、一孩健康状况、一孩由谁照看、家庭总收入和总支出、奖励扶助政策调整、奖励扶助金额对二孩生育意愿具有显著影响，并且这种影响具有显著的性别差异。本研究主要得出以下几点结论：

第一，二孩生育意愿受到年龄、受教育程度和户籍性质等个人特征的影响。无论男性样本还是女性样本，均显示年龄与二孩生育意愿呈现倒 U 型曲线关系的特征。受教育程度越高，二孩生育意愿越低，这一结果与已有研究一致。从户籍性质看，相较于女性，男性样本中农业户籍对二孩生育意愿的影响更大。

第二，在家庭因素中，男性被访者兄弟姐妹个数越多，二孩生育意愿越低；男性样本比女性样本的性别偏好更强；一孩由自己照看的男性被访者的二孩生育意愿更强。女性被访者中，一孩由别人照看的，二孩生育意愿更高。这说明，女性更担心的是生育后有没有人帮助照料子女，男性更担心的是生育后自己能不能照料子女。

第三,无论男性样本还是女性样本,家庭总收入与二孩生育意愿都呈正向关系,家庭总收入越高,二孩生育意愿越强。这一结论与日常经验相一致,即稳定的经济保障是生育的前提条件。

第四,认为奖励扶助政策需要调整的被访者的二孩生育意愿较强,认为奖励扶助金额具有吸引力的被访者的二孩生育意愿较强,即生育意愿越强的人群,越是关注奖励扶助政策和奖励扶助金额,因此,笔者认为调整奖励扶助政策、增加奖励扶助金额会促进二孩生育意愿提升。

总体来看,二孩生育意愿受到个人、家庭和经济等多方面的影响,在个人特征、家庭因素和经济状况等无法改变的情况下,国家制定和实施科学合理的奖励扶助政策、提高扶助金额标准在一定程度上将会刺激生育意愿提升,促进生育水平提高,推进按政策生育目标实现。

第六章　计划生育奖励扶助政策改革的目标、原则和框架

2016 年 1 月 1 日,我国开始实施"全面两孩"政策,这是调整我国未来人口发展趋势、改善和优化人口结构、促进人口长期均衡发展的重大举措。在延续三十多年的计划生育奖励扶助政策所依据的法律基础不复存在的情况下,亟须对奖励扶助政策进行改革,作出新的政策设计。本章将围绕计划生育奖励扶助政策改革的主要目标、基本原则和总体框架展开论述。

一、奖励扶助政策改革的主要目标

根据修订后的《人口与计划生育法》和中共中央、国务院关于实施"全面两孩"政策的文件精神,应当对计划生育奖励扶助政策进行适时改革,以满足计划生育家庭和育龄群众的利益诉求。奖励扶助政策改革的总体目标应当是:完善计划生育政策体系,促进计划生育家庭健康发展,确保计划生育政策落实到位。

(一)完善计划生育政策体系

计划生育政策体系是由基本政策和具体政策构成的有机整体。计划生育

政策是我国的一项基本国策,也是在人口发展领域起主导作用的实质性政策;计划生育奖励扶助政策、节育政策和惩罚政策是实行计划生育的具体政策,也是落实基本国策的保障措施。在实际运行中,这些政策相辅相成、密切关联,较好地保持了整体性、一致性和协调性。

奖励扶助政策是计划生育政策体系的重要组成部分。在"全面两孩"政策实施过程中,对计划生育奖励扶助政策体系作出制度安排,尤其是在当前经济社会相关配套政策与群众生育意愿、生育行为相比还存在一定差距的情况下,以党的十九大提出的"促进生育政策和相关经济社会政策配套衔接"为指导,完善有关配套政策措施,形成一套完整的社会支持政策体系,就显得十分必要而迫切了。在具体完善过程中,应重点突出育龄群众和计划生育家庭的主体性,以生育政策调整前国家层面和省级层面的奖励扶助政策为基础,确立"鼓励按政策生育"的意识,设计由城乡差异到城乡一体、由性别差异到性别平等、由地区差异到全国统一的奖励扶助政策体系,并使之与以往奖励扶助政策相衔接,与调整后的生育政策及经济社会形势相协调。同时,还要力求使调整后的奖励扶助政策与群众的诉求和呼声相适应,保障社会支持政策体系的整体性、协调性及有效运转,促进计划生育工作由控制人口数量为主向调控总量、提升素质和优化结构并重转变。通过奖励扶助政策改革,进一步完善计划生育政策体系,以保持适度生育水平,促进人口长期均衡发展。

（二）促进计划生育家庭健康发展

我国自 20 世纪 70 年代开始实行计划生育政策,尤其是 80 年代实行"提倡一对夫妇只生育一个孩子"的生育政策以后,人口出生率快速下降,人口再生产模式实现了由"高出生率、高死亡率、低增长率"到"高出生率、低死亡率、高增长率",再到"低出生率、低死亡率、低增长率"的转变,在人口再生产类型快速转变过程中所形成的"人口红利"为我国经济社会发展创造了良好的人口条件。但与此同时,家庭结构也发生了重大变化,逐步转变为以核心家庭为主体;家庭规模从 1982 年的每户 4.54 人快速缩小到 2010 年和 2015 年的 3.10 人。家庭规模和结构方面的重大变化,带来了诸多不利于家庭健康发展的问题,如家庭结构畸形、失独家庭增加、家庭照料资源缺乏、家庭发展能力不足等。

按照"全面两孩"政策设计初衷,绝大多数家庭的生育子女数将会由一个变为两个,从而会在一定程度上改变家庭规模小型化、家庭结构简单化的趋势,有效改善家庭人口结构,提升家庭发展能力,并且也将成为减少"失独家庭"的治本之策。[①] "全面两孩"政策实施后出现的生育规模低于预期的情况,表面看来似乎是群众对生育政策调整"不买账",实际却是一种"无奈"的选择。因为部分群众并非真的不想生、不愿生,而是不敢生。如何通过改革或调整现行奖励扶助政策,有效降低家庭在生育和抚养中的经济负担,减少家庭在婴幼儿照料方面的时间投入,缓解妇女在幼儿照料与职业发展之间的压力和矛盾,保障按政策生育家庭的利益,才是解决生育意愿低迷和二孩生育动力不足问题、促进"全面两孩"政策真正落地的关键,而且也是家庭延续和健康发展的基础。

(三)确保计划生育政策落实到位

实施"全面两孩"政策是一项关系到我国未来人口规模与结构变化趋势的重大决策。但育龄群众普遍存在的生育意愿不强,养育子女压力大等问题,将严重制约国家生育政策的落实及预期效果。现行计划生育奖励扶助政策不能反映育龄群众关切的问题,其利益导向作用不再与生育政策目标相一致,迫切需要对奖励扶助政策进行改革或调整。

"全面两孩"政策将改变现行计划生育政策体系的政策规范、价值取向和行为方式,变"从紧"导向为"宽松"导向,鼓励家庭和个人按政策生育。民政、

---

① 参见吕红平:《全面两孩政策的家庭效应》,《社会科学家》2017 年第 5 期。

社保、卫生计生、就业、教育、住建和公安等部门以及社会政策体系,都应当围绕"全面两孩"政策的落实进行改革,从而形成以各级卫生计生组织为纽带、相关部门密切配合、社会力量积极支持的综合政策体系。

"全面两孩"政策实施后,有必要相应扩展计划生育奖励扶助对象,改变过去那种只包括独生子女家庭和双女家庭的做法,把按政策生育的家庭全部包括进来,使计划生育家庭都能平等地享受奖励扶助政策的惠泽。为此,就要围绕群众生得起、养得好等方面的需求,积极构建有利于家庭发展的政策支持体系,完善医疗、托育、教育、社保、税收等相关政策,尤其是增加针对按政策生育家庭的生育补助,增强生育扶助政策对群众生育行为选择的调节功能。通过奖励扶助政策改革或调整,构建一个生育友好、家庭友好、鼓励群众按政策生育的社会环境,减少群众生育的后顾之忧,引导群众自觉遵守国家生育政策法规,确保"全面两孩"政策落到实处,使生育政策调整发挥应有的效应。

二、奖励扶助政策改革的基本原则

实施"全面两孩"政策后,必然要求计划生育的相关规定,尤其是奖励扶助政策进行相应的改革或调整,以保持计划生育政策体系的整体性和协调性,保障"全面两孩"政策的顺利实施。在当前形势下,计划生育奖励扶助政策改革或调整需要坚持以下四个原则:

(一)合理衔接

计划生育奖励扶助政策对于促进群众生育观念转变和按政策生育、矫正出生性别比失调、推动计划生育工作健康发展均具有重要作用。随着社会经济发展和平均收入提高,现行奖励扶助标准过低的问题日益突出,其经济激励效应逐渐弱化,更多地表现为政策象征意义。实施"全面两孩"政策后,计划生育奖励扶助对象范围将会有所扩大,奖励扶助标准也应有所提高,生育政策调整前后的奖励扶助对象将会出现不一致现象。因此,奖励扶助政策衔接问题值得重点关注。从一定意义上讲,奖励扶助政策合理衔接是保证计划生育政策落实到位的重要因素。鉴于生育政策调整前后奖励扶助对象的变化,应当采取"老人老办法,新人新办法"的双轨制政策,重点考虑原有计划生育奖励扶助政策覆盖的人群,对政策调整前的独生子女家庭和农村计划生育"双女"家庭,继续实行以往各项奖励扶助政策;完善计划生育家庭奖励扶助制度和特别扶助制度,根据经济增长、物价变动和人均收入变化,对奖励扶助标准实行动态调整,并对已经形成的独生子女家庭和计划生育特殊困难家庭进行重点扶助。对实施"全面两孩"政策后按政策生育的家庭,也要从制度或政策上给予补助,但其标准不应高于对以往形成的计划生育家庭的奖励扶助。

(二)社会公平

社会公平强调的是社会成员权利上的一致性。不同时代、不同群体判断公平的标准会存在差异,但都是以人的基本权利平等为准则展开的评价,这种基本权利的平等状态及平等程度通常又会客观地反映在自然状态和相关制度安排之中。① 公平原则是国家管理社会事务的基本价值准则,也是计划生育管理的基本价值准则。② 在计划生育政策约束下,计划生育家庭没有达到自己的意愿生育数量,相当于减少了家庭抚育孩子的收益,但却为社会控制人口增长及减轻人口数量对经济社会发展和资源环境的压力作出了贡献。按照公平原则,政府应当对计划生育家庭给予奖励或补偿,包括精神和物质上各种形

---

① 参见郑功成:《中国社会公平状况分析——价值判断、权益失衡与制度保障》,《中国人民大学学报》2009 年第 2 期。

② 参见周长洪:《关于计划生育利益导向机制的几点理论思考》,《人口与经济》1998 年第 2 期。

式的奖励、照顾和优惠。另外,在实施"全面两孩"政策后,国家生育政策的价值取向是要求群众按政策生育。对于自愿只生育一个子女的夫妻来说,如果说在计划生育政策调整前是计划生育奖励扶助政策鼓励对象的话,那么在计划生育政策调整后将不再是鼓励对象,只有生育二孩的家庭才与"全面两孩"政策的价值取向相一致,按照社会公平原则,需要将之作为奖励扶助对象。但由于生育一孩是生育二孩的前提条件,如果连一孩都不生,何谈二孩生育。所以,对于一孩生育,也应该给予适当的补助。

(三) 全民统一

全民统一的政策是基于公民身份平等、适用于全体公民的一种制度性安排。对于计划生育奖励扶助政策来说,其基本内涵包括四个方面:一是制度统一,针对不同户籍性质、不同居住地域的所有公民,适用于同一项政策;二是规则统一,对所有公民适用于同一套奖励扶助对象识别、确认、扶助标准、发放形式等规则;三是参数统一,对所有公民适用于同一套奖励扶助标准增长率等政策参数;四是管理统一,对所有公民适用于同一套服务管理机构和办法,避免政出多门、相互冲突问题。目前,在计划生育奖励扶助政策上存在明显的城乡差异、地区差异和身份差异,奖励扶助的标准、对象、项目尚未形成全国统一的政策,不少非正规单位或体制外单位不能兑现按规定基层单位应当承担的奖励,导致部分计划生育家庭、独生子女家庭不能享受或不能全额享受奖励扶助待遇,最终导致相同情况的公民不能享有平等的国家扶助权利的问题。计划生育政策是我国的一项基本国策,实行计划生育政策最大的受益主体是国家和社会,依据国库保国策的原则,政府应承担起计划生育奖励扶助的主体责任,这就需要加强奖励扶助政策的顶层设计,制定组织层次较高的全国统一的奖励扶助办法,消除奖励扶助政策中的各种差异,解决计划生育奖励扶助工作中"贡献相同,待遇有别"的问题,由城乡差异转向城乡一体,由地区差异转向全国统一。

（四）精准高效

精准扶助是指从规模庞大的育龄群众中确定奖励扶助对象,并针对不同人群的家庭特点和实际需求,实施相应的奖励扶助项目。其内涵主要包括三个方面:一是按照计划生育奖励扶助政策,准确判断哪些人群属于奖励扶助对象;二是根据不同人群的具体情况,合理确定奖励扶助标准;三是根据不同人群的实际需求,选择应当采取的具体奖励扶助措施。每个家庭意愿生育孩子数量不同,其生育孩子的效用也体现在很多不同的方面,有的生育孩子是为了养儿防老,有的是为了传宗接代,有的是为了顾全"面子",有的是为了享受精神愉悦。当然,更多的家庭对生育孩子的效用期望是多方面的、综合性的,这就决定了现行以物质为主的奖励扶助政策并非唯一有效的方式,更何况当前奖励扶助标准如此之低。家庭所期望的应对日常生活困难、未来养老问题、享受"天伦之乐"和精神慰藉的需求,都需要孩子长大后才能解决,而对于在其生育适龄阶段没能生育足够数量子女的夫妇来说,以上需求将得不到有效满足,只能依靠家庭之外的社会资源予以弥补。因此,应当根据计划生育家庭的实际需求,有针对性地进行奖励扶助。例如,帮助不孕不育家庭解决想生而生不出的问题,帮助按政策生育的家庭解决婴幼儿托育、义务教育阶段子女教育和照料问题,帮助计划生育困难家庭解决"零就业"问题,帮助失独家庭、残独家庭及其伤病残子女解决医疗保障问题,帮助失独、残独夫妇和空巢计划生育家庭老人解决生活照料、精神慰藉和情感疏导问题,等等。通过采取有针对性、个性化的具体措施,帮助计划生育家庭解决好生育、养育过程中遇到的困难和问题,解除其在养老、照料和精神慰藉等方面的后顾之忧。①

---

① 参见吕红平、李莉:《"全面两孩"政策背景下奖励扶助政策重构》,《河北大学学报(社会科学版)》2016 年第 2 期。

三、奖励扶助政策改革的总体框架①

按照计划生育奖励扶助政策改革或调整的主要目标和基本原则,在奖励扶助政策改革或调整的总体框架设计上,需要始终坚持计划生育国策地位,突出奖励扶助重点对象,实行灵活多样的奖励扶助方式,规范奖励扶助政策执行标准,放宽奖励扶助限制条件,加大奖励扶助支持力度。同时,还应根据经济社会发展的具体情况,区分轻重缓急,抓住主要矛盾,解决好群众最关注、最急迫的问题。根据我们的研究,计划生育奖励扶助政策改革或调整的总体框架应当主要包括"四个明确",即要明确:奖励扶助主体、奖励扶助内容、奖励扶助方式、奖励扶助对象,"四个明确"之间相互关联,构成一个有机整体(见图6-1)。

(一)奖励扶助主体

奖励扶助主体是计划生育奖励扶助政策的主导者和施行者。从受益权属上讲,奖励扶助主体是计划生育政策的最终受益者,理应向奖励扶助对象让渡与之相对等的经济资源;从管理服务上讲,奖励扶助主体应严格按照政策要求确定奖励扶助对象和奖励扶助标准,提供奖励扶助项目,奖励扶助主体之间须密切配合、相互补台,共同推进奖励扶助政策落实到位。政府作为制度的设计者、资源的提供者以及社会力量的协调者,负责奖励扶助政策的顶层设计,力求实现奖励扶助政策的科学化和规范化。卫生计生部门作为政策制定牵头者和行动方案实施者,应当做好参谋,科学施政;财政部门要保障奖励扶助资金的落实,鼓励和支持社会参与;其他相关部门应当在各自职责范围内,充分利

_____

① 参见胡耀岭:《我国计划生育家庭奖励扶助标准及其测算研究》,《河北大学学报(社会科学版)》2018年第1期。

用部门资源和系统优势,积极主动地参与配合;社会组织和社会力量(包括社区、社工、志愿者等),尤其是计划生育协会,应当发挥技术力量强、人才荟萃、贴近基层、联系群众方便等优势,负责承担奖励扶助具体项目,尤其是精神慰藉、心理干预、生活照料等方面的工作。作为非正式支持力量的亲属、朋友、邻里等,也要利用亲情、友情、熟人效应,为需要扶助的计划生育家庭,尤其是计划生育特殊困难家庭排忧解难,帮助他们走出困境。

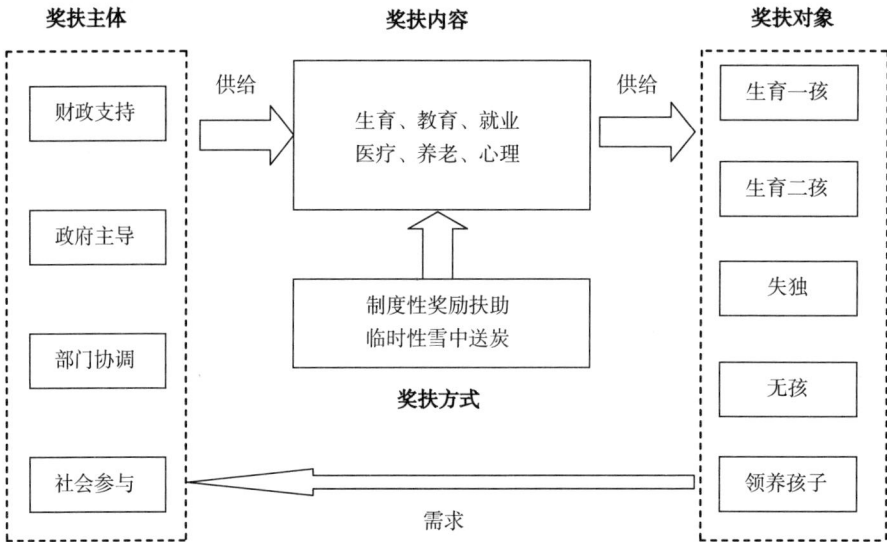

图 6-1　计划生育奖励扶助政策改革总体框架图

（二）奖励扶助内容

　　奖励扶助内容是计划生育奖励扶助政策的核心。奖励扶助内容的确定,需要通过对奖励扶助对象不同需求的分析,有针对性地开展相应的奖励扶助项目,以适应计划生育政策改革或调整的总体方向,有效引导育龄群众的生育行为。按照"老人老办法,新人新办法"的原则,应不断加大对以往形成的计划生育家庭的奖励扶助力度,建立奖励扶助标准动态调整机制,提高这些家庭的经济保障程度,尤其是保障计划生育特殊困难家庭的基本生活。在生育扶助上,对不孕不育家庭进行医学干预,尤其应当对生育政策调整后符合政策条件、有二孩生育意愿的高龄妇女提供助孕服务,解决其想生生不出的问题,并且提供必要的经济支持;在照料教育扶助上,帮助计划生育家庭解决婴幼儿托育、义务教育阶段子女教育和照料问题,引导和鼓励有条件的单位及社会力量举办托儿所和幼儿园等服务机构,鼓励社区开展幼儿照料服务工作;在就业扶助上,向计划生育家庭实行倾斜,在技能培训、就业指导、就业促进等方面给予优先优惠,尤其要解决计划生育困难家庭"零就业"问题;在医疗扶助上,建立妇幼健康监测预警机制,落实母婴安全保障措施,帮助失独家庭、残独家庭及其伤病残子女解决医疗保障问题;在养老照料上,设立社区托老日间照料中心和居家养老服务中心等,增强社区服务功能,推进医疗卫生与养老服务相结合,减轻家庭育小和养老的压力,重点帮助失独家庭和残独家庭解决养老问题;在精神慰藉上,建立专业心理咨询师、健康咨询师及志愿者队伍,重点对失独家庭、残独家庭和空巢计划生育家庭中的老人提供生活服务、照料护理、精神慰藉和情感疏导。

(三)奖励扶助方式

计划生育奖励扶助主要包括制度(常规)性奖励扶助和临时性"雪中送炭"两种方式,对所有计划生育家庭实行制度(常规)性奖励扶助,对有特殊困难的计划生育家庭给予临时性"雪中送炭"。在具体实施中,则需要将两种方式有机结合,有效发挥奖励扶助政策的整体效应,促进"全面两孩"政策落实到位。

在制度性奖励扶助方面,应当根据宏观经济形势和奖励扶助对象的实际需求,制定科学、规范、合理、便于操作的制度体系,尽可能实现国家层面的标准统一。由于政府是计划生育奖励扶助政策的实施主体,依据国库保国策的原则,政府应将奖励扶助资金纳入国家财政预算管理,承担起计划生育奖励扶助的主体责任,在国家层面上制定实施制度化的奖励扶助办法,对所有计划生育家庭按照统一的标准进行奖励扶助,避免向地方赋权过多导致的地区差异过大和不同群体间的社会不公问题。制度性奖励扶助应当强调制度的规范性和统一性,体现公平公正原则。根据宏观经济状况和奖励扶助对象的实际需求,制定规范化和有较强操作性的制度体系,尽可能实现国家层面的标准统一,并使之制度化。

在临时性"雪中送炭"方面,重点是针对有特殊困难的计划生育家庭开展各种有针对性的帮扶活动。例如,为有生育意愿而生育能力不足的家庭提供技术助孕和经济支持,为存在实际生活困难的计划生育家庭开展"送温暖"活动,为有劳动能力但却"零就业"的计划生育困难家庭提供就业岗位,为医疗无人陪护的失独家庭、残独家庭进行长期照护和心理慰藉服务①,等等。在帮扶方式选择上,应当高度重视计划生育家庭的非经济需求,将精神文化生活、日常生活照料、养老家政服务等放在重要位置,以政府购买服务为主体,积极向社会组织赋权,引导社会组织和志愿者投入到计划生育帮扶事业之中。

(四)奖励扶助对象

计划生育奖励扶助具有极强的政策导向性,从政策制定理念及其基本出发点来讲,凡是未违反《人口与计划生育法》的家庭,均应视为计划生育家庭,都属于奖励扶助对象。实施"全面两孩"政策后,计划生育奖励扶助对象比以前有所扩大,既包括生育一个孩子的家庭(应包括生育一个孩子又死亡的家庭和合法收养一个孩子的家庭),还包括生育两个孩子的家庭(应包括合法领养两个孩子或生育一个、收养一个孩子的家庭),由于不同类别家庭的情况各异、适用制度不同,对奖励扶助的内容及其需求迥异,就决定了提供奖励扶助的方式应当有所区别。对于生育一个孩子、生育两个孩子、生育孩子又死亡的家庭,可以采取制度性扶助方式,给予一定标准的扶助。需要说明的是,对于

---

① 参见深圳市计划生育协会:《深圳市计划生育特殊困难家庭帮扶理论与实践探索(二)2014—2017》,中国人口出版社 2018 年版,第 24—28 页。

生育一个孩子的家庭,生育政策调整前属于奖励扶助对象,而实施"全面两孩"政策后就不再是完全意义上的奖励扶助对象了,但可以按照一定的标准发放生育津贴或生育补助。对于生育孩子又死亡、合法领养孩子的家庭,可以主要采取临时性"雪中送炭"的方式,给予一定数量的经济补贴,帮助他们解决面临的实际困难,使他们感受到政府惠民政策的温暖,得到生活上的帮助和照顾。

第七章　完善计划生育奖励扶助
政策的重点领域

　　计划生育奖励扶助政策服务于计划生育政策的特点,决定了它始终与计划生育政策相伴随。换句话说,计划生育的长期性决定了计划生育奖励扶助政策的长期性。当然,计划生育奖励扶助政策也应根据人口生育形势和经济社会发展状况作出适当的改革或调整。从第三章的研究可以发现,我国的计划生育奖励扶助政策及其主体内容经历了一个从无到有、从低到高、从简单到全面、从地方性到全国性的日益丰富、不断完善的过程,逐步形成了以政府为责任主体、以"三项制度"为主要内容、不同地区拥有一定发挥空间的国家层面与地方层面相结合的政策体系。

　　党的十八届五中全会作出"全面实施一对夫妇可生育两个孩子政策"的决定后,相继修订了《人口与计划生育法》,出台了《中共中央　国务院关于实施全面两孩政策　改革完善计划生育服务管理的决定》以及"十三五"规划纲要、《国家人口发展规划(2016—2030年)》等重要法规文件,这些法规文件都原则性地提出了奖励扶助政策改革或调整问题,指明了计划生育奖励扶助政策的未来发展方向。然而,从2016年后各省区修订的《人口与计划生育条例》中"鼓励按政策生育"的政策措施看,仅仅对延长产假和增加陪护假作出了具体规定,增加了对已经领取独生子女父母光荣证家庭的奖励扶助力度,并没有对"全面两孩"政策实施后的生育家庭作出明确的奖励扶助规定,在相关经济社会政策配套衔接方面更是少有涉及。这与党的十九大报告明确提出的,"促进生育政策和相关经济社会政策配套衔接"的要求还有较大差距。

计划生育奖励扶助政策改革或调整不像生育政策调整那样,很容易分清政策适用对象。因为按照生育政策,调整前"提倡一孩",调整后"全面两孩",二孩生育的合法性泾渭分明,很容易判断。奖励扶助政策就不同了,按照修订后的《人口与计划生育法》和中央《决定》精神,对已经享受奖励扶助政策的计划生育家庭,不但要继续执行奖励扶助政策,并且还要不断完善,实行动态调整;对实施"全面两孩"政策后的生育行为,不再实行独生子女父母奖励优惠等政策。这里需要厘清的是,不再实行独生子女父母奖励优惠等政策,并不意味着没有任何支持性政策,而仅仅是取消与独生子女挂钩的支持性政策,因为中央《决定》中"鼓励按政策生育"的精神,就包含着制定实施新的生育支持政策的意思,更何况党的十九大报告还明确要求"促进生育政策和相关经济社会政策配套衔接"。

一、完善以往奖励扶助政策体系

(一)完善以往奖励扶助政策体系的意义和作用

从目前情况看,我国的计划生育奖励扶助政策基本上执行的是以国家层面"三项制度"为主体、以国家规定的奖励扶助标准为底线的较为统一的政策。计划生育"三项制度"具有统一性强、层次高的特点,通过十几年的实践,已经积累了丰富的经验,形成了运行管理的规范。但是,无论是包含内容还是扶助力度,都存在较大的地区差异。完善奖励扶助政策,就是要根据政策的连续性和互补性原则,体现党和政府关心关爱计划生育家庭的精神,既要照顾以往的奖励扶助对象,又要推进"全面两孩"政策实施,实现"鼓励按政策生育"的目标。

1. 体现政策的导向性和补偿性

按照洪娜的研究,我国的奖励扶助政策大致可分为三类:一是补偿性与导向性并重的政策,主要包括农村部分计划生育家庭奖励制度、独生子女保健费制度、城镇独生子女父母退休奖励制度,征地、建房、购房中对独生子女家庭的优先优惠政策等。这些制度通过在生产、生活、生育方面的利益倾斜,对响应计划生育政策的家庭给予部分利益补偿。由于实行计划生育政策的预期结果是可以得到利益补偿,从而会对即将进入生育期的育龄夫妇的生育决策产生一定的导向作用。二是补偿性为主的政策,主要包括计划生育家庭特别扶助制度、对三级及以上计划生育手术并发症人员的救助等,实施这些政策的目的是对计划生育家庭遭遇的不幸给予一定的补助,以保障他们的基本生活。三是导向性为主的政策,如有些地方规定:对符合法律法规可以再生育一个孩子,但自愿放弃再生育并采取长效节育措施的家庭给予一次性奖励,虽然无法确定一次性奖励金能够在多大程度上弥补家庭少生育造成的利益损失,但政策出台的着眼点明显具有较强的政策导向功能。① 此外,国家层面的西部地区计划生育“少生快富”工程,以及部分地方性的针对独生子女和双女中、高考加分的政策等,也都属于导向性政策。

我国实行的计划生育“三项制度”,从本质上说,就是对计划生育家庭为我国计划生育事业作出的历史贡献的承认和褒奖,并且在一定程度上给予物质利益补偿和优先优惠照顾;从目的性说,就是要通过对计划生育家庭的奖励扶助,引导更多的群众按政策生育,从根本上摆脱“越穷越生、越生越穷”的恶性循环,缓解独生子女伤残死亡家庭的实际困难,使他们获得生活上的扶助和精神上的慰藉,更好地体现我国人口和计划生育工作以人为本的政策理念,进一步完善社会保障制度,更好地体现社会公平。

---

① 参见洪娜:《中国计划生育利益导向政策研究》,上海大学出版社 2014 年版,第 13 页。

我国的计划生育政策体系,一直都是把家庭生育数量作为控制目标,把奖励扶助政策作为实施计划生育政策的辅助政策。在"提倡一孩"政策的背景下,少生是政策目标,奖励扶助一孩家庭是实现政策目标的重要手段,对一孩家庭具有某种程度的补偿作用,对其他家庭具有明显的引导作用;计划生育政策作出重大调整后,虽然生育两个子女成为政策目标,但政策的连续性和稳定性特点,以及为了兑现政治承诺、履行政府责任,还必须对以往形成的计划生育家庭继续实行现行各项奖励扶助政策,这仍然体现着补偿性和导向性的特点。

2. 体现政策的连续性和稳定性

计划生育作为我国的一项基本国策,是根据 20 世纪 70 年代人口基数大、增长速度快的人口国情,国家经济实力不强、群众生活水平低的经济国情,人均资源不足、后备资源有限、环境污染问题开始出现的资源环境国情而制定的具有全局性、长期性、战略性意义的人口政策,由此也就决定了这一政策绝不是临时性、短期性的"权宜之计"。作为落实计划生育政策的奖励扶助政策,当然也会伴随计划生育政策始终,而不会朝令夕改。但是,这并不是说计划生育奖励扶助政策就一成不变,而是要随着人口和计划生育形势以及经济社会发展状况的变化而变化,需要改变的只是对象、内容、力度和形式,不改的则是奖励扶助政策的性质和导向作用。在我国不同层级实施的五花八门的奖励扶助政策中,的确有一些小范围的、暂时性的,或者虽具有全国性,但不合时宜、与现行法规不符的政策措施,如鼓励晚婚晚育的政策、鼓励自动放弃二孩生育的政策等,这些政策就应当及时清理废除。但是,计划生育"三项制度"本身又具有连续性和稳定性,因为"三项制度"均属于计划生育政策的重要组成部分或计划生育后续工作的重要保障,是实施计划生育政策的重要手段,故应当改革或调整其具体内容和运作方式,而不是政策或制度本身。

3.体现党和政府对计划生育家庭的关心关爱

实行计划生育的家庭,是响应党和国家号召的模范家庭。虽然我们在宣传中一直在传播"少生快富"的理念,在实施计划生育政策初期,还常常在"人口论"的指导下,用算账对比的方法,向群众宣传多生孩子对家庭生活的不利影响,但事实上,真正响应国家号召、生育一个孩子率先致富的家庭并不占多数。解决这一矛盾的方法,就是善待历史,直面现实,兑现政治承诺,体现政府尽责,继续实施以"三项制度"为主体的计划生育奖励扶助政策,对实行计划生育的家庭给予政策上的倾斜,提供外部支持,给予经济扶助,不能让老实人吃亏,不能让听党的话的人伤心,不能让带头执行计划生育政策的模范失望,以体现党和政府对计划生育家庭的特殊关爱,赢得广大群众的欢迎和支持。

(二)改革和完善"三项制度"

我国计划生育奖励扶助政策涉及的内容较多,除国家层面统一实施的"三项制度"(实际上在具体标准方面,各地也存在一定的差异)之外,各省区或县(市、区)还根据本地实际情况开展了一些"自选动作",如一次性退休奖励、加发一定比例的退休金、中高考加分等。由于"三项制度"出台的时间前后不一,覆盖的范围大小有别,扶助的方式和力度不尽相同,再加上各地五花八门的"自选动作",不仅导致了待遇差异过大的问题,而且由于彼此竞争、相互抱怨等,也带来了一些不必要的麻烦。更为重要的是,这些政策措施均制定实施于"全面两孩"政策之前,在"全面两孩"的生育政策背景下就显得有些不合时宜了,必然要求进行改革或调整。我们认为,未来的计划生育奖励扶助政策应当朝着以下几个方面进行改革或调整。

1.推进奖励扶助政策的城乡全覆盖

为促进农村人口与经济社会协调发展,帮助农村只有一个子女或两个女孩的计划生育家庭解决面临的特殊困难,我国创造性地实施了针对部分农村计划生育家庭的奖励扶助制度。该制度于 2004 年选择部分地区进行试点,2006 年在全国普遍推开。经过几次调整,不断提高奖励扶助标准,自 2012 年起增加到了每人每年不低于 960 元。

从计划生育家庭奖励扶助政策的执行情况看,虽有变化或调整,而且奖励扶助标准不断提高,但扶助对象覆盖范围并无变化。我们认为,这一奖励扶助政策,对其他计划生育家庭而言有失公正,如农村中按政策生育了二孩且一女一男或两个男孩的家庭及城镇计划生育家庭。众所周知,我国绝大多数农村地区实行的是"一孩半"政策(也称"女儿户"政策),部分农村地区实行两孩政策,同样是按政策生育的二孩家庭,生育两个女儿的就可以享受奖励扶助,而生育一女一男或两个男孩的就不能享受奖励扶助,虽然制定这一政策的初衷是矫正重男轻女的生育性别偏好,照顾两个女孩家庭的实际困难,但却有违公平公正,并不符合男女平等原则。

同是计划生育家庭,同样执行了计划生育政策,同样为落实基本国策作出了贡献,却不能享受同等的奖励扶助政策,即使能享受,也存在很大的地区差异。这样的做法既不符合改革大潮,也不符合公平公正原则。① 公民权利平等是现代社会发展的客观要求,也是党的十八届五中全会提出的"共享"理念的重要体现。实施"全面两孩"政策后,已经取消了生育政策上的区别对待,如城乡差异、地区差异等,体现了生育问题上法律面前权利平等的原则。与此相适应,计划生育奖励扶助政策改革或调整,也应坚持公平公正原则,弱化或取消各种差异,实行或逐步走向以公平公正为价值取向的全国统一的政策,使相同情形的计划生育家庭能够享有同等的获得国家奖励扶助政策的权利。②

---

① 参见吕红平:《我国的生育政策:变化轨迹与未来调整》,《人口与社会》2015 年第 4 期。
② 参见吕红平、陈红:《"全面两孩政策"实施与奖励扶助制度的"四个转变"》,《领导之友》2016 年第 4 期(上)。

基于这样的思路,我们建议把农村部分计划生育家庭奖励扶助政策的覆盖范围扩大至以往形成的全部计划生育家庭,即增加原来未覆盖的另一部分农村计划生育家庭和城镇计划生育家庭,使这一制度真正体现对计划生育家庭的奖励扶助,回归计划生育家庭奖励扶助政策的本质含义。

事实上,2011 年 5 月 27 日,国家人口计生委、财政部在《关于将符合规定的"半边户"农村居民一方纳入农村部分计划生育家庭奖励扶助制度的通知》(人口政法〔2011〕53 号)中,已经突破了《关于印发〈农村部分计划生育家庭奖励扶助制度试点方案(试行)〉的通知》(国人口发〔2004〕36 号)中"奖励扶助对象确认"条件之一的"本人及配偶均为农业户口或界定为农村居民户口"的规定,把"半边户"中符合条件的属于农村居民的一方纳入农村奖励扶助制度之中。应该说,这一扩大覆盖面的做法解决了部分不公平的问题,但并没有完全解决。接下来,可以把其余的农村计划生育家庭也纳入覆盖范围。其实,农村其余计划生育家庭的规模并不大①,因此,并不会增加太大的财政负担。

应当注意的是,由于计划生育家庭奖励扶助政策主要是为了帮助计划生育家庭解决养老问题,因此,在社会养老保险制度已经实现全覆盖的情况下,不能将计划生育奖励扶助待遇抵顶国家规定的社会养老保险方面的政府补贴。2009 年 12 月 31 日,国家人口计生委、人力资源和社会保障部、财政部联合出台《关于做好新型农村社会养老保险制度与人口和计划生育政策衔接的通知》(国人口发〔2009〕101 号),不仅要求"及时推动将农村计划生育家庭养老保险融入新农保之中""积极研究制定鼓励支持农村独生子女和双女父母参加新农保的政策措施""切实做好新农保制度与农村部分计划生育家庭奖励扶助制度的衔接",而且还明确规定:"农村部分计划生育家庭奖励扶助制

---

① 按照郭志刚、张二力、顾宝昌、王丰在《从政策生育率看中国生育政策的多样性》(《人口研究》2003 年第 5 期)中提供的数据,我国实际执行生育政策的状况为:1 孩占 35.4%,1.5 孩占 53.6%,2 孩占 9.7%,3 孩占 1.3%。需要扩大的奖励扶助政策的覆盖范围仅涉及 1.5 孩、2 孩家庭中的一男一女家庭和二男家庭以及个别 3 孩家庭,按大数法则(即假设 1.5 孩和 2 孩生育中男女各半,实际上男孩稍多一些)计算,大约占到 32.95%。

度以及计划生育家庭特别扶助制度的奖励扶助金、特别扶助金,不能抵顶农村独生子女和双女父母参加新农保的政府补贴。……确保每一个符合条件的对象都能及时、足额领取到奖励扶助金或特别扶助金。"因此,在推进计划生育奖励扶助政策和社会养老保险制度全覆盖过程中,应当按加法规则运行两项制度,避免普惠政策对奖励扶助政策的冲抵以及由此导致的计划生育家庭奖励扶助利益受损的问题。

2. 逐步弱化"少生快富"工程

西部地区"少生快富"工程是一项旨在减少西部地区家庭生育子女数量、减轻西部地区资源环境压力和家庭抚育负担、帮助西部地区及其家庭尽快脱贫致富的惠民政策。在"全面两孩"政策背景下,政策导向是"鼓励按政策生育",并且追求统一和公平。作为一项区域性的奖励扶助政策,"少生快富"工程理应逐步弱化,直至最终取消,而代之以执行与"全面两孩"政策相一致的全国统一的计划生育家庭奖励扶助政策。

3. 不断加大特别扶助政策实施力度

独生子女伤残死亡家庭特别扶助制度,是一项旨在缓解独生子女伤残死亡家庭实际困难,使他们生活上得到帮助、精神上获得慰藉的重大举措。但是从目前执行的全国层面独生子女伤残死亡家庭夫妻特别扶助金分别为 270 元和 340 元的标准看,还是显得偏低。部分省区在全国标准基础上提高了扶助金额。比如,湖北省政府办公厅 2015 年 11 月发布《关于进一步做好计划生育特殊困难家庭扶助工作的通知》,决定自 2016 年起,统一城乡特别扶助金标准,将女方年满 49 周岁的独生子女死亡家庭夫妻的特别扶助金标准提高到每人每月 500 元、独生子女伤残家庭夫妻的特别扶助金标准提高到每人每月 400 元。江苏省卫生计生委等七部门发出《关于进一步做好计划生育特殊困难家庭扶助工作的意见》,决定自 2016 年 1 月 1 日起,将年满 60 周岁的独生子女伤残、死亡的特别扶助对象扶助金标准分别提高到每人每月 600 元和 700 元,补助标准不再区分城乡。2017 年,上海市出台《计划生育家庭特别扶助制度实施办法》,对独生子女伤残和死亡且未再生育和收养子女的家庭的夫妻,从 49 周岁开始,根据年龄分别给予每人每月 540 元至 640 元的补助和 670 元至 770 元的补助。但多数地区仅仅执行国家最低标准,与扶助标准高的地区相差数倍之多。此外,不少地方还规定,独生子女死亡或伤残时,给予独生子女父母一次性补助,有的地区补助额达到 3 万元,但多数地区并没有此项规定,最多也就是象征性地发一点慰问金。之所以出现地区间的较大差异,与资金安排上中央财政和地方财政共同分担,扶助标准上国家只规定"不低于"的下限,给地方留下的调整空间太大的情况有很大关系。未来特别扶助政策的改革或调整,应当强调国家扶助标准的统一性,制定实施与经济发展和物价变动挂钩的动态调整的具体细则,对何时调整、调整幅度多大等作出明确规定。我们建议,在动态调整机制中应明确规定,逐年或两年进行一次调整,调整幅度可参照人均可支配收入变化情况,以人均可支配收入提高的一定比例(或等于,或稍低于)作为依据。各地可以根据经济发展水平和物价水平适当提高标准,但应当由国家规定一个有限度的调整区间(如不能超过国家标准的 50%),尽量缩小差距,走向公平公正。

独生子女伤残、死亡家庭都属于计划生育特殊困难家庭,都是需要重点关注、关怀的对象。但是,从目前情况看,无论是政府制定实施的特别扶助政策,还是媒体关注的焦点,都集中于失独家庭。重视失独家庭扶助,力度再大也不为过,因为他们失去独生子女造成的心理创伤和丧失家庭照料资源的损失是无法弥补的。但是,残独家庭的困难,尤其是经济困难,在某种程度上更需要得到经济上的扶助。残独家庭因为独生子女伤病残的治疗和康复,需要不间断地花费大量资金,而且还因为照料子女而影响到正常的工作和收入水平,很多家庭经济条件极差,甚至负债累累。因此,应当不断加大对这些家庭的扶助力度,提供针对伤病残子女的日常生活和照料服务,提高伤病残子女的医疗费用报销比例,这些措施对于这些家庭均是"雪中送炭"之举。从本课题组调查访谈的情况看,不少残独家庭父母尤其对自己"百年"之后残疾孩子的生活和照料问题忧心忡忡,用他们自己的话说,就是"不敢想"。如何通过制度化的措施,解决好残独子女的未来生活照料问题,也是完善特别扶助制度需要关注的一个重要问题。

在不断加大特别扶助力度的同时,还应当坚持精准扶助的原则,保障计划生育特殊困难家庭的特殊需求。托尔斯泰在《安娜·卡列尼娜》中写道:"幸福的家庭都是相似的,不幸的家庭各有各的不幸。"计划生育特殊困难家庭也是如此,其困难并非千篇一律,每个人或家庭都有其特殊的问题和困难。因此,在实际工作中应当采取"菜单式"的精准扶助策略,以满足不同类型家庭的特殊需求。所谓"菜单式"精准扶助,指的是组织各种资源,提供一揽子服务,通过确定联系人制度,让帮扶对象清楚政府或社会力量可以提供的具体扶助项目,当这些家庭需要扶助时,可以及时联系到政府工作人员或社会服务人员,及时帮助他们排忧解难,解决日常生活难题和突发性困难。也就是说,要考虑扶助对象的特殊需求和个人意愿,开展个性化、针对性的扶助工作,注意扶助的形式和频率,不要出现扶助错位和扶助过度的问题,以避免以往扶助工作中常常集中在某一节日统一派送慰问品和慰问金,或者领导上门看望的情况,以及避免给一些特殊家庭带来的由于"被帮扶"引起的伤感。

计划生育特殊困难家庭基本上都是因为执行了计划生育政策才导致了失独或残病独的窘境,从规模上说并不太大,虽然有可能随着时间的推移,还会新增以往形成的政策性独生子女死亡和伤病残数量,但由于实施"全面两孩"政策后不再发放独生子女父母光荣证,以后的新增量也就有限了,政府有能力帮助这些家庭解决好现实的生活困难和未来的养老困境。

4.提高针对计划生育手术并发症人员的扶助力度

计划生育手术并发症是实施节育手术的一种不良后果,尤其是在 20 世纪

80年代"大突击"工作模式下,出现了较多的计划生育手术并发症情况,当然,也与当时技术条件差的情况有一定关系。因为没有国家层面的扶助制度,并发症人员长期未能享受计划生育奖励扶助政策,而只是由地方政府出面,解决一些医药报销和临时性困难问题,由此也就不可避免地形成了较为突出的地区性差异,有的地方解决得较好,有的地方基本不能享受制度性待遇。

直到2011年,我国才把三级以上计划生育手术并发症人员纳为计划生育家庭特别扶助对象,应该说,这一做法是一个进步,对于解决部分地区长期未能解决计划生育手术并发症人员的困难问题起到了一定的作用,但由于扶助标准低,很多计划生育手术并发症人员及其家庭的满意度并不高。因为按照国家人口计生委颁布的《计划生育手术并发症鉴定管理办法(试行)》(人口科技〔2011〕67号),计划生育并发症按照轻重程度分为三级:一级是造成受术者死亡、重度残疾或完全丧失生活自理能力的;二级是造成受术者组织器官损伤导致严重功能障碍,或基本生活不能完全自理的;三级是造成受术者组织器官损伤导致一般功能障碍,或轻度影响生活自理能力的。根据国家人口计生委和财政部《关于将三级以上计划生育手术并发症人员纳入计划生育家庭特别扶助制度的通知》(人口政法〔2011〕62号),计划生育手术并发症人员的扶助标准为:三级以上并发症人员,给予每人每月不低于100元的扶助金;二级并发症人员,给予每人每月不低于200元的扶助金;一级并发症人员,给予每人每月不低于300元的扶助金。一级和二级计划生育手术并发症人员都已经"重度残疾或完全丧失生活自理能力""基本生活不能完全自理"了,每月300元、200元的补助显然太少了。按照国家统计局公布的数据,2017年我国居民人均可支配收入25974元(每月2165元),其中,城镇居民人均可支配收入36396元(每月3033元),农村居民人均可支配收入13432元(每月1119元)。一级计划生育手术并发症人员每月300元的补助标准,还不到全国居民人均可支配收入的1/7,仅相当于城镇居民人均可支配收入的1/10、农村居民人均可支配收入的1/4,与城镇单位就业人员74318元(每月6193元)的平均工资相比,差距就更大了。二级和三级并发症人员同样存在补助标准过低的问题。因此,应当大幅度提高计划生育并发症人员的扶助标准。其实,计划生育手术并发症人员主要是存量问题,不要说以后基本上不会增加,20世纪90年代后也很少出现,因此,此类人员数量很少,增大对他们的扶助力度,并不会造成过大的财政负担,而对于解决这些人及其家庭的困难来说,其意义和作用就非常大了,而且还可以使广大群众看到政府对因响应计划生育号召造成损失的情况负责任的态度,树立政府的良好形象。

（三）规范地方性奖励扶助政策

在计划生育奖励扶助方面,由于国家层面往往只是作出方向性和原则性规定,一般都是由省、自治区、直辖市甚至市、县、区制定实施细则,这就导致了奖励扶助政策方面很多、很大的区域性差异。这样的差别化政策虽然更适合地区特点,但与计划生育的国策地位不相匹配,同样的政策生育行为不能得到相同的奖励扶助的情况,很容易使人们产生一种不公平、不公正的感觉。在未来政策调整方面,应当按照公平、公正的原则,逐步缩小地区间的差别,实现更高层面上制度与标准的统一。

根据2016年各省区修订后的《人口与计划生育条例》,我们整理了计划生育奖励扶助方面的规定,发现在以下几个方面存在的差距较大:

1. 独生子女父母奖励费方面的差异

在独生子女父母奖励费发放数额方面存在较大的地区差异。从现行标准看,北京、河北、吉林、山东、广东、云南、甘肃、青海、新疆等省区发放的奖励金为独生子女父母每人每月10元;安徽、河南为每人每月20元;陕西为每人每月30元;海南为每人每月100元;江苏为每人每年20元以上,或者在领证时按照上述标准一次性领取独生子女父母奖励金;浙江为每人每年不低于100元;西藏为每人每月5元;贵州为每人每月5元以上且一次性奖励100元至

500 元;重庆为每人每月 2.5—5 元或 300 元的一次性奖励;湖北为每人每月不低于 10 元或总额不低于 1500 元的一次性奖励;辽宁为每人每月不低于 10 元或一次性奖励 2000 元;山西为每人每月不低于 50 元。有的省区只是原则性地提出按规定给予奖励,并没有具体的奖励额度,如天津、上海、江西、广西、四川、宁夏等省区只规定"享受独生子女父母奖励费""每月发给独生子女父母奖励费""按有关规定发给独生子女保健费",但并没有规定具体标准。

在独生子女父母奖励费发放时间期限上也存在较大的地区差异。有的省区规定:独生子女父母奖励费发放至独生子女满 14 周岁,如天津、内蒙古、江苏、浙江、湖北、湖南、广东、重庆、贵州、云南、西藏、青海、宁夏;有的规定发放至独生子女满 16 周岁,如山西、上海、安徽、甘肃、新疆;有的规定至独生子女满 18 周岁,如北京、河北、辽宁、吉林、黑龙江、福建、江西、山东、河南、海南、广西、陕西。

2. 独生子女父母退休金待遇方面的差异

在退休金待遇方面,差异也很大,主要表现在以下三个方面:

(1)有的省区规定了退休时一次性奖励的数额,如北京规定"女方年满五十五周岁,男方年满六十周岁的,每人享受不少于 1000 元的一次性奖励";河北规定"独生子女父母,是国家工作人员、企业事业单位职工的,退休时分别给予不低于三千元的一次性奖励;是农村居民及城镇无业居民的,年老丧失劳动能力时,给予适当补助";山西规定"退休时所在单位可以按照其上年度职工平均工资收入的 30% 给予一次性奖励";辽宁规定"属于国家机关、事业单位职工的,退休后由其所在单位按照本人基本工资的全额发给退休费,已按其他规定享受全额退休费待遇的,每月增加 10 元;属于企业职工的,退休后由其所在单位一次性发给不低于 3000 元补助费;男满 60 周岁、女满 55 周岁的不属于前两项规定的城镇居民,由当地人民政府一次性给予 3000 元补助费";山东规定"独生子女父母为企业职工的,退休时由所在单位按照设区的市上一年度职工年平均工资的百分之三十发给一次性养老补助";甘肃规定"给予不低于 1000 元的一次性奖励"。

（2）有的省区规定增加一定比例的退休金,如广西规定"男性年满六十周岁、女性年满五十五周岁时,每人每月参照全区上一年企业退休人员基本养老金月平均标准的百分之五发放奖励金";重庆规定"职工未参加城镇职工基本养老保险的,退休后增发百分之五的退休金;职工参加城镇职工基本养老保险的,退休后按照基本养老保险有关规定增发基本养老金";云南规定"享受退休待遇的机关、事业单位工作人员自退休次月起每月发给相当于退休当月基本工资 5%的计划生育奖励金;企业职工自批准退休次月起每月发给上年度全省月平均养老金 5%的计划生育奖励金"。有的省区则规定,奖励扶助对象可以在增加退休金比例或一次性领取退休奖励方面自主选择,如江苏规定"在办理退休手续后,可以按照其退休前月工资的百分之五每月增发退休金,也可以由所在单位给予一次性奖励或者为其办理补充养老保险";新疆规定"夫妻退休,由所在单位各给予加发本人工资百分之五的奖励金,或者各给予不低于 2000 元的一次性奖励"。

（3）有的省实行混合型制度,如陕西规定"在国家提倡一对夫妻生育一个子女期间的农村独女户父母年满五十五周岁,独男户和双女户的父母年满六十周岁的,每人每月发给不低于一百元的奖励扶助金;在国家提倡一对夫妻生育一个子女期间的城镇独生子女父母男年满六十周岁、女年满五十五周岁的,每人每月发给补助金。补助金发放标准由省人民政府参照全省职工月平均工资的百分之十具体确定,并根据经济社会发展情况每两年调整一次";有的只是原则性地作出规定,并没有规定具体标准,如江西规定"对于城镇居民中的独生子女父母,男性满六十周岁,女性满五十五周岁,按照一定标准发放计划生育奖励金"。

3.计划生育家庭特别扶助方面的差异

在独生子女伤残死亡家庭扶助方面,差距也非常大。多数省区规定,当独生子女发生伤残、死亡时,给予一次性补助,如山西规定"独生子女死亡或者被依法鉴定为二级以上残疾的,由人民政府按照不低于5000元的标准给予一次性补助;独生子女死亡或者被依法鉴定为三级以上残疾,夫妻不再生育和收养子女的,从女方满49周岁起,由人民政府给予每人每月不低于400元的特别扶助金";内蒙古规定"一次性发给相当于当地上一年度城镇居民人均可支配收入或者农牧民人均纯收入一倍至三倍的扶助金";黑龙江规定"退休时由所在单位给予不低于五千元的一次性补助";河南规定"对独生子女残疾、死亡的夫妻和计划生育手术并发症患者,符合国家有关特别扶助条件的,在国家扶助标准的基础上,再增加一倍的特别扶助金";山东规定"对独生子女死亡后未再生育并且未收养子女的夫妻,原独生子女父母奖励待遇不变;享受最低生活保障的,给予高出最低生活保障线三分之一的照顾"。有的则规定当独生子女父母达到一定年龄后再给予扶助,如北京规定"女方年满五十五周岁,男方年满六十周岁的,所在区人民政府应当给予每人不少于5000元的一次性经济帮助"。有的只作出了原则性规定,如河北规定"已领取《独生子女父母光荣证》的独生子女父母,其独生子女发生意外伤残、死亡的,按照规定给予扶助。在经济补贴、医疗保障、养老保障、应急帮扶、亲情关爱等方面给予照顾";海南规定"独生子女发生意外伤残、死亡的,按照规定获得扶助";云南规定"独生子女父母奖励优惠待遇不变;不再生育的按照国家和省的规定发放计划生育特别扶助金和一次性抚慰金"。

在国家统一政策主导下,不同地区根据本地特点制定具体实施办法,细化奖励扶助标准,本也无可厚非。但是,如果差距过大,往往会造成地区间的不公平。同是执行计划生育基本国策,同样遭遇独生子女伤残、死亡情形,在享受扶助政策上却存在天壤之别,显然有失公正,不利于计划生育基本国策的贯彻落实。尤其在实施全国统一的"全面两孩"政策之后,更应该弱化差异性的制度规范,注重奖励扶助政策的统一性和公平公正,强化国家层面在各种奖励扶助政策实施中的主体责任,减小地方政府在奖励扶助标准中的作用空间。

按照我们的设想,凡是国家规定的奖励扶助政策,有具体标准的(如农村部分计划生育家庭奖励扶助制度、独生子女伤残死亡家庭特别扶助制度、按政策生育的生育奖励假和陪护假制度等),各地应当严格执行国家标准,当然也可以适当上浮,但国家有关部门应当对浮动幅度作出明确规定,如规定一般情况下不宜超过50%。无论浮动幅度多大,都必须上报国家有关部门,得到批准后方可实施。国家没有规定具体标准的,各地在制定扶助政策时,应当报经国家有关部门批准,不能随意而为,各自施策。对于各地在国家政策规定之外制定的奖励扶助政策,国家有关部门应当严格审核,避免出现地区之间在扶助标准上差距过大的问题。

实现或尽量实现全国统一或较为一致的奖励扶助标准,关键在于国家尽责,既要尽到管理规范之责,也要尽到财政保障之责。我们认为,计划生育作为我国的一项基本国策,国家应当作为承担计划生育奖励扶助的责任主体。只有国家尽责,才能实现计划生育奖励扶助中的权利均等和利益"共享"。为解决以往计划生育奖励扶助方面主要由地方承担责任,并要求单位承担一定责任的做法而导致的地区间差异过大的问题,要逐步走向政策公平,就应当坚持国库保国策的原则,政府承担起计划生育奖励扶助的责任,尽可能实行全国统一的标准,最起码也要做到省级层面的统一。

二、构建"全面两孩"支持配套政策体系

贯彻落实"全面两孩"政策,推进按政策生育,摆在我们面前的一项重要工作就是提高广大育龄人群的生育意愿。如果生育意愿如同近期有关调查所呈现出来的数据那样持续低迷,按政策生育的目标,或者说预期的政策目标就很难实现。研究表明,生育行为受生育意愿的主导或影响。如果说我国经过三四十年的艰难工作,依靠强有力的计划生育政策和奖励扶助政策,实现了生

育观念和生育行为的根本转变,即由多生多育、多子多福的传统生育观念转变为少生优生、优育至上的现代生育观念,由毫无节制的高生育率转变为自觉自主的低生育率,改写了西方学者提出的生育率转变规律,创造了世界人口控制史上的"神话",那么,在生育政策作出重大调整的今天,是否还能创造低生育水平下生育率回升的世界奇迹,不仅是我国翘首以待的事情,因为它关系到我国的政策效率,关系到人口长期均衡发展和人口与经济社会可持续发展目标的实现,而且也将为一些发达国家带来"福音",成为低生育率国家摆脱"低生育陷阱"、提升生育水平的经验借鉴。

虽然生育不像开闸放水,只要开闸就会有水流出(这里的一个前提条件是库里有水),但是,在生育意愿普遍低迷,尤其是二孩生育意愿不强的情况下,通过制定实施家庭支持政策,帮助家庭解决生育中的困难和问题,鼓励符合二孩政策、有生育能力的夫妇生育二孩,使育龄夫妇"生得起""养得好",还是有实际意义的。一些国家通过实施生育支持政策实现生育率回升的案例就说明了这一点。

(一)构建"全面两孩"支持配套政策体系的必要性和紧迫性

近年来,不同规模的生育意愿调查均表明,我国育龄人群的生育意愿已经发生了根本转变,平均理想子女数基本上都低于更替水平,与"全面两孩"生育政策要求相比,已经显得偏低。虽然生育意愿与实际生育行为存在一定程度的偏差,生育行为既有可能高于生育意愿,也有可能低于生育意愿,但生育意愿对生育行为的主导作用,无疑成为影响未来生育水平的重要变量。[1] 近年来意愿生育子女数下降、二孩生育意愿不足的情况,已经对生育行为产生了明显影响。

从实际生育行为看,我国实施"单独二孩"之后的 2014 年和 2015 年,并没

---

① 参见陈卫、靳永爱:《中国妇女生育意愿与生育行为的差异及其影响因素》,《人口学刊》2011 年第 2 期。

有出现预期的生育高峰,出生人数远远低于政策预期。2014 年出生人口 1687 万人,比 2013 年仅多了 47 万人①;2015 年出生人口 1655 万人,反而比 2014 年减少 32 万人②。实施"全面两孩"政策后,2016 年出生人口 1786 万人,比 2015 年多了 131 万人③;但 2017 年出生人口却减至 1723 万人,比 2016 年减少 63 万人④;2018 年出生人口进一步减至 1523 万人,比 2017 年减少 200 万人⑤。虽然国家卫生计生委根据出生人口数量增加和二孩出生比重升高(由 2013 年前的 30% 左右升至 2016 年的 45% 和 2017 年的 51.25%)的情况认为,生育政策调整完善带动了二孩出生明显增加,但实际上还是远远低于原来的预期。出生人口数量不增反减的情况,从某种程度上反映出生育势能不足的问题。生育政策作出重大调整、实施"全面两孩"政策后生育意愿和生育数量仍然较低的情况说明,在生育行为方面,生育政策的硬约束可能已经让位于市场经济导向下的自我控制。正如李建民所说,"如果说,生育率的迅速转变是在国家计划生育政策干预下启动的,那么,在 1990 年代生育率的下降应该主要是社会和经济发展的结果。……低生育水平的稳定机制已经开始从政策控制为主转向群众自我控制为主"⑥。彭希哲的研究也得出了基本一致的结论:"以 80 后和 90 后为主体的生育适龄人群……生育观念已经与上一代人有显著的差异。诸多生育意愿调查都表明晚婚和小家庭已经成为主流的婚姻家庭

---

① 参见国家卫计委:《单独二孩政策"遇冷"系误读》,《人民日报》2015 年 2 月 11 日。

② 参见《生二孩意愿不高　中国 2015 年新生儿数量减少》,新华网 2016 年 1 月 22 日,http://news.xinhuanet.com/world/2016-01/22/c_128656508.htm。

③ 参见《2017 年 1 月全面两孩政策工作进展专题新闻发布会文字实录》,国家卫健委网站 2017 年 1 月 22 日,http://www.nhc.gov.cn/xcs/s3574/201701/7ea4318bf0f7450aaf91d184e02e5dcf.shtml。

④ 参见《2017 年 1 月全面两孩政策工作进展专题新闻发布会文字实录》,国家卫计委网站 2017 年 1 月 22 日,http://www.nhc.gov.cn/xcs/s3574/201701/7ea4318bf0f7450aaf91d184e02e5dcf.shtml。

⑤ 参见《2018 年出生人口 1523 万人　新生儿数量减少 200 万》,新浪财经 2019 年 1 月 21 日,https://finance.sina.com.cn/roll/2019-01-21/doc-ihrfqziz9577708.shtml。

⑥ 李建民:《生育理性和生育决策与我国低生育水平稳定机制的转变》,《人口研究》2004 年第 6 期。

模式,政府生育政策对育龄人群生育意愿的约束作用不断减弱。育龄人群更多地从个体的利益权衡来作出生育决定,是否多生一个孩子也决定于家庭对社会经济长期趋势的预期和信心。"①

那么,是什么原因导致生育意愿低迷,即使国家政策允许,也有一些育龄夫妇不愿意生育二孩的现象呢? 国家卫生计生委 2015 年进行的生育意愿调查结果表明:在不想生育二孩的家庭中,因为经济负担、太费精力和无人看护而不愿生育第二个子女的分别占到 74.5%、61.1% 和 60.5%;照料压力、养育成本、女性的职业发展以及追求生活质量等因素,在影响生育意愿和生育行为的因素中的作用大大增强。这种情况至少可以部分地反映出,我国育儿成本增加、托育服务资源短缺、房价攀升等情况已经在很大程度上影响到育龄人群在生育上的基本态度。②

2016 年,全国妇联儿童工作部与北京师范大学中国基础教育质量检测协同创新中心开展的"实施'全面两孩'政策对家庭教育的影响"调查研究结果表明:生育二孩的主要动机是家庭快乐和完整、陪伴第一个孩子和儿女双全,但由于二孩生育的障碍因素太多、太大,以至于在某种程度上影响到人们的生育动机。该调查反映出:在二孩生育意愿偏低的原因中,排在前几位的影响因素分别是教育、医疗、卫生和生活环境。其中北京地区和城市地区超过 70%的受访者都把母亲的精力、家庭经济状况、孩子上幼儿园以前是否有人帮助照料等,当作是否生育二孩必须考虑的问题。③

河南南阳农村的调查表明:在影响生育意愿和生育行为的因素中,排在第一位的是"照看孩子的精力",占 57.1%;第二位的是"孩子的养育费用",占

---

① 彭希哲:《实现全面二孩政策目标需要整体性的配套》,《探索》2016 年第 1 期。

② 参见《2017 年 1 月全面两孩政策工作进展专题新闻发布会文字实录》,国家卫健委网站 2017 年 1 月 22 日,http://www.nhc.gov.cn/xcs/s3574/201701/7ea4318bf0f7450aaf91d184e02e5dcf.shtml。

③ 参见《妇联:一半以上一孩家庭没有生育二孩的意愿》,新华网 2016 年 12 月 22 日,http://news.xinhuanet.com/politics/2016-12/22/c_1120168926.htm。

40.5%。这说明,生养孩子的机会成本和直接成本是一些农村夫妇不愿意生育二孩的关键因素。① 武汉市的调查表明:在二孩生育意愿不足的原因中,29.9%的被调查者认为"没有时间和精力抚养",26.4%的被调查者认为"经济条件不允许";有人认为国家虽然出台了二孩生育政策,但相关支持和保障政策还不够健全。②

当然,也有研究认为,不少家庭之所以放弃二孩生育,并非真的不想生,而是由于经济压力大、缺乏照料资源,才陷入了"想生而不敢生"的纠结状态。实际上,学前教育公共服务供给不足、生育保险制度存在设计缺陷和儿童医疗保障体系不健全、住房过度"商品化"等原因,已经成为一些家庭二孩生育的主要障碍。③

从本课题组组织的调查情况看,在符合二孩生育政策但不愿意生育二孩的家庭中,有24.80%是因为生育成本过大、难以承受才不愿意生育二孩的。其中54.25%是因为经济因素,28.26%是因为时间问题,27.94%是因为缺乏照料资源。从对事业发展的影响看,很多符合二孩生育政策但不愿意生育二孩的家庭,是因为生育会在不同程度上影响到妻子的工作或职业发展,或者说工作与生育养育二孩之间存在矛盾,其中城镇户籍和农村户籍育龄夫妇因为这一原因不愿意生育二孩的占比分别为66.20%和59.90%。

以上调查研究成果均表明,我国城乡居民生育意愿不足、二孩生育意愿不强的情况,主要源于养育孩子直接成本和间接成本过大,以及女性难以平衡工作与生育之间的关系,实际上反映出生育支持政策或家庭支持政策缺失或不足的问题,这也从另一个侧面说明了制定和完善生育支持政策或家庭支持政

---

① 参见张露露、夏书明:《农村女青年"二孩"生育意愿及其影响因素分析——以河南省南阳市 H 镇为例》,《宜宾学院学报》2017 年第 1 期。

② 参见明星、帅莹子:《二孩新政下城市居民生育意愿研究——基于武汉市武昌区的调查分析》,《管理观察》2017 年第 3 期(下)。

③ 参见陈秀红:《影响城市女性二孩生育意愿的社会福利因素之考察》,《妇女研究论丛》2017 年第 1 期。

策的必要性和紧迫性。

（二）"全面两孩"支持配套政策体系的重点领域

为了贯彻落实中共中央、国务院《关于实施全面两孩政策　改革完善计划生育服务管理的决定》（以下简称"中央《决定》"）中提出的"建立完善包括生育支持、幼儿养育、青少年发展、老人赡养、病残照料等在内的家庭发展政策，鼓励按政策生育"的精神，解决好养育孩子直接成本和间接成本过大所导致的二孩生育意愿不足的问题，首先需要改变"提倡一孩"生育政策背景下的奖励扶助政策思路，根据调整后的生育政策内容及群众按政策生育的困难和需求，制定实施新的生育支持政策，以体现中央"鼓励按政策生育"的精神，保证按政策生育家庭的利益。

1.建立生育津贴制度

在我国全面建成小康社会、基本实现社会主义现代化的征程中，在育龄群众生育意愿普遍低迷的现实背景下，贯彻落实"全面两孩"政策，实现按政策生育目标，需要制定实施生育津贴或生育补助制度。

我国在实行"提倡一对夫妻生育一个子女"生育政策时期，为了鼓励响应党和政府计划生育政策号召的家庭，引导群众转变生育观念，形成计划生育的社会风尚，制定实施了以独生子女及其家庭为主要对象的奖励扶助政策。虽然奖励扶助政策的效应常常受到质疑，但并不能否认其对计划生育政策顺利实施所起的作用，尤其是它明确反映出了党和政府对实行计划生育家庭关心和关注的态度。

修订后的《人口与计划生育法》第二十三条规定："国家对实行计划生育的夫妻，按照规定给予奖励。"中央《决定》强调指出："建立完善包括生育支持、幼儿养育、青少年发展、老人赡养、病残照料等在内的家庭发展政策，鼓励按政策生育。"党的十九大报告要求："促进生育政策和相关经济社会政策配套衔接。"《中华人民共和国国民经济和社会发展第十三个五年规划纲要》提出:"做好相关经济社会政策与全面两孩政策的有效衔接。"《"十三五"全国计划生育事业发展规划》提出:"协调制定和完善鼓励按政策生育的经济社会政策。……鼓励生育水平长期偏低的地区采取综合措施,减轻家庭生养子女负担,引导群众按政策生育。"这些法规文件都原则性地反映出国家对按政策生育家庭的支持态度和对"全面两孩"政策目标的期盼。

按照计划生育奖励扶助政策应当服从和服务于计划生育政策的原则,生育政策作出重大调整后,必然要求奖励扶助政策作出相应调整①,这是由奖励扶助政策的特点和目的所决定的。但是,奖励扶助政策的调整绝不像生育政策调整那样,由法规政策规定的生效日期即可对生育行为的合法性作出判断,进而确定奖励扶助对象,而是应当分别适用于生育政策调整前后的实际情况,实行"老人老办法,新人新办法"的"双轨制"奖励扶助政策。②

从目前情况看,虽然在"老人老办法"方面还存在奖励扶助标准低、全国不统一、地区差异大等问题,但毕竟在各省区《人口与计划生育条例》中都有了较为具体的规定。然而,在"新人新办法"方面,却显得不是那么给力。从2016年各省区修订的《人口与计划生育条例》中"鼓励按政策生育"的具体措施看,仅仅落实了《人口与计划生育法》第二十五条"符合法律、法规规定生育子女的夫妻,可以获得延长生育假的奖励或者其他福利待遇"和中央《决定》"完善计划生育奖励假制度"的内容,对延长产假和增加陪护假的时间作出了明确规定,同时也增大了对已经领取独生子女父母光荣证家庭的奖励扶助力度,而中央《决定》提出的一系列"鼓励按政策生育"的原则性规定,例如:"调整完善生育政策与服务管理改革同步推进、配套政策措施同步制定""合理配

---

①　参见杜本峰、王琦霖:《"全面两孩"政策背景下农村计划生育家庭发展:困境与出路》,《人口与发展》2018年第5期。

②　参见吕红平、吕子晔:《"老人老办法,新人新办法"奖励扶助制度改革之我见》,《河北大学学报(哲学社会科学版)》2018年第1期。

置妇幼保健、儿童照料、学前和中小学教育、社会保障等资源,满足新增公共服务需求""增强家庭抚幼和养老功能。建立完善包括生育支持、幼儿养育、青少年发展、老人赡养、病残照料等在内的家庭发展政策"等,并没有制定具体的落实措施。也就是说,中央《决定》提出的"鼓励按政策生育"的原则性规定本应通过各省区的人口与计划生育条例和实施意见①具体化,使之具有可操作性,但遗憾的是,各省区的人口与计划生育条例和实施意见基本上都是简单重复了国家层面的原则性规定,在保障措施具体化方面显得远远不够,既不够明确,也不具操作性,使人有一种"新人新办法"近似于"新人无办法"的感觉。② 这对于贯彻落实中央《决定》提出的"稳妥扎实有序实施全面两孩政策"和"鼓励按政策生育"的要求,帮助群众解决好生养子女经济压力过大问题极为不利,同时也与党的十九大报告提出的"促进生育政策和相关经济社会政策配套衔接"的要求存在较大差距。

在"新人新办法"方面之所以存在不明确、不具体的问题,与我们以往对计划生育以及计划生育奖励扶助政策认识上的偏颇有一定关系。不少人认为,过去对独生子女家庭实行奖励扶助,是因为很多家庭难以接受"提倡一孩"的政策,现在政策允许生育二孩,也就用不着奖励了。实际上,这种观点至少存在两个误区:一是把生育完全当作家庭的私事③;二是把计划生育等同于"一孩化"。

我们认为,生育既是家庭的私事,也是国家的大事、民族的大事。因为对家庭而言,孩子可以提供经济支持和家务服务,尤为重要的是可以作为家庭养

---

① 中共中央、国务院于 2015 年 12 月 31 日颁布《关于实施全面两孩政策 改革完善计划生育服务管理的决定》后,各省区相继于 2016 年制定了《贯彻落实〈中共中央、国务院关于实施全面两孩政策 改革完善计划生育服务管理的决定〉的实施意见》。

② 参见吕红平、吕子晔:《"老人老办法,新人新办法"奖励扶助制度改革之我见》,《河北大学学报(哲学社会科学版)》2018 年第 1 期。

③ 参见吕红平、吕子晔:《"老人老办法,新人新办法"奖励扶助制度改革之我见》,《河北大学学报(哲学社会科学版)》2018 年第 1 期。

老不可或缺的资源;对国家和社会而言,家庭生育的孩子成长为劳动力后,要参加经济社会活动,可以作为社会财富的创造者为经济社会发展做贡献,更何况生育还是实现社会可持续发展的重要基础。因此,生育具有社会价值是确定无疑的。[1] 2018 年 8 月 6 日《人民日报》(海外版)载文《生娃是家事也是国事》认为,生育不只是家庭自己的事,也是国家大事。[2] 既然生育既是家事,也是国事,那就应当建立生育成本分担机制,由家庭和国家共同承担生育成本。不少学者就认可生育具有社会价值、育儿成本应该共同承担的观点。穆滢潭和原新认为,孩子属于公共产品,应当由国家、社会和家庭共同承担育儿成本。[3] 茆长宝、穆光宗和武继磊的研究认为,少儿人口作为未来劳动年龄人口的替补源泉,家庭和社会对新增人口抚养成本的支出不仅仅是纯消费性支出,本质上属于社会人力资本投资。尤其在少子老龄化日益严重的背景下,这种人力资本投资显得尤为重要。[4] 从目前实际情况看,生育成本的确也是由家庭和国家分担的,只是家庭承担的比重过大,对很多家庭构成了巨大压力,一些家庭才不想生育二孩。其实,在"不想生"的背后,是"不敢生",是对二孩生育望而生畏。王志章和刘天元基于在全国 6 个城市进行的调查,采取分类加总的方法对二孩生育成本(基本成本时间段为 0—22 岁)进行了测算,测算结果为:孕期营养品和孕妇用品花费、住院生产、雇佣月嫂、新生儿阶段奶粉辅食衣服及其他用品、学前教育阶段、中小学义务阶段、高中阶段、大学阶段等直接成本在 38—81 万元之间,间接成本在 2—6 万元之间,总基本成本在 40—87 万元之间。并且还认为,生育二孩的基本成本绝大部分由家庭承担,生育成本

---

①　参见吕红平、吕子晔:《"老人老办法,新人新办法"奖励扶助制度改革之我见》,《河北大学学报(哲学社会科学版)》2018 年第 1 期。

②　参见张一琪:《生娃是家事也是国事》,《人民日报(海外版)》2018 年 8 月 6 日。

③　参见穆滢潭、原新:《"生"与"不生"的矛盾——家庭资源、文化价值还是子女性别?》,《人口研究》2018 年第 1 期。

④　参见茆长宝、穆光宗、武继磊:《少子老龄化背景下全面二孩政策与鼓励生育模拟分析》,《人口与发展》2018 年第 4 期。

严重私人化。① 新浪财经发表的文章甚至认为,在我国城市家庭,一个孩子从出生到大学毕业需要的成本大约都在 100 万元以上,其中北京、上海、深圳、广州等一线城市甚至超过 200 万元。② 为了提振育龄群众的生育意愿,落实中央"鼓励按政策生育"的精神,就应当制定实施生育津贴或生育补助政策,这既是把生育当"国事"的反映,也体现着国家对生育的责任。

关于计划生育,一些人习惯于我国计划生育语境下"一孩化"的政策模式,认为计划生育就是少生,甚至有人把计划生育等同于只生一个。实际上,这是对计划生育的曲解或误解。所谓计划生育,在国外指的是家庭生育计划,在我国就是毛泽东所说的"有计划的生育"③。前者属于微观计划,后者属于宏观计划。在需要严格控制人口增长的背景下,1980 年 9 月 25 日中共中央发表《关于控制我国人口增长问题致全体共产党员共青团员的公开信》后,我国开始实行的"提倡一对夫妇只生育一个孩子"政策,属于典型的计划生育;2013 年 11 月 12 日党的十八届三中全会决定实施的"单独二孩"政策也是计划生育;2015 年 10 月 29 日党的十八届五中全会决定实施的"全面两孩"政策仍然是计划生育。也就是说,无论是过去长期实行的"提倡一孩",还是生育政策调整过渡阶段的"单独二孩",以及现在的"全面两孩",只存在量的差异,并没有质的差异,因为生育政策的目标一直都是服从和服务于整个国家的经济社会发展。既然中央《决定》提出"鼓励按政策生育""完善计划生育奖励假制度"、党的十九大报告提出"促进生育政策和相关经济社会政策配套衔接"的要求,就意味着中央已经明确把对按政策生育的家庭继续给予奖励扶助当作一种方向。至于中央《决定》提到的"对政策调整后自愿只生育一个子女

---

① 参见王志章、刘天元:《生育"二孩"基本成本测算及社会分摊机制研究》,《人口学刊》2017 年第 4 期。

② 参见《生育成本到底有多高 一线城市养大一个娃要花 200 万?》,新浪财经,2018 年 8 月 18 日,http://finance.sina.com.cn/china/gncj/2018-08-18/doc-ihhvciix2670878.shtml。

③ 毛泽东:《在最高国务会议第十一次(扩大)会议上的讲话(1957 年 3 月 1 日)》,载彭珮云:《中国计划生育全书》,中国人口出版社 1997 年版,第 131 页。

的夫妻,不再实行独生子女父母奖励优惠等政策",只是说不按独生子女家庭对待,并没有讲不属于计划生育家庭。中央《决定》提出的"对生育两个以内(含两个)孩子的,不实行审批,由家庭自主安排生育",实际上是把计划生育的主动权交给了家庭,家庭可以在"全面两孩"生育政策框架内,自主安排生育行为。这样的做法更接近于国外的家庭计划,实质上还是计划生育。

当然,由于"全面两孩"的政策要求与当下多数群众的生育意愿较为接近,生育两个子女将成为主流,再沿用"奖励"的说法就显得不太合适了。因为按照通常的理解,奖励针对的是少数人,实行奖励政策的目的在于通过奖励少数人起到引导和带动多数人的作用。① 因此,适用于多数人的政策措施不宜使用奖励的概念,但要鼓励按政策生育的行为,就必须使按政策生育的家庭得到实惠。基于此,我们建议,为了落实"鼓励按政策生育"的精神,提升育龄群众的生育意愿,促进人口长期均衡发展,在"新人新办法"方面,可以制定实施生育津贴或生育补助政策。②

实施生育津贴政策的目的,就是要帮助育龄夫妻解决养育子女经济压力大的问题以及因生育孩子造成的经济困难,主要用于分娩、婴幼儿抚养、入托入幼等方面。享受生育津贴,必须以按政策生育为前提条件。也就是说,只有按政策生育的家庭,才能享受生育津贴。在"全面两孩"政策背景下,生育一孩和生育二孩都属于计划生育,都应当享受生育津贴。至于是否应当有所区别以及如何确定具体的补贴标准,则可以根据人口生育形势的变化作出具体安排。例如,为了与以往实行的独生子女奖励扶助政策相衔接,在实施"全面两孩"政策的初始阶段,可以把一孩生育家庭的生育津贴定得稍

---

① 参见吕红平、李莉:《"全面两孩"政策背景下奖励扶助政策重构》,《河北大学学报(哲学社会科学版)》2016年第2期。

② 参见吕红平、吕子晔:《"老人老办法,新人新办法"奖励扶助制度改革之我见》,《河北大学学报(哲学社会科学版)》2018年第1期。

高一点,把二孩生育家庭的生育津贴定得低一点。当然,也可以根据二孩生育家庭压力更大、二孩生育意愿不足的实际情况和突出问题,把二孩生育家庭的生育津贴定得稍高一点,把一孩生育家庭的生育津贴定的稍低一点。还有一种方案,就是不分孩次,只要是按政策生育的都执行统一的津贴标准。

为了实现政策面前公正平等,应当打破城乡界限、地区界限和体制界限,改变以往奖励扶助政策城乡有别、地区有别、不同性质单位有别及单位承担一定责任的做法,执行全国统一的生育津贴标准。为此,我们建议国家对生育津贴的发放数额规定一个基本标准,实行全国统一的补助标准。例如,自按政策生育的孩子出生起,每月给予一定数额的补助,直到孩子 16 岁(或 14 岁,或 18 岁)为止。各地可以适当提高津贴标准,但浮动幅度要有所限制,可以规定一个弹性区间,如规定幅度范围应当控制在 50% 以内等,不能任意而为、各自为政,以避免补助标准差距过大引起的攀比、抱怨和新的不公平,这样做也符合生育政策上的统一性,有利于落实"全面两孩"政策。

与以往计划生育家庭奖励扶助政策相比较,生育津贴制度主要有四个特点:一是覆盖面更大了,既覆盖农村计划生育家庭,也覆盖城镇计划生育家庭,把所有计划生育家庭都作为政策对象,这样就能更好地体现城乡一体化的要求和公正公平的原则;二是覆盖人群更大了,即不像原来的政策那样仅仅覆盖独生子女家庭和双女户家庭,而是覆盖城乡所有按政策生育的家庭,符合"鼓励按政策生育"的精神;三是兑现期提前了,消除了农村部分计划生育家庭奖励扶助政策存在的"真空期"①,变间隔若干年才能兑现奖励为当期兑现补贴,有利于更好地发挥政策的鼓励和引导作用;四是扶助性质变了,原来的农村计

---

① 按照农村部分计划生育家庭奖励扶助政策,扶助对象达到 60 岁才能享受扶助金。这样,就形成了一个享受奖励扶助政策的"真空期",即从生育到年满 60 岁的时间间隔。这样的做法,从某种程度上弱化了奖励扶助政策的作用。

划生育奖励扶助政策实际上相当于养老补助,改革后变成了生育津贴,可以在某种程度上缓解部分家庭生养子女经济压力大的问题,保障"全面两孩"政策真正落地。

为了保障政策的持续性,要充分考虑社会福利的"刚性"原则,在生育津贴政策实施初期,标准不宜定得过高,以后可以根据经济发展水平、财政收入情况及物价变动状况,按照动态调整原则逐步增加。

生育津贴的发放形式,可以改变以往只发放奖励扶助金的做法,采取多种形式,既可以沿用原来现金补助的形式,由家庭支配使用,也可以采取发放购物卡、购物券、代金券等实物补贴的形式,直接发放奶粉券、婴幼儿用品购物券,或者直接发放婴幼儿用品。现金补助的形式,家庭有较大的支配权;实物补贴的形式,是根据育儿需求发放实物(购物券可以等同于实物)。这两种补贴形式,具有目的一致性,只是补贴的形式不同而已。我们认为,现金补助的形式对家庭而言具有较大的灵活性,而实物形式的补贴更直接、更实际,更能确保补助资金用到育儿上,实现专款专用,提高生育津贴的使用效果。

为了鼓励生育,国家制定实施生育津贴的做法在国际上早有先例,不少国家已经取得了生育率提升的效果。国外通过制定实施鼓励生育的政策措施实现生育率提升的做法,成为我国制定实施生育津贴政策时可以有选择地加以借鉴的依据。

据统计,目前世界上有 55 个国家实行鼓励生育的政策,并且多以发放生育补助为主。按生育补助的政策内容和形式,大致有以下三类:一是实行全民生育补助政策。这一制度的核心是,由政府直接出资或设立生育补助基金,向生育孩子的家庭发放生育补助。早在 1946 年,法国就通过立法设立了家庭补助基金,给那些愿意生养孩子并教育孩子的家长发放补贴。家庭补助基金的补助项目主要包括家庭补贴、幼儿补贴、保姆补贴、单亲家庭补贴、孩子入学补贴、父母育儿补贴、家庭困难补贴、生育补贴等。目前,在鼓励生育的国家中,多数都实行了发放生育补助的政策。二是实行与胎次挂钩的生育补助政策。这一制度的核心是,鼓励多育,生育补贴数量与胎次挂钩,生育胎次越高,得到的生育补助就越多。目前的法国、德国、挪威、瑞典、俄罗斯等国,就实行此类生育补助政策。三是实行生育补助动态调整的政策。这一制度的核心是,随着物价的上涨,对生育补助数量适时进行动态调整,以保障生育补助"不贬值"。瑞典就是实行这一政策的典型。

按照"低生育率陷阱"理论,一个国家或地区的总和生育率一旦降至并长期维持在 1.5 以下,就很难回升了。我国目前的总和生育率虽然尚在临界值 1.5 以上,但也面临陷入"低生育率陷阱"的危险。生育率的高低与生育意愿有很大关系,虽然生育意愿不等同于生育行为,但毕竟是影响生育行为的重要因素。关于二孩生育意愿,近年来的调查研究存在较大差异。有的认为 80% 左右的家庭理想子女数为 2 个左右①,有的认为 60% 以上的夫妇有生育二孩的意愿②,有的研究者认为愿意生育二孩的育龄夫妇不到25%③,基本没有超过 2 个的。生育意愿低迷的情况表明,生育形势不容乐观。因此,只有抓紧构建鼓励生育的政策体系,及时采取有效措施,如建立实施生育津贴制度、帮助按政策生育的家庭解决生育中的各种困难和问题等,营建生育友好型社会环境,才有可能提升育龄群众的生育意愿,实现按政策生育的目标,避免重蹈东亚、欧洲国家跌入"低生育率陷阱"的覆辙。④

① 参见庄亚儿、姜玉、王志理等:《当前我国城乡居民的生育意愿——基于 2013 年全国生育意愿调查》,《人口研究》2014 年第 3 期。

② 参见靳永爱:《低生育率陷阱:理论、事实与启示》,《人口研究》2014 年第 1 期。

③ 参见姜玉、庄亚儿:《生育政策调整对生育意愿影响研究——基于 2015 年追踪调查数据的发现》,《西北人口》2017 年第 3 期。

④ 参见茅倬彦、申小菊、张闻雷:《人口惯性和生育政策选择:国际比较及启示》,《南方人口》2018 年第 2 期。

2. 完善产假和陪护假制度

产假制度是生育妇女恢复身体健康及婴幼儿照料的重要保障,修订后的《人口与计划生育法》第二十五条规定:"符合法律、法规规定生育子女的夫妻,可以获得延长生育假的奖励或者其他福利待遇。"中央《决定》也要求"完善计划生育奖励假制度"。《"十三五"全国计划生育事业发展规划》提出:"推动落实产假、哺乳假等制度,妥善解决延长生育假、配偶陪产假等奖励假的待遇保障。"从各省区根据修订后的《人口与计划生育法》修订的《人口与计划生育条例》的内容看,均对延长产假和增加陪护假作出了具体规定,都在《女职工劳动保护特别规定》的"女职工生育享受 98 天产假"的基础上,延长了生育假时间,增加了丈夫陪护假,这一点已在前面作过讨论,在此不再赘述。

尽管各省区规定的产假和陪护假时间都比过去有了不同程度的延长,但仍然存在三个方面的问题:

一个是产假和陪护假时间全国不统一,省区差异大。延长产假时间最长的是河南和海南,均比"女职工生育享受 98 天产假"的国家规定延长了 3 个月;最短的是北京、天津、上海、江苏、浙江、湖北、广东和重庆 8 个省区,均延长了 30 天;其余省区延长时间在 30 天到 3 个月之间;产假延长时间最长与最短的相差 3 倍。

按照各省区规定,丈夫陪护假时间最长的是河南,为 1 个月;最短的是天津和山东,为 7 天;其余省区在 10—30 天之间,以 15 天者最多,共有 18 个省区;陪护假时间最长和最短相差 4 倍。

如果说各地因经济发展水平和物价水平不同,现行扶助标准存在差异性有一定道理的话,产假和陪护假在时间上存在差异的情况似乎找不到任何依据。与基本国策和"全面两孩"政策的统一性相比,产假和陪护假时间的较大差异似乎有失公平公正原则。

二是产假和陪护假时间还不够长,无论与生育和照料的实际需要相比,还是与国外一些鼓励生育的国家相比①,延长后的产假仍然显得不够长。

三是产假和陪护假的受益者并非全部生育对象,而是仅仅覆盖了体制内的生育对象,农村家庭和城镇自谋职业者、无职业者等体制外家庭并不能享受产假和陪护假的福利,也得不到任何形式的补助或补偿。

考虑到社会政策的公平公正原则、妇幼健康的实际需要以及国外的做法,我们建议下一步的政策调整应当朝着全国统一的方向迈进,取消由各省区制定条例规定产假和陪护假的形式,改由全国制定统一的产假和陪护假政策,如同过去各省区均执行《女职工劳动保护特别规定》的产假那样。或者通过修订相应法规,实行全国统一的产假和陪护假制度,如在《女职工劳动保护特别规定》中将产假时间由 98 天延长至半年到 1 年;在其他相关法规中,如在《人口与计划生育法》中统一规定丈夫陪护假时间,并且把陪护假时间延长至 1 个月左右,这样做既可以与我国"坐月子"的风俗相衔接,也可以使丈夫在生育照料中尽到更多的责任。男性享受陪护假,不仅有利于更多地参与生育照料,而且有利于降低女性因为照料孩子带来的职业发展损失,促进性别平等。

为了解决单位性质不同,产假和陪护假期间津贴承担主体不同而导致的

---

① 一些国家为了达到鼓励生育的目的,都实行了时间较长的生育假和陪护假政策,而且具有可选择的弹性空间。例如,法国的育儿假现在已经延长到 3 岁前。育儿假的使用具有较大的灵活性,父母可以选择时间较短津贴较高(最低工资的 60%)的育儿假,也可以选择时间较长津贴较低的育儿假;可以全部休假,也可以部分时间休假部分时间工作。在瑞典,生育孩子的父母可享有 16 个月(480 天)的带薪产假,费用由国家和雇主分摊。其中,前 390 天的补助为原工资的 77.6%,后 90 天为固定补助(每天补助 180 克朗)。按照日本现行法规,女职工可以在孩子出生前休假 6 周,出生后休假 8 周,如果是多胞胎还可以适当延长。产假期间的薪水为原工资的60%。此外,父母亲一方可以选择休 1 年的无薪育儿假;如果是父母轮流休育儿假,还可以多延长 2 个月。在陪护假方面,挪威于 1993 年成为世界上第一个实施父亲配额育儿假的国家,此后的十多年间,父亲配额育儿假一直保持着 4 周的时间。2014 年,挪威对育儿假政策做了较大调整,按照规定,父母双方可以分享 29 周到 39 周的假期,这些假期分为 3 个部分:一是母亲享有 10 周不可转移的育儿假期,同时在孩子出生前享有 3 周的待产假期;二是父亲享有 10 周的不可转移的父亲配额育儿假;三是父母双方可以根据自己的意愿和需求分配 10 周的可转移育儿假。如果父母享用 29 周的育儿假,可以获得全额薪酬,如果延长至 39 周,可以得到 80% 的薪酬。为了鼓励父亲参与子女照料,瑞典也规定,在 16 个月的生育假中,必须有 2 个月由父亲享有。

部分生育家庭不能得到或不能全额得到生育津贴或生育补助的问题,应当改变《女职工劳动保护特别规定》第八条规定的"女职工产假期间的生育津贴,对已经参加生育保险的,按照用人单位上年度职工月平均工资的标准由生育保险基金支付;对未参加生育保险的,按照女职工产假前工资的标准由用人单位支付"的规定,对于未参加生育保险的,应当制定全国统一的补助标准,由国家和省级财政按比例分担生育津贴或生育补助。相应地,农村家庭和城镇自谋职业者、无职业者等体制外家庭,则应视同未参加生育保险,由国家给予补助和保障。

为帮助缺乏家庭照料资源的夫妇抚养孩子,还可以制定实施有一定"弹性"的产假制度,即在享受最低强制性产假时间的基础上,制定实施"低薪育儿假"制度,使休完产假后因缺乏家庭照料资源还想继续在家照料抚育孩子的妇女,能够放心地在家照料孩子。"低薪育儿假"指的是生育妇女享受带薪产假之外的、能够领取低于产假工资的带薪休假(可按休假时间适当减发一定比例的产假工资),时间一般可在 1 年左右,特殊情况下可延迟至 3 年。这样的政策体现了人文关怀,照顾了照料资源缺乏的家庭,有利于帮助生育女性解决生育照料与就业之间的冲突和矛盾[1],有助于改善妇幼健康和幼儿照料环境,较好地实现与托育服务的衔接,减轻公共托育服务供给不足的压力,提高人们的生育意愿,促进"全面两孩"政策落实。

按照现行产假制度,延长产假必然会增大企业运营成本,虽然参加生育保险的生育妇女产假期间的工资待遇由生育保险解决,但生育妇女产假期间临时雇人替岗的工资支出以及其他一些机会成本(如岗位培训等)还是要由单位承担的。[2] 生育二孩,就等于增加一次产假,这对企业来说,是一个额外负

---

① 参见穆滢潭、原新:《"生"与"不生"的矛盾——家庭资源、文化价值还是子女性别?》,《人口研究》2018 年第 1 期。

② 参见宋健、周宇香:《全面两孩政策执行中生育成本的分担——基于国家、家庭和用人单位三方视角》,《中国人民大学学报》2016 年第 6 期。

担。学界在实施"全面两孩"政策后对二孩生育与妇女就业和职业发展矛盾问题讨论的升温,以及妇女就业问题更为突出的现象,就与此有很大关系。对于部分生育妇女而言,也面临再次就业与择业的困境。这些问题的存在,并不是单靠生育保险就能解决的,因为生育保险只能解决产假工资的社会化,而产假期间雇人替岗的工资支出以及其他一些机会成本仍然需要企业单独承担。所以,要解决好延长产假的"双刃剑"问题,需要跳出原来的思维模式和制度框架,从承认生育的社会价值出发,探讨生育成本社会化的路径和方法,逐步增大政府的责任,使企业能够从中解脱出来。

3. 保障女性就业与发展权利

女性既是生育的主体,也是重要的人力资源。我国提倡男女平等,尊重女性独立人格,把男女平等确定为一项基本国策,女性广泛参与社会经济生活,成为世界上少有的女性高就业率国家。女性广泛就业,对于提高女性的家庭与社会地位、增强女性的自主性和独立性、促进女性的自我发展等,均起到了十分重要的作用。但是,由于女性是生育和抚养的主要承担者,而生育和抚养孩子必然占用大量的时间和精力,因而必然会影响到她们的就业和职业发展。

近年来,在市场经济体制下,企业为提高经济效益和竞争力,高度重视成本核算,以至于一些企业在招募新人时出现了隐性性别歧视,为了达到既要多招男性、少招甚至不招女性的目的,并且还要规避承担违反男女平等就业、保障女性就业权利的法规政策风险,便采取各种办法,变相增加女性就业门槛,设置女性应聘障碍,甚至导致了女大学生和女研究生就业难的问题。在一些企业,为了减少女性生育带来的损失,对生育女性采取了能辞退就辞退,或者诱导女性选择辞职的做法。应该说,企业不愿意招聘女性、不愿意留用生育女性的做法,不符合法律规定和社会道德,有悖于道义原则。但从市场经济原则看,却是一种理性选择,毕竟企业要讲求经济效益,而要提高经济效益,就得采取趋利避害的策略。虽然我国为了保护女性的生育和就业权利,实行了生育保险制度,但生育保险只能解决女性生育期间工资待遇的社会统筹问题,减轻企业在生育女性产假期间工资支付上的负担,事实上,女性在生育休假期间,企业还要临时安排代岗人员,不仅代岗人员的工资需要企业支付,而且一些岗位进行岗位培训增加的费用,也构成企业的经营成本,属于额外支出。更何况在我国现行生育保险制度框架下,只覆盖了城镇企业,参加生育保险的主要是国有企业,非公有制企业和集体企业参加的较少。所以,很多企业会因为女性生育承担一些损失。在这一问题上,单纯地要求企业保障生育女性的就业和收入权利、指责企业侵害生育女性的就业和收入权利,或者通过宣传男女平等基本国策提高企业的法律意识和社会责任感等做法,或许能够起到一定的作用,但却难以从根本上解决问题。因为这些做法只是利用行政管理的办法要求企业执行国家政策,而不是把企业作为一个独立经营的主体,按照经济原则解决女性生育补偿问题,把企业从中解脱出来。我们认为,正是因为女工生育并不能给企业带来任何利益,才导致了一些企业不愿雇用女性、不愿留用生育女性的现象。

在实行"提倡一孩"生育政策背景下,多数女性只生育一个孩子,实施"全面两孩"政策后,如果按政策生育第二个子女,就相当于增加了一倍的生育和抚养工作量,相应地也就减少了用于工作和职业能力提升的时间和精力,这就意味着增大了就业和职业发展的压力与风险。不仅如此,由于因生育而休产假期间,女职工工作经验积累将被迫中断,甚至产假结束返回职场后只能从更低的技能岗位做起。因此,其工资收入可能会有所降低。有学者专门研究了体制内女职工生育与收入的关系,认为生育子女对收入具有显著的负面影响,即存在"生育工资惩罚"效应。[①] 为了尽量避免生育对工作的影响,不少女性倾向于选择提前断奶、回归职场。而充分的物质支持(如在工作场所提供安全、清洁和私密的空间和存放母乳设备)和信息支持则是降低职业女性过早

---

① 参见刘娜、卢玲花:《生育对城镇体制内女性工资收入的影响》,《人口与经济》2018年第5期。

断奶的重要因素。① 很多学者认为,由于现阶段二孩生育带来的潜在职业发展风险和压力增大,可能会导致一些女性和家庭主动放弃生育二孩;在缺乏配套政策支持的背景下,生育二孩的女性可能会面临生育抚养和职业发展之间难以平衡的困境,从而导致了部分育龄女性"不敢生"的问题。②

在社会化程度越来越高的现代社会,生育既不是纯粹的家庭私事,也不是单纯为了满足女性个人的需要,更不会给单位带来任何利益。生育是在为家庭带来后代,有利于增加家庭资源和发展能力,同时也是在为民族繁衍和经济社会发展生育和抚养劳动力,是在为社会做贡献。因此,生育成本既不应该完全由女性和家庭承担,也不应该主要由用人单位承担,而是应该形成一种家庭、单位、社会三方共同分担的机制。③ 只有实现生育成本向社会化的转变,国家承担起更多的责任,扩大生育保险覆盖面,提高生育保险统筹层次,形成主要依靠社会统筹的办法解决生育女性休假待遇问题的政策框架,生育女性在生育与就业和职业发展之间的矛盾才有可能得到根本解决,企业排斥女性或女性就业歧视的问题才有可能得到根本解决,女性的就业和收入权利才有可能得到根本保障。

要解决好生育女性在生育与就业和职业发展之间的矛盾,以及企业不愿雇用女性、不愿留用生育女性的问题,关键在于完善生育保险制度,扩大生育保险覆盖范围,通过社会统筹的方式实现生育成本的社会化分摊,使企业不致因招收女性员工而带来效率和效益上的损失,这才是保障女性权益、缓解女性就业歧视的根本之策。④ 当然,还应当实行灵活的工作时间,推行生育弹性工

---

① 参见林昕皓、茅倬彦:《生育二孩职业女性的母乳喂养支持——以北京为例》,《人口与经济》2017年第5期。

② 参见吴帆:《全面放开二孩后的女性发展风险与家庭政策支持》,《西安交通大学学报(社会科学版)》2016年第3期。

③ 参见杨慧:《全面二孩政策下生育对城镇女性就业的影响机理研究》,《人口与经济》2017年第4期。

④ 参见张同全、张亚军:《全面二孩政策对女性就业的影响——基于企业人工成本中介效应的分析》,《人口与经济》2017年第5期。

作制,使那些休完产假的女性能够在时间上有一定的灵活性,兼顾照料孩子与工作①;政府可以针对妇女生命周期不同阶段的生理特点和职业特点,提供有针对性的服务②,完善女性就业培训系统,实行灵活方便的培训方式,以弥补她们因生育带来的职业生涯中断以及由此导致的技能落伍的损失,为她们缩短生育后的工作适应期创造条件,同时还可以提升生育女性的再就业能力和职业发展能力。

4. 扩大公共服务范围

正如前面引用的国家卫生计生委于 2015 年进行的生育意愿调查、全国妇联儿童工作部与北京师范大学中国基础教育质量检测协同创新中心于 2016 年开展的"实施'全面两孩'政策对家庭教育的影响"调查的结果所反映出来的情况,育儿成本过高、托育服务资源短缺、照料孩子负担过重、生育女性照料孩子与自身职业发展之间的矛盾突出、一些年龄偏大的育龄妇女对二孩生育的担忧等,已经成为影响二孩生育意愿和生育行为的重要因素。如果这些问题不能得到较好解决,生育意愿低迷问题就很难得到化解,按政策生育的目标也就难以实现。所以,摆在我们面前的一项重要而迫切的任务就是,为了落实好中央《决定》"鼓励按政策生育"和党的十九大报告"促进生育政策和相关经济社会政策配套衔接"的精神,必须尽快加强生育支持配套政策建设,用社会化的托育服务部分地替代家庭照料,减轻家庭的照料压力,消除一些家庭的生育忧虑。前边我们已经对国家层面的经济扶助和延长产假、陪护假问题进行了专门讨论,下面就如何利用社会照料资源和教育资源推进育儿社会化问题进行研究和探讨。

---

① 参见王记文:《很低生育率背景下中国的生育意愿及其影响因素研究——基于 CGSS(2010—2015)重复调查数据的分析》,《西北人口》2018 年第 4 期。
② 参见张智勇、丁辉:《基于生育意愿视角的计划生育政策变迁逻辑》,《人口与经济》2018 年第 2 期。

增加托育服务的首要途径就是增设托儿所和幼儿园。改革开放前,我国很多人数较多的机关事业单位及企业都开办了托儿所和幼儿园,接收本单位职工的孩子,甚至不少不满周岁的幼儿也可以送到托儿所,这就解决了部分家庭没有其他照料资源、生育女性又不能长期离开工作岗位的问题。这种内设托儿所和幼儿园的做法,在很大程度上具有单位福利的性质,由于后来被批评为"单位办社会",再加上办托儿所风险较大,原来的托儿所或者取消,或者转向市场化经营,基本上没有了公办托儿所。从幼儿园发展情况看,教育部门发布的学前教育统计数据始于 20 世纪 90 年代初,1996 年幼儿园数量曾达到 18.73 万所,在园儿童数量 1995 年达到 2711.23 万人;2001 年,这两项指标均减至最低值,分别为 11.17 万所和 2021.84 万人。此后,虽也出现了回升趋势,但变化并不大,2010 年前幼儿园数量均在 14 万所以下、在园儿童均在 2500 万人以下。2014 年后,幼儿园发展速度加快,当年幼儿园数量和在园儿童数量分别达到 20.99 万所和 4050.71 万人,此后增速逐年加快,2017 年分别增加到 25.50 万所和 4600.14 万人。从幼儿园入园率看,教育部最早公布于 2010 年,当时为 56.6%,2017 年达到 79.6%,反映出近年来持续升高的趋势(见图 7-1、图 7-2)。这说明,即使在 2017 年入园率最高的情况下,也有超过 20% 的孩子属于在家照料。①

托育服务不足是当前影响二孩生育最突出的问题,解决好婴幼儿托管教育问题是消除或减少育龄妇女和家庭后顾之忧的关键环节。入托难,之所以成为我国目前面临的一大难题和影响育龄群众生育意愿的重要因素,主要在于托儿所太少,托育服务供求关系严重不平衡。据上海市妇联 2017 年初的调查,88% 的上海户籍家庭需要托育服务,超过 10 万的 2 岁儿童需要托育服务,而上海市集办系统与民办系统合计招收幼儿数仅为 1.4 万名。② 如果再考虑

---

① 根据教育部历年教育统计公报整理。

② 参见《托育市场"发育不良","入托难"何解》,新华每日电讯,2017 年 11 月 13 日,http://www.xinhuanet.com/mrdx/2017-11/13/c_136748270.htm。

（单位：万人）　　　　　　　　　　　　　　　　　　　　（单位：万所）

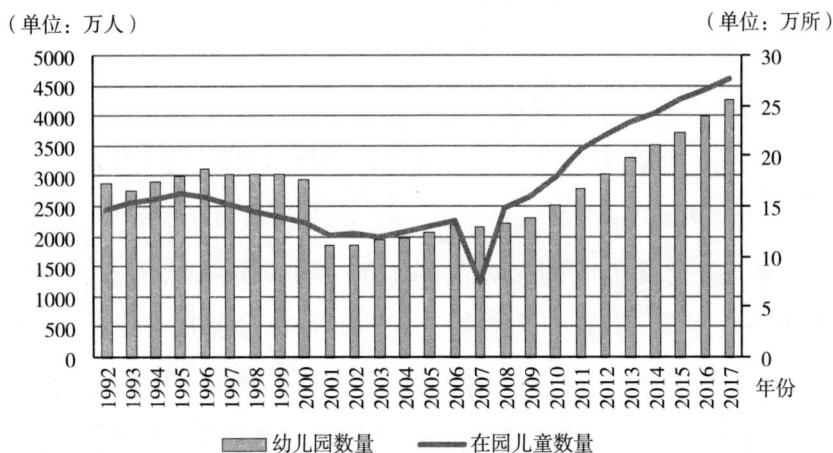

图 7-1　中国幼儿园数量和入园儿童数量变化情况（1992—2017 年）

注:在园儿童数量包括学前班儿童数量。

资料来源:国家统计局网站,http://data.stats.gov.cn/easyquery.htm? cn=C01。

（单位：%）

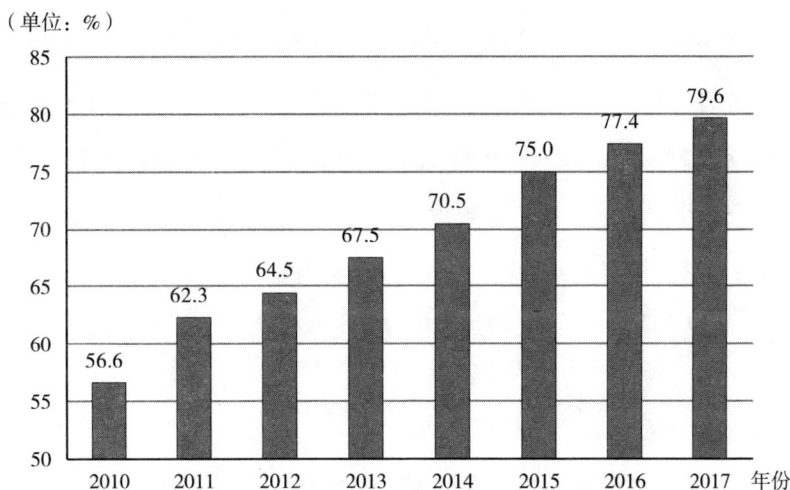

图 7-2　中国儿童入园率变化情况（2010—2017 年）

资料来源:国家统计局网站,http://data.stats.gov.cn/easyquery.htm? cn=C01。

2 岁以下的幼儿入托需求,差距就更大了,因为接受 2 岁以下幼儿的托儿所非常少。2017 年全国生育状况抽样调查数据显示,0—2 岁婴幼儿在各类托育机构的入托率仅为 4.8%,入园率为 15.6%;3—5 岁幼儿入园入托率相对较高,其中入园率为 66.8%,入托率为 14.0%。① 本书课题组 2016 年 7—9 月组织的调查也表明,符合二孩生育政策但不愿意生育二孩的夫妇中,超过 70% 是因为缺乏家庭照料资源,但又没有可送的托儿所。

3 岁以前孩子基本上都是依靠家庭资源照护,或者雇人在家看护的情况,成为部分育龄夫妻因为缺乏家庭照护资源不敢生二孩的重要原因。为解决这一问题,应当强化政府在提供托育服务方面的责任,加强顶层设计,明确管理部门,加大投入力度,增设公立托育机构,改变目前托育市场审批、管理责任不清的问题②;降低准入门槛,公平对待并扶持民营托育机构发展,鼓励有资质的主体开办托儿所、托育中心、邻托服务等,对有条件的企事业单位在自有场地内建设托育设施也要从政策上给予支持,通过"两条腿走路"的方式,增加托育服务供给。③ 从国外一些国家对幼儿照护的支持情况看,一般都会在两种情况下提供养育和保护支持:一是在家庭养育和保护功能缺失的情况下,由国家和社会发挥替代性功能,提供支持;二是基于国家的福利理念,对儿童发展给予补充性支持。④ 我国现阶段家庭照护资源不足的问题已经十分突出,很多育龄夫妻就是因为缺乏照护资源才不愿意生育二孩的情况就说明了这一点,同时也说明了在幼儿照护领域加强国家和社会支持的必要性和重要性。在国家和社会提供支持的形式和内容上,可以借鉴学习日本"新天使计划"的经验,在发展保育服务的同时,增加雇用、母子保健、咨询、教育等方面的内容⑤,

---

① 参见贺丹、张许颖、庄亚儿等:《2006—2016 年中国生育状况报告——基于 2017 年全国生育状况抽样调查数据分析》,《人口研究》2018 年第 6 期。

② 参见杨慧:《全面二孩政策下生育对城镇女性就业的影响机理研究》,《人口与经济》2017 年第 4 期。

③ 参见《托育市场"发育不良","入托难"何解》,新华每日电讯 2017 年 11 月 13 日,http://www.xinhuanet.com/mrdx/2017-11/13/c_136748270.htm。

④ 参见杜亮、王伟剑:《家庭、国家与儿童发展:美国、德国和日本儿童政策的比较研究》,《河北师范大学学报(教育科学版)》2015 年第 1 期。

⑤ 参见陈一平:《当代日本少子化对策探究》,《中国集体经济》2009 年第 5 期(下)。

并且建立全面而有弹性的家庭服务体系①,以满足家庭的特殊照料需求。其次是注意组织社会力量,提供家政服务,开展灵活多样的上门服务。在这个问题上,应当规范保姆市场,严格准入制度,实行持证上岗。再次是加强托育服务领域的技能培训,提高托育人员的责任心和服务能力,让人们能够放心地把孩子送到托育机构看护。最后是加快义务教育前移步伐,探讨和试点将3—6岁幼儿托育纳入义务教育,并且可以学习和借鉴韩国的《婴幼儿保育法案》,将0—3岁婴幼儿纳入学前教育体系,建立幼儿之家和儿童之家,为孩子们提供"日托班"和"定制班"保育服务,实现由"保育"向"保育"和"教育"的结合。②

当然,单一的社会支持政策难以解决所有家庭的生育照料需求,这就需要加强国家层面的顶层设计,增强政府的调控功能,鼓励和支持单位、社会力量创办托育服务机构,以家庭需求为导向,建立生育友好型、家庭友好型社会,为家庭创造一个平衡就业和养育的良好社会环境。③ 我们相信,只要减轻了家庭在照料孩子方面的负担和忧虑,就可以缓解生育二孩的经济压力和照料资源不足的问题,从而有利于促进生育意愿回升,实现鼓励按政策生育的目标,促进人口长期均衡发展。

5. 修订相关法规政策

为了贯彻落实"全面两孩"政策,应当对"提倡一孩"政策背景下制定实施的相关法规政策加以清理和修订,避免法规政策间的矛盾或冲突,实现法规政策间的协调一致。对于这一点,完全可以借鉴司法部关于全面清理不利于民

---

① 参见申秋:《日韩家庭政策的发展过程及其对中国的启示》,《学习与实践》2016 年第9 期。
② 参见张晶:《韩国0—6 岁婴幼儿早期教育及其启示》,《中国教育学刊》2014 年第 1 期。
③ 参见张海峰:《全面二孩政策下中国儿童照料可及性研究——国际经验借鉴》,《人口与经济》2018 年第 3 期。

营企业发展的法律法规和规范性文件的做法。2018 年 11 月 1 日,习近平主持召开民营企业座谈会并发表重要讲话,强调"非公有制经济在我国经济社会发展中的地位和作用没有变,我们毫不动摇鼓励、支持、引导非公有制经济发展的方针政策没有变,我们致力于为非公有制经济发展营造良好环境和提供更多机会的方针政策没有变",并且作出了"我国民营经济只能壮大、不能弱化"的表态。围绕司法行政机关如何为民营企业发展提供坚实法治保障的问题,司法部部长傅政华在 2018 年 11 月 11 日接受媒体采访时指出:"将重点加快推动相关法律法规的立改废释"工作,"推动全面清理不利于民营企业发展的法律法规和规范性文件。统筹协调正在开展的相关法律法规清理工作,推动在 2018 年年底前集中清理现行法律法规和规范性文件中有悖于平等保护原则、不利于民营经济发展的相关内容,打破各种'卷帘门''玻璃门''旋转门'"①。如果在"促进生育政策和相关经济社会政策配套衔接"方面也能有这样的力度,完善生育支持政策、鼓励按政策生育就有了保障。

下面仅以四类法规政策为例,对此加以说明。

(1)修订计划生育相关规定。首先,应当对《流动人口计划生育工作条例》作出修订。实施"全面两孩"政策后,"提倡一孩"政策背景下于 2009 年颁布实施的《流动人口计划生育工作条例》显然就过时了,应当作出修订。我们建议:将第十六条"育龄夫妻生育第一个子女的,可以在现居住地的乡(镇)人民政府或者街道办事处办理生育服务登记"的规定,修订为:"育龄夫妻生育第一个和第二个子女,以及符合法律规定生育第三个子女的,可以在现居住地的乡(镇)人民政府或者街道办事处办理生育服务登记。"修订的理由是:生育服务登记是为了准确掌握孕育信息,更好地提供生育服务,不办理生育服务登记就意味着不能享受计划生育免费服务和优惠服务,实际上就是将流动人口排除在计划生育服务之外。将按政策生育第二个子女的育龄夫妻纳入免费享

---

① 《发挥司法行政工作职能 支持民营企业发展壮大——访司法部部长傅政华》,中国政府网,2018 年 11 月 11 日,http://www.gov.cn/xinwen/2018-11/11/content_5339354.htm。

受计划生育服务的范围,适应了生育政策调整的新形势,与"全面两孩"政策保持了一致性。

其次,应当对社会抚养费的征收问题作出明确回应性规定。由于2002年9月1日颁布实施的《社会抚养费征收管理办法》和2014年11月20日公布的《社会抚养费征收管理条例(送审稿)》,都是适应于以往计划生育政策而制定或修订的,与现行"全面两孩"政策不相适应。而且2014年11月20日《社会抚养费征收管理条例(送审稿)》向全社会公布(公开征求意见)时,就已经出台了新的生育政策——单独二孩,可能由于争议较大,《送审稿》既没有正式出台实施,也没有宣布废除,基层在实际工作中无所适从,以至于出现了很多矛盾和问题。尤其是"全面两孩"政策实施后,围绕追缴以往社会抚养费是否合法的问题,以及在征收政策外三孩及以上孩次生育的社会抚养费是否有法律依据的问题上,都存在较大争议。当然,社会上取消社会抚养费的呼声也非常高。我们认为,这一制度或废或改,都应当进行认真的研究论证,尽快给出一个明确的态度或说法,不能长期处于"悬空"状态。

(2)修订收养法中收养人条件和收养数量的规定。现行《中华人民共和国收养法》(1991年颁布,1998年修订)中关于收养人条件和收养子女数量的规定,与当时"提倡一对夫妇只生育一个孩子"的生育政策相一致,但与现行"全面两孩"政策不一致,因此,应当作出修订,以保持政策体系的一致性和协调性。为了与修订后的《中华人民共和国人口与计划生育法》中"提倡一对夫妻生育两个子女"的法律条文相适应,应当对收养法中关于收养人条件和收养子女数量的规定作出相应修订。我们建议:将第六条第一款收养人条件中的"无子女"修改为"无子女或只有一个子女";将第八条"收养人只能收养一名子女。收养孤儿、残疾儿童或者社会福利机构抚养的查找不到生父母的弃婴和儿童,可以不受收养人无子女和收养一名的限制"中的"收养人只能收养一名子女",修改为"收养人最多可以收养两个子女"。因为已经生育一个子女的夫妇,如果不愿意再生育或者不具备再生育的条件,完全可以收养一个子女;未生育过子女或者不具备生育能力的夫妇,也完全可以收养两个子女。不管哪种情况,都没有突破"全面两孩"的政策限制,都是实现两个子女意愿的途径。①

尤其是那些已经领取独生子女光荣证,实施"全面两孩"政策后有再生育意愿,但年龄偏大不能生育的夫妇更是如此。无子女的夫妇收养两个子女,或者已有一个子女的夫妇再收养一个子女,都符合"全面两孩"政策,而且两个子女还是避免"失独"的治本之策。在收养政策上作出这样的修订,更好地体现了法律法规的协调性和一致性,更为合理,也更具人性化。② 我们知道,失去独生子女,无疑是一个家庭最大的不幸,给这些家庭带来了难以抹去的阴影,也是近年来一些人批评和攻击我国计划生育政策的一个重要原因。如果这些家庭能够通过收养或者再生育的方式再有一个孩子,就有可能缓解甚至逐步消除他们心中的伤痛。一些地方已经开展的帮助失独家庭收养(或再生育)子女的工作,就收到了较好的效果。但这一扶助工作既不普遍,也因为扶助标准各异效果有限。我们建议:对于失独家庭的收养行为,要开设绿色通道,尽可能提供方便;对于有再生育条件和再生育意愿的家庭,要提供生育技术支持,给予一定数额的补助,鼓励他们实现再生育。帮助失独家庭收养(或者再生育)一个子女,既是满足失独父母对子女需求的重要举措,有利于帮助这些家庭走出心理阴影,缓解和解除他们没有子女的后顾之忧,也是减少政府后续特别扶助费用支出的有效办法,可以起到"事半功倍"和"一劳永逸"的效果。同样地,也要支持残独家庭收养(或者再生育)一个子女,以满足其对两个孩子和健康子女的需求。

(3)修订各种交通运输规程中成人旅客可免费携带儿童数的规定。我国

---

① 参见吕红平、吕子晔:《"老人老办法,新人新办法"奖励扶助制度改革之我见》,《河北大学学报(哲学社会科学版)》2018 年第 1 期。

② 参见吕红平、吕子晔:《"老人老办法,新人新办法"奖励扶助制度改革之我见》,《河北大学学报(哲学社会科学版)》2018 年第 1 期。

现行公路和铁路旅客运输规程中关于每一成人旅客可免费携带 1 名儿童的规定,是与实行"提倡一孩"的生育政策相适应的。同样的道理,为了与现行"全面两孩"生育政策保持一致性和协调性,体现"鼓励按政策生育"的精神,应当将运输规则中每一成人旅客可免费携带的儿童数由 1 名增加为 2 名。这样的调整,既体现了法律法规的一致性,也可以减轻两个子女家庭的经济负担,反映出政府鼓励按政策生育的态度。

(4)改革以个人为单位的所得税征收制度。我国 2011 年 6 月 30 日公布、自 2011 年 9 月 1 日起施行的《中华人民共和国个人所得税法》,是以个人为征收单位的,按照规定,"工资、薪金所得,以每月收入额减除费用三千五百元后的余额,为应纳税所得额"。为了减轻纳税人的负担,2018 年修订的《个人所得税法》不仅提高了起征点,而且还增加了专项扣除项目,起征点变为"居民个人的综合所得,以每一纳税年度的收入额减除费用六万元以及专项扣除、专项附加扣除和依法确定的其他扣除后的余额,为应纳税所得额"。与原法相比,本次修订把专项扣除(包括居民个人按照国家规定的范围和标准缴纳的基本养老保险、基本医疗保险、失业保险等社会保险费和住房公积金等)、专项附加扣除(包括子女教育、继续教育、大病医疗、住房贷款利息和住房租金等支出)和依法确定的其他扣除列为六万元之外的应纳税所得额扣除,起到了降低个人所得税的作用,但并没有改变以个人为征收单位的做法。这种以个人收入为计征基础的税收制度,对于不同规模的家庭来说,会在一定程度上影响到人均收入。如果能将计征单位由个人收入改为家庭人均收入,在同样的工资水平下,就可以减少缴税额,增加家庭人均收入,增强家庭生育抚养孩子的能力,对于中低收入群体来说,这种作用更为突出。例如,在不考虑专项扣除、专项附加扣除和依法确定的其他扣除的情况下,假设一个家庭中的夫妻双方均为城镇单位就业人员,月工资均为 7000 元(2017 年全国城镇非私营单位就业人员年平均工资为 74318 元,月平均 6193 元),有 2 个孩子,那么,在 2018 年修订后的个人所得税制度下,人均可支配收入为 [7000-(7000-

5000)×10%]×2÷4＝3400元。如果将计征单位由个人工资收入改为家庭人均收入,且仍以5000元(按规定居民个人年综合所得60000元为起征点,每月平均5000元)为计征起点的话,这个家庭的人均收入为3500元,根本无须交税,人均可支配收入比现行税制下还能多出100元。因此,变以个人收入为计征单位的现行税制为以家庭人均收入为计征单位的税制,可以减少二孩家庭的税务负担,为生育二孩的家庭减轻负担。

以上从四个方面探讨了实施"全面两孩"后在完善支持配套政策方面应当改革或调整的内容,而这四个方面仅仅是与生育政策联系较紧的法规政策,实际上还会有其他一些法规政策应当作出改革或调整。因为一个国家的法规政策是一个完整的体系,既相互联系,又相互支撑,就其与"全面两孩"生育政策的关系而言,共同承担着促进"全面两孩"政策顺利实施的重任,只有各项社会支持政策尽快修订到位,与生育政策保持方向上的一致性,才能真正体现鼓励按政策生育的精神,实现生育政策调整的预期效果。

三、实施"常规支持配套政策 +X"的精准扶助策略

国家和省级层面的"全面两孩"支持配套政策,体现着人口和计划生育工作的目标导向,强调的是统一、公平和正义,定位于服务人口长期均衡发展目标和计划生育政策,侧重于对按政策生育的家庭给予支持和扶助。由于不同的家庭有不同的情况和不同的需求,因此,在生育支持政策构建方面,除以上提到的应当普遍包含的内容之外,还应当借鉴习近平总书记针对扶贫工作提出的精准扶贫的思路,在生育支持体系中加入针对性、精准化的服务理念和具体措施,以帮助那些有特殊困难或特殊需求的家庭,即实行"常规支持配套政策+X"的精准扶助策略。

"常规支持配套政策+X"的精准扶助策略,实际上就是指国家和省级层面

制定实施的,针对按政策生育家庭的支持和扶助政策内容(可称之为"规定动作")与各地在落实国家和省级层面支持和扶助政策前提下,根据实际情况开展的具体支持和扶助措施(可称之为"自选动作")相结合的综合支持体系。这里所说的"常规支持配套政策",主要指适用于按政策生育家庭的一般性支持和扶助措施,例如上面提到的生育津贴、生育假、陪护假、乘车,以及增设托儿所、幼儿园,改革个人所得税征收制度,等等,其目的主要是帮助计划生育家庭解决一般性经济困难和照料困难;"X"则是指针对特定对象的特殊需求所提供的特殊扶助和服务措施,主要指一般性经济支持和照料措施之外的特殊性或个性化的支持和扶助措施,如生活照料、精神慰藉、文化帮扶、医疗服务(包括不孕不育和高龄育龄妇女辅助生育服务)、临终关怀等。当然,不同地区也可以在国家政策框架内,根据当地实际情况,适当增大经济支持力度,提高经济支持标准。但是,正如我们在前边提到的,为了维护政策的权威性和统一性,以及公民权利的平等性,各地在提高生育支持扶助标准时不能任意而为,而是应当控制在一定的幅度之内,例如,不应超过国家规定标准的50%。

从各地近年来的帮扶工作实践情况看,"X"的发展空间还是很大的。由于不同的家庭可能有着不同的需求,扶助工作应当根据个性化原则,甚至可以采取一户一策、一人一策的方式,尽量提高帮扶工作的精准程度。所以,我们建议在社会支持政策构建方面,国家层面应当主要从政策导向上做好把控工作,对社会支持政策的对象、类别、原则、基本标准及承担主体等作出规定;省级层面可以根据实际情况,对国家制定的经济支持和扶助标准作出适当调整(以不超过国家标准的50%为上限),制定实施托儿所、幼儿园建设规划,并且做好推动落实工作;市、县两级主要围绕"X"多下功夫,重点围绕照料服务,探索开展符合本地实际的支持和服务项目。

根据生育困难家庭面临的不同问题和特殊困难,实施"常规支持配套政策+X"的精准扶助策略,采取有针对性的支持和扶助措施,帮助生育家庭解决实际问题,既是提升群众生育意愿、增强家庭生育抚养能力、促进按政策生育的重要举措,也是构建生育友好型、家庭友好型社会的内在要求,更是党和政府"以人为本""服务群众"执政宗旨的具体体现。因此,应当成为今后的帮扶工作重点。

第八章　计划生育奖励扶助政策
改革前景及可行性研判[①]

　　全面实施两孩生育政策后,对按政策生育的家庭进行奖励扶助是大势所趋。计划生育奖励扶助政策改革前景如何,奖励扶助标准是否具有可行性,需要对生育政策调整后的生育趋势和人口发展态势进行预测分析。只有对不同方案下奖励扶助资金总量需求及结构变动情况作出科学测算,才能将计划生育奖励扶助政策改革或调整建立在合理、有效、可行的基础上。

一、"全面两孩"政策下的人口预测

　　生育政策调整与"全面两孩"政策实施,将会对出生人口孩次结构产生重大影响,并突出表现为独生子女数量减少和二孩出生数量增多,这将进一步决定和影响未来按政策生育的家庭数量和计划生育奖励扶助政策所需要的资金规模。因此,有必要首先对生育政策调整后的育龄妇女目标人群构成、生育意愿变动状况和孩次递进生育情况进行综合分析,对 2016—2050 年全国分孩次出生人口数量以及按政策生育的夫妇规模作出科学测算,为进一步测算计划生育奖励扶助政策所需要的资金规模奠定基础。

---

　　① 本章内容参见胡耀岭:《我国计划生育家庭奖励扶助标准及其测算研究》,《河北大学学报(社会科学版)》2018 年第 1 期。

（一）育龄妇女目标人群规模

2016年前，我国生育政策是以人口户籍性质为依据进行划分的，农业和非农业人口在二孩生育政策上存在显著差异。"全面两孩"政策将主要改变现有一孩人群的二孩生育行为，从这个意义上讲，影响二孩出生人口规模大小的关键因素是已经生育一孩的育龄妇女总量、年龄结构、二孩生育意愿。政策内生育二孩育龄夫妇数量将在原有基础上有所增加，其中不乏35岁及以上大龄育龄妇女。可以预见，有二孩生育意愿的人群尤其是大龄育龄妇女必然尽早尽快作出生育安排，生育政策调整导致的生育势能将在2—5年内逐步释放。由此可见，因实施"全面两孩"政策而新增加的可以生育二孩的育龄妇女目标人群（以下简称为"目标人群"），对我国未来一段时期的生育规模和人口发展趋势具有重要影响。

首先，需要对"全面两孩"政策目标人群进行界定。由于我国以往的生育政策只限制二孩及以上孩次生育，对法定婚内一孩生育并无限制，所以，不同生育政策下各出生队列育龄妇女一孩次生育模式和一孩次累积生育模式发生变化的可能性不大。由于生育一孩是生育二孩的前提，或者说二孩育龄妇女目标人群都已经完成了一孩生育，所以，"全面两孩"政策实施后，新增二孩生育目标人群一定是目前只有一个子女（包括生育或收养），并且不符合原二孩生育政策的人群。

其次，需要对"全面两孩"目标人群涵盖的人口类别作出测算。以户籍性质和现有子女数分类，"全面两孩"政策下新增加的二孩生育目标人群可能涉及以下三部分妇女群体：一是仅生育了一个男孩的农业户籍育龄妇女；二是仅生育了一个子女的非农业户籍育龄妇女；三是尚未生育的育龄妇女（这些育龄妇女未来完成一孩生育后，将成为"全面两孩"政策的目标人群）。前两类妇女群体在实施"全面两孩"生育政策后，获得了二孩生育的合法性，也是鼓励按政策生育的对象。

我国以往实行的计划生育政策不仅按户籍类别划分,非农业户籍人口实行独生子女政策,农业户籍人口则是兼具独生子女政策、"一孩半"政策、二孩政策(一些少数民族还可以生育三个孩子),而且各省区之间生育数量规定亦有很大不同。对于农业户籍人口来说,实行独生子女政策的有北京、上海、天津、重庆、江苏和四川6个省市,实行"一孩半"政策的有江西、山东、广东、湖南、湖北、辽宁、安徽、内蒙古、广西、山西、吉林、河北、甘肃、贵州、黑龙江、福建、浙江、陕西、河南19个省区。根据2010年人口普查数据推算,全国实行独生子女政策的乡村地区覆盖的育龄妇女为2526.10万人,占全国乡村育龄妇女总数的14.52%;实行"一孩半"政策的乡村育龄妇女为13363.95万人,占全国乡村育龄妇女总数的76.82%;实行其他生育政策的乡村育龄妇女为1506.78万人,占全国乡村育龄妇女总数的8.66%。考虑到部分"一孩半"政策人群和多孩政策人群原本可以生育二孩的情况,全国乡村育龄妇女中有52.93%的实行独生子女政策,47.07%的实行二孩及以上政策。[1] 根据2010年全国和分省人口普查数据,对已经生育一孩的育龄妇女数量进行分析,并扣除实行"一孩半"政策和多孩政策地区中可以生育二孩的农村一孩育龄妇女,全国实行一孩生育政策的育龄妇女目标人群规模为1亿人左右(见表8-1)[2]。

表8-1　全面二孩生育政策育龄妇女目标人群(2015年) (单位:万人)

年龄组(岁)	非农业一孩	农业一孩	农业一孩半	目标人群
15—24	154.85	67.68	178.20	400.73
25—39	2826.32	774.56	1974.92	5575.80
40—49	2789.18	672.50	929.64	4391.32
合计	5770.35	1514.74	3082.76	10367.85

资料来源:王广州:《影响全面二孩政策新增出生人口规模的几个关键因素分析》,《学海》2016年第1期。

---

[1]　参见王广州:《影响全面二孩政策新增出生人口规模的几个关键因素分析》,《学海》2016年第1期。

[2]　由于"单独二孩"生育政策与"全面两孩"政策的出台仅间隔两年时间,不对二者做进一步区分。

（二）目标人群生育意愿分析

二孩生育目标人群的生育意愿和生育计划安排是决定和影响二孩生育水平的关键因素。受社会经济特征影响,不同年龄孩次递进属性有着不同的终身生育意愿,不同年龄育龄妇女的生育意愿和生育计划存在很大差别,到底有多大比例的目标人群有意愿、有能力生育二孩以及生育计划安排如何,都需要我们作出认真的分析和研究。由于当前这方面的数据资料十分缺乏,我们只能参考王培安等人2016年的研究进行分析和判断。①

1. 生育意愿情况

根据2014年全国人口变动抽样调查数据,农业和非农业育龄妇女打算生育二孩的比例分别为78.79%和29.78%,全国总体比例为58.43%。也就是说,全国有接近六成的育龄妇女有生育二孩的打算。分年龄别看,不同年龄组育龄妇女之间存在较大差异,35岁以下育龄妇女的二孩生育意愿较高,35岁及以上育龄妇女的二孩生育意愿呈明显下降趋势。分户籍性质看,受生活成本、教育支出、照料资源、工作压力等因素的制约,非农业户籍育龄妇女的二孩生育意愿明显偏低,35岁以下育龄妇女中有二孩生育意愿的占四成左右,35岁及以上育龄妇女的二孩生育意愿仅占两成左右;而农业户籍育龄妇女的二孩生育意愿明显较高,均占七成以上(见表8-2)。

表8-2　2014年全国育龄妇女年龄别终身想生二孩的比例估计 (单位:%)

年龄组（岁）	农业	非农业	总体	年龄组（岁）	农业	非农业	总体
15—19	81.39	64.92	80.06	35—39	78.47	27.30	51.94
20—24	78.28	59.58	76.26	40—44	72.47	22.79	46.92

① 参见王培安:《实施全面两孩政策人口变动测算研究》,中国人口出版社2016年版,第97—100页。

续表

年龄组（岁）	农业	非农业	总体	年龄组（岁）	农业	非农业	总体
25—29	81.57	47.65	73.29	45—49	72.19	20.09	46.18
30—34	87.18	38.56	65.66	合计	78.79	29.78	58.43

数据来源：根据 2014 年全国人口变动抽样调查资料推算。

2. 生育时间安排

生育时间安排是将生育意愿落实到生育行为的重要环节。生育二孩的时间安排，对育龄妇女生育水平和每个年度出生人口规模有重要影响。为此，需要对已经生育一孩的育龄妇女安排生育二孩的时间作出分析（见图 8-1）。在具体时间安排上，计划在 1—2 年生育二孩的育龄妇女比例最高，农业户籍一孩育龄妇女高于非农业户籍一孩育龄妇女。从不同年龄组情况看，表现出随年龄增大计划生育二孩的比例递减的态势。也就是说，年龄越大，已经生育一孩的育龄妇女再生育二孩的比例越低（见图 8-1）。

（单位：%）

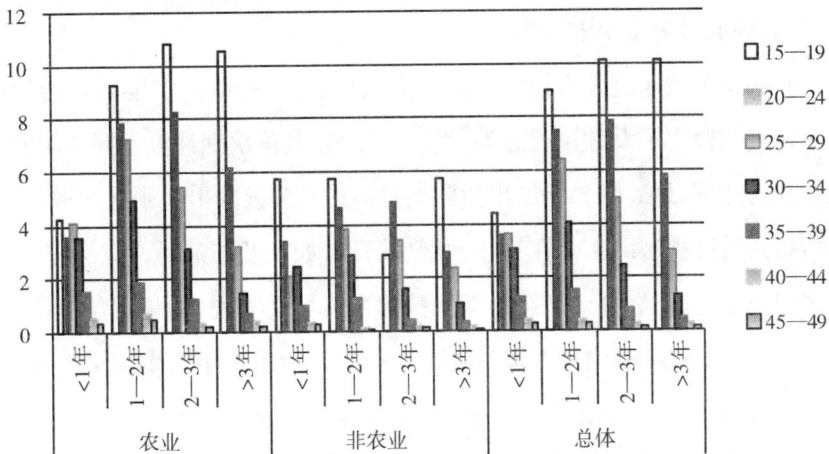

图 8-1 2014 年全国一孩次年龄别育龄妇女计划生育二孩的时间分布

资料来源：王培安：《实施全面两孩政策人口变动测算研究》，中国人口出版社 2016 年版，第 97—100 页。

需要说明的是,考虑到部分育龄妇女尤其是 40 岁及以上育龄妇女虽然有强烈的生育二孩的意愿,而且确实具备将二孩生育意愿变为实际生育行为的经济支付能力,然而,身体条件及生理因素决定了其生育能力的下降,因此生育率普遍偏低。基于此,我们在设定分年龄生育模式时充分考虑了这一因素对育龄妇女生育水平的影响。

(三)人口预测模型选择

在进行人口预测时,需要综合分析生育、死亡、迁移、流动等因素的影响,准确把握人口发展过程及其变动规律,并根据不同研究目标选择更具针对性的人口预测模型。根据计划生育奖励扶助政策,不同孩次出生人口的奖励扶助标准不同,这就需要在预测过程中,根据各出生队列育龄妇女曾生子女数和现存子女数,确定其是否具有生育下一个孩子的资格。预测结果不仅要体现各年度出生人口总量,还要有分孩次的出生人口数量。因此,根据奖励扶助实践需要,比较适宜的模型是分出生队列的孩次递进预测模型。该方法的优势是能够较好地区分育龄妇女的孩次结构状态,这一点恰恰是测算出生人口数量最为基础、最为重要的数据。

在利用孩次递进生育模型预测出生人口数量时,首先需要将育龄妇女按出生队列和曾生子女数进行分类,然后按年龄别、孩次别计算不同孩次的出生人口递进比例,最后将各年度出生队列育龄妇女分孩次出生子女数进行加总,即可得到最终预测结果。在具体预测中,育龄妇女状态属性总是处于动态变化之中,对于尚未生育或已经生育一孩的育龄妇女来说,如果本年度未生育,其状态属性上仅年龄增加 1 岁,孩次特征不变;如果本年度生育了 1 个孩子,则其年龄增加 1 岁,且孩次状态累增 1 位。分析认为,该模型既考虑了育龄妇女的生育年龄特征,也考虑了其生育过往史和生育进度情况,不仅反映了育龄妇女不同生育孩次的存量特征,还反映了生育下一孩次的增量特征。从实践应用效果看,该模型的分类方法可以比较准确地反映出不同出生队列育龄妇女生育过程的选择性,使处于相同年龄、相同孩次的育龄妇女的同质性更强,从而较好地保障了预测程序的科学性和预测结果的可靠性。

为了避免预测参数假定的逻辑矛盾问题,现以终身生育水平为基础,对孩次递进生育水平和生育模式进行设定,并以此为基础构建预测模型。在生育水平和生育模式研究过程中,有两个基本问题必须加以明确:一是二孩终身生育比例到底是多少? 二是符合"全面两孩"政策的存量目标人群几年内完成生育? 虽然生育意愿和生育计划是在调查中需要回答的问题,事实上调查对象也都回答了这两个问题,但生育意愿与实际生育行为并不是一回事,二者之间是有一定偏差的。尤其是在完成人口转变后的低生育率背景下,生育意愿和生育行为之间还是有很大差距的。[①] 为解决这一问题,我们参考并采用了王广州和胡耀岭对各出生队列育龄妇女 0→1、1→2 递进生育情况和终身生育情况进行综合分析的思路和方法。[②] 另外,生育参数假定不仅需要考虑目前已经生育一孩的育龄妇女的生育行为,同时还涉及各年龄组新加入的一孩育龄妇女,因为当前无孩育龄妇女生育一孩后,就会陆续进入二孩目标生育人群。

在递进生育模式上,无论农业户籍一孩育龄妇女还是非农业户籍一孩育龄妇女,在不同年龄组打算生育二孩的比例上,尽管有些年龄组可能高于设定的参数,有些年龄组可能低于设定的参数,但总体变化趋势与年龄别潜在二孩递进生育比例基本一致,不同年龄组育龄妇女打算生育二孩的比例基本上处于设定指标值附近。特别需要指出的是,40 岁及以上一孩育龄妇女打算生育二孩的比例非常低,明确计划一年内生育二孩的比例不到 8‰。对于 40 岁及以上没有生育计划的育龄妇女来说,最终能够生育二孩的可能性还会随着年龄的增加而下降。因此,与目前实际调查结果推算参数相比,本研究的参数设定均是比较高的估计。

[①] 参见郑真真:《生育意愿的测量与应用》,《中国人口科学》2014 年第 6 期。

[②] 参见王广州、胡耀岭:《真实队列年龄别生育率估算方法与应用研究》,《人口研究》2011 年第 4 期。

（四）人口预测主要结果

为了适应客观存在的家庭照料能力和社会支持政策方面的城乡差异,满足对计划生育奖励扶助政策改革前景进行科学研判的需要,我们在进行人口预测时,仍然区分了育龄妇女的户籍性质,并且充分考虑了未来户籍人口城镇化率变动对生育水平和生育总量的影响。我们以 2010 年第六次全国人口普查数据为基础,根据前述人口预测模型和参数假设,对 2016—2050 年出生人口数量以及新增第一孩和第二孩生育累积情况进行的预测结果表明,出生人口变化情况表现出一定的规律性,主要体现在以下两个方面:

1. 农业户籍新增人口数量呈先升后降趋势

受户籍人口城镇化率快速上升的影响,农业户籍人口将呈现出总量减少的趋势。与此相适应,无论是一孩生育还是二孩生育,均呈现总体下降趋势。2016—2050 年,全国农业户籍人口年出生量将呈现显著的两阶段变动特征:一是 2016—2018 年期间短暂增加,从 2016 年的 984.50 万人增至 2018 年的 999.20 万人;二是 2019—2050 年期间持续减少,从 2019 年的 960.89 万人快速减少至 2050 年的 139.54 万人。

农业户籍人口是接受计划生育奖励扶助并享受国家相应扶助政策的重点人群。2016 年实行"全面两孩"政策后的各年份,新增出生人口累加量将呈现先增后减趋势,从 2016 年的 984.50 万人增至 2039 年的 1.07 亿人,年均增加 420.79 万人,年均增长率为 10.91%;2040—2050 年,新增出生人口累加量将逐渐减少,从 1.07 亿人减至 9171.86 万人,年均减少 146.59 万人,年均降幅为 1.47%。

2016 年后新增 0—3 岁农业户籍人口数量呈现递减趋势,"十三五"期间的规模最大,将保持在 2500—4000 万人之间,之后逐年减少,2024 年开始减至 3000 万人以下,2031 年减至 2000 万人以下,2043 年后进一步减至 1000 万人以下;4—6岁农业户籍人口新增量将推迟到2020年后出现,2022年达到最大规模,为2737.71万人,2028年后减至2000万人以下,2041年后减至1000万人以下。7—18岁中小学适龄农业户籍人口高峰将主要集中在2031—2036年,每年的总规模维持在6000—7000万人之间,从而使2031—2036年成为我国加强基础教育和优化农村教育资源配置的关键时期。在此之后,将会于2040年开始减至5000万人以下,2048年后开始减至3000万人以下(见图8-2)。

（单位：万人）

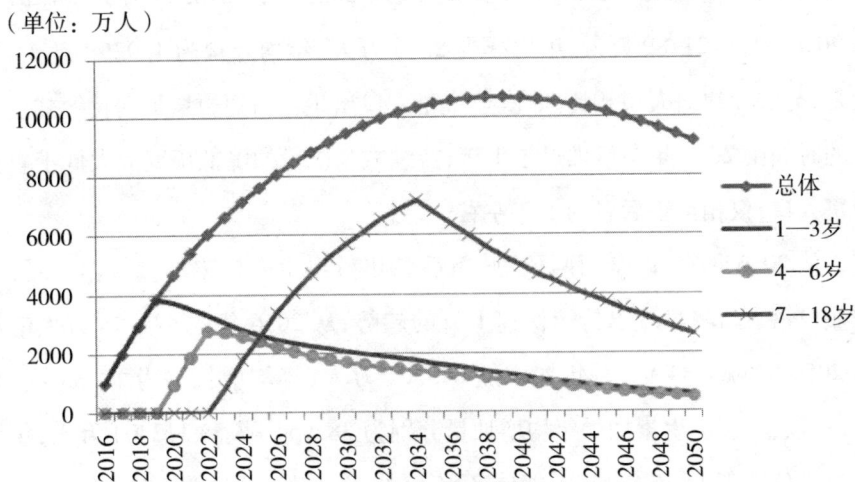

图8-2 "全面两孩"政策实施后农业户籍新增出生
人口数量变动情况(2016—2050年)

2.非农业户籍新增人口数量将会持续快速增长

根据有关研究提供的资料,未来二三十年我国户籍人口城镇化水平将会以每年1个百分点的速度上升,到2020年升至45%,2050年达到75%,非农业户籍人口数量将随之快速增加。① 尽管每年全国出生人口数量可能会有所减少,但受城镇化水平快速提高的影响,非农业育龄妇女及新增出生人口累加量将呈现持续增加的趋势。

———————

① 参见蔡继明:《努力提升我国真实城镇化率》,《经济参考报》2015年3月9日。

受生育政策和生育意愿的影响,非农业户籍人口生育水平始终低于更替水平,除 2016—2020 年放开生育政策引发的堆积式出生人口外,未来三十年,全国非农业户籍人口的出生量将呈现总体下降趋势。2016—2050 年,全国非农业户籍人口出生量将呈现与农业户籍人口出生量基本相同的两阶段变动特征:一是 2016—2019 年会出现短暂增加,从 2016 年的 448.98 万人增至 2019 年的 594.67 万人,年均增加 48.56 万人,"十三五"期间始终保持在 550—600 万人之间;二是 2019—2050 年持续减少,从 2020 年的 575.59 万人快速减少至 2050 年的 321.89 万人,年均减少 8.46 万人,年均降幅为 1.92%。所不同的是,与农业户籍人口相比,非农业户籍人口出生量由短暂增加向持续减少变化的时间由 2018 年向后推迟了 1 年,持续减少阶段的降低幅度大大低于农业户籍人口,仅相当于后者的 1/3 左右。

从 2016 年实行"全面两孩"政策后各年份出生人口累加量数据来看,非农业户籍人口将呈现出持续快速上升的趋势,从 2016 年的 448.98 万人增加到 2050 年的 2.34 亿人,年均增加 675.01 万人,年均增长率为 12.33%。其中,一孩、二孩出生累加量年均增加量分别为 38.95 万人和 113.04 万人,年均增长率分别为 11.37%和 14.92%,后者略快于前者。这说明实施"全面两孩"政策对非农业户籍人口新增出生人口规模的影响大于农业户籍人口,也可以说非农业户籍人口在以往严格的计划生育政策限制下被压抑的二孩生育愿望有可能在"全面两孩"政策实施后得到某种程度的释放。分年龄看,0—3 岁、4—6 岁人口数量均会呈现先增后减的变动趋势,但减少过程比较平缓,分别保持在 2000 万人和 1500 万人左右的水平(见图 8-3)。

总体来看,全国出生人口高峰主要集中在"十三五"时期,这是实施"全面两孩"政策后生育潜能集中释放的结果。2021 年后,出生人口规模将沿着原有趋势发展。因此,有必要采取有效的奖励扶助措施,完善社会支持政策体系,增强群众按政策生育的意识和信心,提高生育政策的实施效果,这也是本课题研究的根本目标之所在。

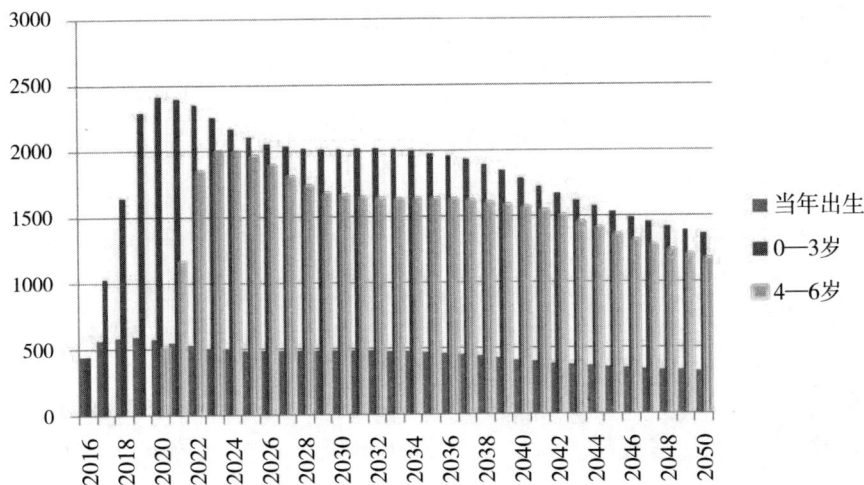

图 8-3 "全面两孩"政策实施后非农业户籍新增出生
人口数量变动情况（2016—2050 年）

二、奖励扶助资金的总量需求与结构变动情况

本部分将以出生人口预测数据为基础,按照国库保国策、城乡统一和地区统一的无差异原则,设计出帮助计划生育家庭解决生育、养育过程中可能遇到的困难和问题的具体方案。具体说来,就是将奖励扶助政策细化为多个奖励扶助方案,测算不同方案所对应的奖励扶助资金需求总量,以及每年资金需求量的变动情况,从宏观上衡量政府财政的经济支持和承受能力,进而分析奖励扶助政策的现实可行性。

（一）奖励扶助方案设计

"全面两孩"政策出台的背景是,我国面临低生育率导致的老龄化加速和少子化危机,有必要放宽生育政策,提升育龄妇女生育水平。从一定意义上讲,实施"全面两孩"政策,就意味着彻底转变过去那种生育率越低越好的认识,引导和鼓励群众按政策生育,提升家庭发展能力,实现人口长期均衡发展。

从现实情况看,虽然生育政策调整后允许生育二孩,但如果没有相应的配套性福利政策,由于生活压力大、抚养成本高等原因,很多家庭在二孩生育上会望而却步,致使"全面两孩"政策的实施效果大打折扣。要解决这一问题,有必要借鉴国外鼓励生育政策中的一些经验做法。

日本为了摆脱长期超低生育率的困扰,实行了生育补助政策。按规定,日本家庭每出生一个孩子将获得政府发放的 42 万日元的一次性"生育金"奖励。伊朗政府在国有银行为每名新生儿设立一个 950 美元的账户,以后每年拨入 95 美元,直至孩子长到 18 岁,从 20 岁开始可以领取这笔钱,用来支付教育、结婚、健康和住房费用。俄罗斯于 2007 年开始实施"母亲基金"项目,生育第二个以及更多孩子的家庭就可以申请得到"母亲基金"的支持,生育第三胎或更多子女的家庭,在新生儿满三周岁前,每月还可以获得 5000—11000 卢布的补贴。德国政府规定,停职在家照顾孩子的父母,全年每月可得到相当于税后月收入 2/3 的补贴,每月最高补贴额可达 1800 欧元。①

过去我国计划生育奖励扶助政策规定:农村地区独生子女和双女父母年满 60 周岁以后,可以按月领取一定金额的退休金;多数城镇地区一般都执行了增发退休金(有的发放一次性奖励,有的增加退休金发放比例,有的二者兼而有之)的政策。但是,随着我国社会保障制度不断健全和城乡养老保险制度全面覆盖,这种做法将不再适应社会经济发展实际,而且在此制度下,退休奖励与生育时间有一个很大的时间差,奖励时间与生育时间脱节,难以起到鼓励生育的作用。因此,有必要借鉴国外鼓励生育政策的思路,以增强家庭生育、抚养孩子的能力为目标,采取补贴家庭生育养育费用的做法,奖励扶助费用主要用于覆盖或补贴家庭因生育子女而负担的生育、抚育、教育、照料等费用,取消与养老挂钩的生育扶助政策规定。为此,我们设计了如下三套奖励扶助(也可以称生育津贴或生育补助)方案:

---

① 参见王娜:《二胎每月津贴达 600 欧元,世界各地如何鼓励生育》,新浪上海 2014 年 2 月 25 日,http://sh.sina.com.cn/news/s/2014-02-25/181683288.html? from=sh_xghd。

方案一:只奖励二孩生育。奖励扶助资金与二孩挂钩,也就是说,只有生育二孩的家庭,才有资格获得奖励,这样做充分体现出"全面两孩"背景下"鼓励按政策生育"的精神。奖励内容包括:一次性生育津贴,0—3岁卫生防疫和营养补助,4—6岁营养补助和幼儿教育补贴,7—18岁生活补贴,18岁后的发展基金。发放形式为:一次性生育津贴,在给孩子进行户籍登记时领取;0—3岁和4—6岁各种补助,由父母按月领取;7—18岁是义务教育阶段(预期15年后的义务教育可能由现行的9年制提高到12年制),其补贴在就读学校领取;18岁后开始领取发展基金,既可以一次性领取,也可以分期领取。发放标准为:参照最初的独生子女父母奖励金占比,一次性生育津贴设计为三个月的上年度社会平均工资,因为最初的独生子女父母奖励金为双方每月5元,相当于开始实施这一政策时社会平均工资的10%左右,在激励上确实起到了较好的效果。因此,0—18岁的每年补贴费用可以设计为社会平均工资的10%;另再有10%按年存入指定账户,相当于夫妇另一方的奖励金,作为成年后的发展基金。

方案二:一孩和二孩生育补贴。即在生育政策数量限制内每生育一个孩子,就可以获得相应的扶助金,这一方案设计与中央"鼓励按政策生育"的精神也是一致的。扶助内容包括:一次性生育津贴,0—3岁卫生防疫和营养补助,4—6岁营养补助和幼儿教育补贴。发放形式为:一次性生育津贴,在为孩子进行户籍登记时领取;0—3岁和4—6岁各种补助,由父母按月领取。发放标准为:一次性生育津贴设计为三个月的上年度社会平均工资,0—3岁和4—6岁的年扶助金为上年度社会平均工资的10%。

方案三:只发放二孩婴幼儿期补贴。扶助内容仅包括一次性生育津贴、0—3岁卫生防疫和营养补助、4—6岁营养补助和幼儿教育补贴,不包括7—18岁的生活补贴和18岁以后的发展基金。其他方面与方案一相同。

(二)参数选取

在参数选取方面,除了社会平均工资这一参数外,其他均为定量值。社会平均工资,是指当年全部有工资性收入人员的平均工资。在奖励扶助政策设计中,确立了奖励扶助标准随社会平均工资变动进行动态调整的思路。当前,我国经济保持中高速发展,工资增长速度较快,如果让奖励扶助标准仍然盯住某一年的社会平均工资水平不变,不仅不符合经济发展趋势,而且还会降低奖励扶助金的实际购买能力以及奖励扶助政策对育龄人群的吸引力。对以社会平均工资为基础计算的奖励扶助金实行动态调整,可与经济增长和生活水平变化基本保持同步。

对历年《中国劳动统计年鉴》相关数据整理计算的结果显示:2001—2015年,全国社会平均工资呈快速增长趋势,从 2001 年的 10834 元增至 2015 年的 43892 元,年均增加 2361 元,年均增长率为 10.51%,而同期按现价计算的人均 GDP 增速为 13.28%,后者比前者高出近 3 个百分点。这说明劳动者既是经济增长的贡献者,也是经济发展成果的分享者,但计划生育家庭奖励扶助标准却严重滞后于人均 GDP 增长率。为了更加准确地预测社会平均工资的未来变动情况,有必要对 2001—2015 年的社会平均工资(W)与人均生产总值(RGDP)的关系进行定量分析。根据经验数据,我们建立了社会平均工资(W)与人均生产总值(RGDP)关系的回归方程:

$$\ln W = 2.7257 + 0.7338 \ln RGDP \ (\ R^2 = 0.9874\ )$$

这一公式说明,社会平均工资与经济增长呈显著的正相关关系,人均生产总值每增长 1%,社会平均工资增长 0.73 个百分点。根据经济增长预测数据,可以推算得出未来社会平均工资水平。

经济增长是社会、经济、科技、教育等多种因素共同影响的结果,经济增长预测是个大课题,对中长期经济增长作出准确预测是一件十分困难的工作[1],现有文献仅对最近 5—10 年中国经济增长情况进行了预测。Louis Kuijs (2009)通过对中国劳动力和全要素生产率进行的分析认为,中国 GDP 增速

---

① 参见王立勇、韩金华、赵铮:《中外经济周期动态关联性研究与我国经济增长预测》,《经济学动态》2009 年第 9 期。

将从 2015 年的 7.7% 下降到 2020 年的 6.7%,5 年间平均增速为 7%[①];陈昌盛和何建武(2015)根据中国经济发展特征及其变动趋势,对经济增长展望做了小幅调整,认为未来 10 年的平均增速将在 6.2% 左右,2024 年人均 GDP 将增至 12 万元左右[②]。本研究对 2016—2024 年的人均 GDP 做年度分解,然后根据前面的回归方程,计算得出 2016—2024 年的社会平均工资。2025—2050 年的经济增长属于长期预测,鲜有文献对此进行预测研究,专门对此进行研究已超出本课题研究范围。鉴于人均 GDP 自 2025 年开始达到 1.2 万国际元,经济总量基数已经足够大,经济增长方式也发生了很大变化,未来经济增长速度将会进一步放缓,为此,我们将 2025—2040 年的平均增速设定为 4.2%,2041—2050 年的平均增速设定为 3.0%,据此推算,2040 年和 2050 年中国的人均 GDP 将分别增加到 43.23 万元和 77.54 万元,对应的社会平均工资分别为 20.86 万元和 32.03 万元(见表 8-3)。

表 8-3　中国未来人均 GDP 和社会平均工资变动预测(2016—2050 年)

(单位:元)

年份	人均 GDP	社会平均工资	年份	人均 GDP	社会平均工资
2016	55108	46011	2034	269192	147345
2017	60738	49415	2035	291310	156135
2018	66943	53071	2036	315245	165449
2019	73782	56998	2037	341146	175319
2020	81320	61215	2038	369176	185777
2021	89628	65745	2039	399508	196859
2022	98785	70609	2040	432333	208603
2023	108877	75833	2041	458344	217740
2024	120000	81444	2042	485919	227278

①　参见 Louis Kuijs.China through 2020—a macroeconomic scenario,*World bank China office research working paper* No.9;2009。

②　参见陈昌盛、何建武:《未来十年中国经济增长展望》,《经济日报》2015 年 6 月 18 日。

年份	人均GDP	社会平均工资	年份	人均GDP	社会平均工资
2025	132260	87470	2043	515153	237233
2026	143127	92688	2044	546146	247625
2027	154887	98218	2045	579004	258471
2028	167612	104076	2046	613839	269793
2029	181384	110285	2047	650769	281611
2030	196287	116864	2048	689921	293946
2031	212415	123835	2049	731429	306822
2032	229867	131222	2050	775434	320261
2033	248754	139050			

（三）奖励扶助资金测算结果

由上述奖励扶助方案可知,奖励扶助金包括两部分:一是对当期生育家庭的奖励,这与当期出生人口规模相关;二是对孩子抚育过程的扶助,这与当期奖励扶助适龄人口规模有关,决定于当期和往年出生人口规模。因此,所需奖励扶助资金可以用下列公式计算:

方案一: $C_a = 0.25 \times A_a^2 p_a + 0.1 \times \sum_{i=0}^{6} B_i^2 p_a + 0.1 \times \sum_{i=0}^{18} C_i^2 p_a$

其中, A_a^2 为 a 年的第二孩出生人数, B_i^2 、 C_i^2 为 i 岁第二孩人数, p_a 为 a 年的社会平均工资。

方案二: $C_a = 0.25 \times (A_a^2 + A_a^1) p_a + 0.1 \times \sum_{i=0}^{6} (B_i^2 + B_i^1) p_a$

其中, A_a^1 为 a 年的第一孩出生人数, B_i^1 、 C_i^1 为 i 岁第一孩人数。

方案三: $C_a = 0.25 \times A_a^2 p_a + 0.1 \times \sum_{i=0}^{6} B_i^2 p_a$

将相关数据带入上面的公式,即可计算得到各年度所需奖励扶助资金总额,测算结果如表 8-4 所示。如果按照方案一设计奖励扶助制度,2016—2050年奖励扶助金将呈持续快速上升趋势,即从 2016 年的 1078.27 亿元增至 2050

年的 21196.68 亿元,年均增加 591.72 亿元,年均增长率为 9.16%;在方案二中,奖励扶助金将从 2016 年的 2308.46 亿元增至 2050 年的 15212.78 亿元,年均增加 379.54 亿元,年均增长率为 5.70%;在方案三中,奖励扶助金将从 2016 年的 838.65 亿元增至 2050 年的 5449.45 亿元,年均增加 135.61 亿元,年均增长率为 5.66%(见表 8-4)。与财政收入规模相比较,2016 年全国一般公共预算收入为 159552 亿元,方案一、方案二、方案三下的奖励扶助金分别占当年一般公共预算收入的 0.68%、1.44% 和 0.53%。也就是说,如果按方案一,奖励扶助资金将控制在财政收入的 0.7% 以内;如果按方案二,奖励扶助金将会比前者高出 1 倍,保持在财政收入的 1.5% 以内;如果按方案三,奖励扶助资金将控制在财政收入的 0.6% 以内。考虑到当前我国经济增长速度放缓的宏观背景,以及育龄妇女二孩生育意愿趋于下降的社会现实,在计划生育奖励扶助政策制定中,可以统筹规划、分步实施,将易于实施的方案三作为首选,待条件成熟后逐步采取方案一或方案二,这不仅可以提高计划生育奖励扶助政策的实施效果,而且也可以为日后出台进一步鼓励生育二孩的政策留出奖励扶助的空间。

表 8-4　全国计划生育扶助资金测算结果(2016—2050 年)(单位:亿元)

年份	方案一	方案二	方案三	年份	方案一	方案二	方案三
2016	1078.27	2308.46	838.65	2034	19490.60	13221.24	5304.44
2017	2114.02	3478.08	1501.89	2035	20236.03	13657.83	5470.53
2018	3063.70	4542.72	2018.82	2036	20629.70	14062.57	5614.64
2019	4146.69	5721.21	2603.25	2037	20903.06	14403.06	5717.99
2020	5205.24	6895.11	3129.34	2038	21079.39	14704.56	5808.00
2021	6321.07	8154.86	3679.64	2039	21270.34	14969.78	5882.36
2022	7491.64	9506.53	4252.72	2040	21477.77	15178.01	5932.48
2023	8292.89	9855.85	4432.44	2041	21404.75	15154.49	5880.86
2024	9077.35	10138.16	4536.05	2042	21403.78	15138.35	5813.30
2025	9890.25	10402.89	4604.14	2043	21386.52	15103.76	5737.63

续表

年份	方案一	方案二	方案三	年份	方案一	方案二	方案三
2026	10591.92	10511.41	4573.01	2044	21354.85	15053.22	5657.96
2027	11368.27	10665.71	4563.37	2045	21294.49	14979.63	5565.52
2028	12232.65	10882.67	4584.17	2046	21263.38	14958.42	5509.81
2029	13200.34	11177.95	4645.40	2047	21268.66	15009.02	5493.62
2030	14298.37	11578.67	4768.11	2048	21266.44	15075.37	5481.02
2031	15469.85	11986.87	4892.92	2049	21242.87	15142.29	5467.14
2032	16714.74	12379.59	5017.48	2050	21196.68	15212.78	5449.45
2033	18051.93	12792.36	5153.97				

三、奖励扶助政策改革的预期

计划生育奖励扶助政策几乎与"提倡一孩"政策同步实施,其出发点是解决独生子女家庭和农村两女户家庭存在的基本生活困难问题,引导和鼓励群众执行计划生育政策。"全面两孩"政策实施后,国家将继续实行计划生育奖励扶助政策,修订后的《人口与计划生育法》明确规定:"国家对实行计划生育的夫妻,按照规定给予奖励;在国家提倡一对夫妻生育一个子女期间,按照规定应当享受计划生育家庭老年人奖励扶助的,继续享受相关奖励扶助。"改革或调整奖励扶助政策,是保持国家政策连续性的重要表现,但也有必要根据新的形势,对原有奖励扶助政策进行适当改革或调整,赋予计划生育奖励扶助政策新的内涵。尤其应当根据"全面两孩"政策实施后的生育形势以及现行计划生育奖励扶助政策存在的问题,进行合理调整和修订,使之更加符合国家计划生育政策和未来人口发展形势的总体要求。

多年计划生育奖励扶助的实践表明,现行奖励扶助政策存在一些弊端,而这些弊端在全国具有一定的普遍性,突出表现在以下四个方面:一是标准过低,而且长期不做调整。由于尚未建立起相应的动态调整机制,独生子女父母奖励费所起到的导向和激励作用逐渐减弱,甚至可以忽略不计。二是覆盖面较窄,受益时间滞后,这也在一定程度上影响到奖励扶助政策的导向和激励作用。三是受益对象确定上,在一些地方存在规范性不强、操作程序烦琐等问题,在一定程度上影响到计划生育奖励扶助对象申请奖励扶助的积极性,从而出现了宣传声势浩大、实施效果却远没有达到预期的现象。① 四是多部门出台的相关惠民政策与计划生育奖励扶助政策之间缺乏科学统筹与有效衔接,使得奖励扶助政策的效果大打折扣。近年来,作为改善民生的重要举措,国家出台了一系列惠民政策,主要涉及农民增收、全民社保、提高公共服务水平等方面,这些惠民政策的出发点是更好地让群众分享经济社会发展成果,但在具体实施过程中,部分违反计划生育政策的家庭享受到政策带来的实惠,而部分计划生育家庭反而因为人口少、负担轻,不符合普惠政策享受条件,被排除在覆盖对象之外,从而弱化或冲淡了计划生育奖励扶助政策的效用。②

　　针对以上问题和不足,有必要以认真落实"全面两孩"政策为目标,以提高群众执行生育政策并按政策生育的积极性为原则,以更好体现国家在计划生育奖励扶助政策中的主导作用和主体地位为框架,对当前计划生育奖励扶助政策进行改革或调整。"全面两孩"政策实施后,应当消除奖励扶助政策中的地区差异和城乡差异,建立层次更高、全国统一的奖励扶助政策,使得计划生育家庭能够公平、公正地享受应有的权益,为计划生育家庭的合法权益提供保障。为此,需要着重实现三个转变:一是由奖励一孩家庭转变为扶助按政策生育的家庭。实施"全面两孩"政策后,将不再继续认定独生子女家庭,不再发放独生子女父母光荣证,不再实施针对独生子女及其家庭的奖励扶助政策。如果说以往的奖励扶助政策倾向于让群众尽量少生的话,以后的政策理念则

---

　　① 参见汤兆云:《计划生育奖励扶助制度实施中的问题及改进建议——基于福建泉州、厦门两地的调查》,《南京人口管理干部学院学报》2013 年第 1 期。

　　② 参见汤兆云:《计划生育奖励扶助制度实施中的问题及改进建议——基于福建泉州、厦门两地的调查》,《南京人口管理干部学院学报》2013 年第 1 期。

应当是鼓励和帮助群众按政策生育,减轻家庭的生育和抚养负担,使人们生得起、养得好,同时也是为了体现国家在生育支持中的责任,因此,有必要制定针对计划生育家庭的生育津贴制度,向按政策生育的家庭提供一定的经济支持。二是由差别性奖励扶助转变为趋于公平、公正、统一的奖励扶助。在下一步的奖励扶助政策改革或调整中,应当按照公平、公正原则,逐步取消城乡、地区、民族等各种差异,实行或逐步实现以公平、公正为价值取向的全国统一的政策,凡是按政策生育的家庭,均可享有获得国家扶助的权利,针对相同情形的按政策生育家庭执行统一的奖励扶助标准,充分肯定家庭为国家人口发展作出的贡献。三是由多渠道支付逐步转变为政府财政全额负担。现行计划生育奖励扶助或独生子女奖励资金基本上是由各地根据本地情况决定奖励扶助标准,单位也需要承担一定的责任,由于地区发展水平不同、单位性质不同、经费来源不同,不同地区在落实奖励扶助政策方面存在较大差异。在未来的奖励扶助政策改革中,应当坚持国库保国策的原则,由政府承担起计划生育奖励扶助的主体责任,实现全国计划生育政策及其配套制度"一盘棋"。①

按照公民权利均等化和全国统一的原则,将奖励扶助政策置于计划生育政策体系框架内,分析和论证奖励扶助政策对落实计划生育政策的作用,并充分考虑生育政策由"提倡一孩"调整为"全面两孩"政策的时代背景,奖励扶助政策改革或调整应当在以下四个方面有所突破:

一是扩大奖励扶助对象。坚持"老人老办法,新人新办法"的原则,保持奖励扶助政策改革前后的有效衔接。对于"全面两孩"政策实施后的"新人",在奖励扶助对象确认上,应当坚持凡是符合国家计划生育政策或按政策生育的家庭,均可享受计划生育奖励扶助。这里就存在奖励扶助一孩家庭还是奖励扶助二孩家庭,抑或两者均奖励扶助的问题。实行"全面两孩"政策后,国家倾向于鼓励育龄夫妇生育二孩,只有生育了二孩的家庭才是计划生育政策

---

① 参见吕红平、陈红:《"全面两孩政策"实施与奖励扶助制度的"四个转变"》,《领导之友》2016 年第 4 期。

真正的践行者,但生育一孩是生育二孩的前提条件,一孩生育水平不断走低是我国近 20 年来低生育水平的重要特征,鼓励生育二孩应当首先提高一孩生育水平。① 由此可见,应根据当前生育形势,统筹考虑和确定奖励扶助对象,尽量将按政策生育的家庭都纳入扶助对象范围,真正落实"鼓励按政策生育"的精神。

二是提高奖励扶助标准。现行奖励扶助标准偏低,难以起到应有的鼓励、激励和导向作用,但其在开始时并不算低,比如,在 1980 年前后,每月 5 元的独生子女费相当于职工平均工资的 10%左右,只是人们收入水平普遍、大幅提高及货币购买力大幅降低后,奖励金额没有增长,才导致其激励和导向作用减弱,甚至变得微乎其微。从这个意义上讲,本质问题是没有建立奖励扶助标准动态调整机制。由此可见,如何确定动态调整指数或者一个"锚",对于完善奖励扶助标准至关重要。我们认为,将奖励扶助标准设定为社会平均工资的一定比例较为合适,如此可使之随社会平均工资变动而动态调整。

三是简化奖励扶助程序。制定奖励扶助政策实施办法要做到规范化、透明化、具体化,凡是按政策生育的家庭均可享受奖励扶助,其中,准确辨别按政策生育家庭是关键,既让符合政策者享受到奖励扶助,又将不符合条件者排除在政策覆盖对象之外。同时,还要在办理程序设计上实现简捷、便民。

四是提高奖励扶助效果。任何政策都不是一成不变的,需要根据社会环境的变化进行必要的修订或调整,这就需要建立奖励扶助政策评估机制,适时评估奖励扶助政策实施效果,分析制约和影响实施效果的不利因素,及时加以改进。此外,还要做好相关惠民政策与奖励扶助政策的有效衔接,提高生殖健康、妇幼保健、幼儿托管等公共服务水平,确保生得出、养得好,增强群众的按政策生育意识和按政策生育的积极性。

---

① 参见郭志刚:《中国低生育进程的主要特征——2015 年 1%人口抽样调查结果的启示》,《中国人口科学》2017 年第 4 期。

四、奖励扶助政策改革的可行性

计划生育奖励扶助政策是计划生育政策体系的重要组成部分,对确保群众按政策生育具有重要的导向和激励作用。从奖励扶助政策走向和发展前景来看,在原有基础上进行必要的改革或调整具有现实可行性。

(一)国家有支付奖励扶助资金的经济实力

根据前文测算结果,如果按照方案三进行奖励扶助,即将二孩家庭作为奖励扶助对象,一次性发放生育津贴,按年发放 0—3 岁卫生防疫和营养补助以及 4—6 岁营养补助和幼儿教育补贴,所需奖励扶助资金将从 2016 年的838.65 亿元增至 2050 年的 5449.45 亿元;如果按照方案二进行奖励扶助,将一孩和二孩均作为奖励扶助对象,所需奖励扶助资金将从 2016 年的 2308.46亿元增至 2050 年的 15212.78 亿元;如果按照方案一进行奖励扶助,只奖励二孩生育,并且将 7—18 岁生活补贴和 18 岁后的发展基金纳入奖励扶助范围,所需奖励扶助资金将从 2016 年的 1078.27 亿元增至 2050 年的 21196.68 亿元。按 2016 年全国一般公共预算收入 159552 亿元计算,方案三、方案二和方案一所需要的奖励扶助资金在一般公共预算收入中的比例分别在 0.5%、1.5%和 0.7%以内。以上方案,对国家财政所增加的负担都是有限的。从财政投入效果看,计划生育奖励扶助将有力地保障国家计划生育政策的贯彻落实,促进全国人口发展目标和长期发展战略的实现,而且还将有效改善婴幼儿营养条件,提高婴幼儿健康水平,促进人口素质有效提升。因此,这样的投入属于一举多得,完全值得。

(二)群众在执行计划生育政策中有获得感

计划生育奖励扶助政策体现在物质支持和精神奖励两个层面,对于按政策生育的家庭来说,国家在经济上给予一定的扶助支持,基本覆盖其生育、抚养和教育的全过程,能够有效提高家庭抚养能力,使群众切实感受到国家对其生活的关心和扶助,以及对生育的责任。实施"全面两孩"政策后,政策要求与育龄夫妇生育意愿具有较高的一致性,将遵守计划生育政策与实际生育行为有机统一起来,可以使群众真切感受到计划生育的光荣感和自豪感,并且得到实惠。另外,"全面两孩"政策可以有效改善家庭结构,增强家庭发展能力。计划生育奖励扶助政策的改革或调整,将在满足群众生育数量和性别结构需求的前提下,最大程度上提高群众的实际获得感和家庭幸福感,有效激发育龄夫妇按政策生育的积极性和自觉性。

(三)奖励扶助政策更具透明性和可操作性

计划生育奖励扶助政策关系到生育政策改革的前景和方向,体现着党的根本宗旨和执政理念。奖励扶助工作的重点是奖励扶助对象确认和奖励扶助标准确定。准确确认奖励扶助目标人群,关系到育龄群众的切身利益和生育政策的成败得失。本研究提出的计划生育奖励扶助政策充分考虑了目标人群、奖励扶助范围,以及奖励扶助工作的各个环节,有利于准确掌握奖励扶助对象的真实情况,严格把握具体的政策界限,明确申报、评议、审核、确认程序,明晰奖励扶助资金计算和发放工作流程,确保奖励扶助政策更具透明性和可操作性,充分体现党和政府的执政能力和公信力,保障计划生育奖励扶助政策贯彻落实和持续推进,为促进群众按政策生育和人口长期均衡发展奠定基础。

第九章　计划生育奖励扶助政策
改革的保障措施

当前,我国的计划生育政策已经完成了由"提倡一孩"向"全面两孩"的重大调整,这就要求服务于生育政策的奖励扶助政策作出相应的改革或调整。按照前面的分析研究,未来的奖励扶助政策改革应当坚持"老人老办法,新人新办法"的原则,既要继续实行"一孩化"政策时期形成的计划生育奖励扶助政策和特别扶助政策,并不断加以完善,也要落实中央"鼓励按政策生育"的精神,尽快建立与"全面两孩"政策相一致的相关经济社会政策支持体系。无论是调整完善需要继续实行的奖励扶助政策,还是根据新形势和新政策制定实施新的奖励扶助政策,都离不开以下保障条件。

一、各级党委和政府的高度重视

计划生育的基本国策地位,决定了党委和政府在这一工作中的领导地位和主体作用。必须承认,实行计划生育,对我国控制人口数量、促进经济社会发展和人民生活改善起到了非常重要的作用,而奖励扶助政策的实施对于促进计划生育工作的顺利开展则起着一定的积极作用。说到底,各级党委和政府的高度重视是最重要的因素。这是我国实行计划生育区别于印度等国开展的家庭计划,能够取得显著成效的根本原因。

2015 年 10 月党的十八届五中全会作出实施"全面两孩"政策的重大决策后,2016 年、2017 年和 2018 年的出生人口规模比预想的少得多,社会上出现了一些错误认识,认为群众生育意愿已经很低,多数育龄夫妇不愿意生育二孩,"全面两孩"政策没有达到预期目标。甚至有人认为,要改变这种状况,提升生育水平,就应该取消计划生育政策,实行自由生育。尤其是党的十九大报告中没有了"计划生育"的表述,连续三年的政府工作报告也没有提到计划生育,而且 2018 年 3 月 13 日公布的国务院机构改革方案,取消了国家卫生和计划生育委员会的机构设置,在原国家卫生和计划生育委员会基础上,整合相关部门的职责,组建了国家卫生健康委员会,由此认为,既然党的十九大报告没有了"计划生育"的表述,国务院组成机构中没有了"计划生育"的字样,也就没有必要再提计划生育,也就不再需要继续搞计划生育了,应该完全放开,还生育权于家庭,完全由家庭自主安排生育。按照这样的逻辑,如果不再实行计划生育,除继续对已经形成的计划生育家庭,尤其是独生子女家庭实行计划生育奖励扶助之外,也就没有必要实行针对"全面两孩"政策实施后按政策生育家庭的奖励扶助政策了。

我们认为,这种认识有失偏颇。原因在于,虽然党的十九大报告中没有了计划生育的表述,新的国务院组成机构中也不再有"计划生育"的字样,但并不意味着取消计划生育。党的十九大报告中明确要求"促进生育政策和相关经济社会政策配套衔接",正是为了落实中央《决定》"鼓励按政策生育"的精神,而"鼓励按政策生育"就隐含着继续坚持计划生育的前提。国务院组成机构中没有了"计划生育"的字样,并不表明国家机构没有了计划生育的职能,新组建的国家卫生健康委员会的主要职责中依然明确了"负责计划生育管理和服务工作"等内容,"完善生育政策并组织实施"则是其内设机构"人口监测与家庭发展司"的主要职责。而且 2018 年 3 月 11 日第十三届全国人民代表大会第三次全体会议表决通过的《中华人民共和国宪法修正案》仍然保留了

"国家推行计划生育,使人口的增长同经济和社会发展计划相适应"(第二十五条)的规定。我们认为,新一轮国务院机构改革取消卫生和计划生育委员会、组建卫生健康委员会,仅仅反映着国家人口和计划生育工作重心的转移,绝不能当作取消计划生育的借口,更不能影响到计划生育奖励扶助政策的改革和落实。

从目前奖励扶助政策的实际运行情况看,主要存在两个方面的问题:一是长期以来实行的计划生育奖励扶助制度和特别扶助制度缺少全国统一的扶助标准,各地差异较大,在某种程度上出现了不平等、不公正问题。而且在个别地方还存在财政投入不足、奖励扶助政策落实不到位的情况,特别是针对独生子女伤残、死亡家庭的帮扶力度明显不足,不同地区差异较大,与这些家庭的实际困难和扶助需求存在较大反差。二是"鼓励按政策生育"的原则性规定缺乏具体的实施方案和政策措施,除各省区按照2015年修订的《人口与计划生育法》在《人口与计划生育条例》修订中明确规定了延长按政策生育妇女的产假,增设了丈夫陪护假,并且明确了对已经获得独生子女光荣证的家庭继续实行奖励扶助政策的内容之外,基本上没有出台新的奖励扶助政策措施。也就是说,在"促进生育政策和相关经济社会政策配套衔接"方面基本上没有大动作,缺乏对这一原则和精神的具体化。

从目前的生育形势看,要真正落实"全面两孩"政策,恐怕仅仅停留在"鼓励按政策生育"的宣传上,没有具体的鼓励和扶助措施,是很难扭转二孩生育意愿不足的不利形势的。无论是继续实行针对以往形成的计划生育家庭的奖励扶助政策和特别扶助政策,还是制定实施针对实施"全面两孩"政策后按政策生育家庭的社会支持政策,都不是某一个部门能够单独完成的,而是需要党委和政府的统一领导和顶层设计,组织和协调相关部门积极参与,并且动员和发动社会力量,形成生育友好型社会的合力。

随着时间的推移,过去严格按政策生育的家庭与"超生"家庭相比,由于子女少所造成的家庭照料资源短缺和发展能力不足问题将日益凸显,进入老年阶段后,必然会面临经济支持、生活照料、精神慰藉等方面的多重困境。依据社会补偿理论,政府有责任对这些曾经为国家和社会发展作出贡献的家庭给予必要的补偿。在经济发展水平显著提升的现实背景下,多元化的家庭发展需求意味着现行奖励扶助政策不足以充分弥补计划生育家庭的利益损失,迫切需要完善奖励扶助政策,增大奖励扶助力度,扩展奖励扶助内容,尤其要增加公共服务供给。各级党委和政府应当从保障和改善民生、创新社会治理体系的高度,一方面要重点解决好历史形成的计划生育特殊困难家庭的实际困难,保障他们的晚年生活质量;另一方面也要努力解决好"全面两孩"政策实施后按政策生育家庭的托育服务问题,积极构建生育友好型社会和配套政策支持体系。

另外,社会保障理论认为,一个国家的劳动者在生活上可能会发生患病、伤残等情况,为了保障人们的基本生活,国家需要通过立法的形式保障劳动者的权益,统筹协调各类社会资源,在国家经济状况允许的情况下,逐步提高社会保障水平。我国《人口与计划生育法》把建立社会保障制度、促进计划生育写进法律,就是保障计划生育家庭应有权益的重要体现。

我国几十年来的计划生育成就是党和政府高度重视和坚强领导的结果,做好新时代计划生育工作仍然需要党和政府的高度重视和科学领导。因为无论是"全面两孩"政策的贯彻实施,继续做好计划生育服务和管理工作,还是生育政策和相关经济社会政策配套衔接的顶层设计,以及各地结合实际对以往政策的调整完善,都离不开各级党委和政府的重视与领导。

二、部门间的密切合作

家庭是社会的细胞组织,家庭发展是一个系统工程。家庭发展既需要内部资源的支撑,也需要外部资源的支持。国家通过制定实施家庭支持政策,可以起到为家庭发展保驾护航的作用。家庭支持政策涉及教育、社保、民政、财政、税务等多个部门,只有加强部门间的协调与合作,发挥部门优势,整合支持资源,才能形成家庭友好型社会,支持按政策生育,为家庭发展提供保障。①因此,计划生育奖励扶助政策改革或调整,需要相关部门的协调联动,而且各部门在制定惠民政策时,也要充分考虑和照顾计划生育家庭的特殊利益,避免出现政策间的矛盾与冲突,实现政策间的相互支撑。

近年来,在全面建成小康社会的目标导引下,各部门相继出台了一系列涵盖医疗、教育、养老、扶贫等方面的普惠性政策,对于促进民生事业发展起到了重要作用。但由于这些政策基本上都是普惠性的,面向所有居民,按"人头"计算分配,没有考虑计划生育家庭的特殊性,尤其是没有考虑失独、残独等计划生育特殊困难家庭的利益诉求。如低保政策,在制定时并没有计划生育家庭优先享受的规定,卫生计生部门制定的政策中仅仅是提到了优先,并没有约束性指标,因而在实际执行中受到特殊照顾的计划生育家庭十分有限,很多非计划生育家庭和多子女家庭却得到了更多的实惠,形成了与计划生育奖励扶助政策间的矛盾与冲突。② 要改变这一状况,真正形成部门合力,做好普惠政策与计划生育奖励扶助政策的有效衔接,就应当确保计划生育家庭优先享受各项政策带来的实惠,或者在普惠基础上实现对计划生育家庭的特殊照顾,给予他们更多的补贴和更多的优惠,落实好政府对计划生育家庭的责任。这就要求各部门在制定普惠性政策时,要有政治观和大局观,充分考虑计划生育的国策地位,充分考虑社会政策的整体性和协调性,充分考虑计划生育奖励扶助政策对象的特殊性,通过部门协商的方式,避免政策间的冲突,避免计划生育家庭利益受损的情况发生。③

---

① 参见吕红平、陈红:《"全面两孩政策"实施与奖励扶助制度的"四个转变"》,《领导之友》2016年第4期(上)。

② 参见杜本峰、王琦霖:《"全面两孩"政策背景下农村计划生育家庭发展:困境与出路》,《人口与发展》2018年第5期。

③ 参见吕红平:《实施人口新政 打造计生良法——〈人口与计划生育法〉修订研究》,人民出版社2016年版,第160—161页。

　　大部制改革后,更要树立大人口观,改变过去把计生工作仅仅视为卫生计生系统一个部门的职责的观念,要在党委和政府的统一领导下,形成各部门协调联动的系统格局,整合社会资源。各职能部门应通过直接的费用优惠减免方式和整合部门资源优势的方式,与卫生健康部门一起为按政策生育的家庭编织一张无缝隙的关爱之网。例如,人社部门为保障生育假的实施,可以制定针对违规企业的惩罚措施,保障按政策生育的夫妇能够享受到法定假期;民政部门对于失独老人可以建立系列帮扶制度,对于中国人非常重视的临终关怀和殡葬问题也应制定出相应的扶助和安置政策,等等。在部门联动过程中,要系统论证计划生育奖励扶助政策的受益时间、组织保障和具体措施,形成时间连续、横向拓宽、纵向到底、内容丰富的计划生育奖励扶助政策体系,相关部门协作协商、上下级组织协调联动的运行机制,以及监督管理、考核评估、法律约束相结合的工作机制,通过统筹安排和科学运作,形成部门和政策合力。

三、形成以国库保国策为主体的
多层次、多渠道筹资机制

　　计划生育是我国的基本国策,是由政府主导的一项重要工作;作为服务和保障计划生育顺利开展的奖励扶助政策,其资金供给理应由公共财政承担。然而,从以往和当前的计划生育奖励扶助政策实施情况看,并非全国一个标准,由国家财政统一承担;而是分为国家、省级和市县等不同的层面,甚至一些乡镇街道、村居、单位也制定实施了特殊的奖励扶助措施,承担一定的奖励扶助经费。国家层面的奖励扶助政策,一般都体现在法律和规章中,只是作出方向性和原则性规定,执行标准较多地体现为广覆盖、低水平、保基本、导向性,给各省区预留了具体化和细化的空间,要求各省区根据国家政策精神和本地实际情况制定条例或实施细则。如《人口与计划生育法》的奖励与社会保障部分就多处赋予地方各级人民政府制定实施具体奖励办法的权力,要求各省

区根据国家法律法规和政策要求,结合本地财政收支情况及人口和计划生育形势,制定具体的政策措施并贯彻落实。然而,由于各地经济发展水平、计划生育政策执行情况存在较大差异,也就导致了全国各地奖励扶助具体标准差异较大的问题。

人口和计划生育工作是一项具有显著长远效益的社会事业,奖励扶助政策需要强大的财政投入支撑。就当前国家财力状况而言,实现对计划生育家庭的有效帮扶并非难事。然而,长期以来沿袭下来的现状却是国家层面的计划生育事业经费投入总量不足、比重较低,主要依靠地方财政。例如,就农村部分计划生育家庭奖励扶助制度而言,多数地区的经费分担情况,执行的是国家、省的、市的、县级财政分别占 50%：30%：10%：10% 的比例;就城镇独生子女父母奖励制度而言,国家层面没有出台相应的具体措施,省、市、县级财政分级负担比例一般为 60%：20%：20%。对于一些经济发展水平低、财政状况差的县来说,即使是 10% 的比例,也存在一定的困难。国家层面对计划生育家庭奖励扶助的专项支出不足、主要依靠地方分担的做法,必然导致不同地区间的差异较大,这对于计划生育家庭而言有失公正,政策的实施效果也会大打折扣。

要解决好地区差异过大的问题,实现奖励扶助标准的公平公正,就必须建立国库保国策的经费投入机制,健全奖励扶助公共投入机制。作为一项基本国策,国家应该并且能够承担起执行奖励扶助政策的责任主体。计划生育家庭在特定条件下为国家和社会的整体利益作出了牺牲,理应享受国家政策的补偿。基于社会保障理论,国家应当切实担负起保障计划生育家庭权益的责任,改变国家、省、市、县各自承担不同比例,甚至奖励扶助项目上各自为政的做法,至少应当在省级层面形成统一的扶助标准,并适当提高帮扶项目的基础标准,实行动态调整。这样便可以解决各地奖励扶助政策不统一造成的相互攀比、群众不满意的问题,提升群众对政府的信任度。

还应当注意的是,过去乃至目前仍在执行的部分计划生育奖励扶助政策,要求企业承担一定数额的奖励扶助金,比如,在企业工作的独生子女父母奖励金和退休时的一次性奖励,都需要企业承担;部分省区制定的帮扶政策,也要求企业出资,这在很大程度上规避了政府应该承担的责任。更为突出的问题是,企业在执行上并没有强有力的制度约束,尤其是对于一些经营困难的企业来说,落实奖励扶助政策的确存在实际困难,这就造成了部分企业不能落实或不能全额落实奖励扶助政策的问题。因此,在调整完善奖励扶助政策时,建议改变国家定政策、地方出资金、企业也承担责任的实施办法,把所有奖励扶助项目都纳入国家和省级社会经济发展规划,列入财政预算,由国家和省级财政统筹解决。①

在构建以财政为主体的多层次分担体系的同时,也要扩大资金来源,争取社会力量介入,鼓励和支持社会组织、公益基金会等社会力量参与计划生育家庭扶助项目,逐步形成以政府投入为主体、社会捐赠为辅助的多层次、多渠道筹资机制。为增大计划生育特殊困难家庭的扶助力度,建议国家卫生健康委员会牵头设立"特殊家庭扶助基金会",募集公益基金,增加扶助资金来源,加大计划生育特殊困难家庭扶助力度,帮助这些家庭解决实际困难。

四、充分发挥社会力量在计划生育特殊困难家庭帮扶中的作用

计划生育特殊困难家庭面临生活压力大、养老无保障、精神易受挫等诸多难题。对于失独父母来说,不仅要承受"白发人送黑发人"和失去独生子女的长期痛苦,而且还面临养老无依靠、缺乏照料资源的问题。对于伤病残独生子女家庭来说,疾病的持续性以及由此导致的自理能力丧失或低下,使得不少父母不得不常年在家照料病残的子女,进而影响到正常的工作及家庭经济收入;

---

① 参见吕红平、陈红:《"全面两孩政策"实施与奖励扶助制度的"四个转变"》,《领导之友》2016年第4期(上)。

再加上伤病残独生子女的持续治疗康复花费较大,导致很多家庭入不敷出,甚至债台高筑。更令伤病残独生子女父母忧虑的是:当他们年老体弱、无法照料伤残子女时,伤残子女该怎么办?

计划生育特殊困难家庭困难问题的多样性,决定了帮扶工作的复杂性,涉及多方面的内容,有的可以依靠政府的扶助政策帮助解决,如经济扶助、养老保障等,有的则需要群众团体、公益性社会组织的直接帮助和支持,如生活服务、临时照料、精神慰藉等。群众团体、公益性社会组织在帮助特殊困难家庭方面具有独特的优势:一是群众团体、公益性社会组织的非官方性质,使其更容易被特殊困难家庭所接受。因为一些特殊困难家庭往往把"失独"的原因归结于计划生育政策以及计划生育政策的执行者,对政府工作人员的探访和扶助常常有所抵触。而群众团体、公益性社会组织就不同了,特殊困难家庭对他们没有过多戒备心理,愿意接受他们的帮扶。例如,近年来各地计划生育协会充分利用成员多、范围广的特点,开展针对计划生育特殊困难家庭的帮扶工作,通过募集资金的形式,向特殊困难家庭提供物质帮扶,利用有心理学知识的会员或吸收相关志愿者开展心理咨询和疏导工作,提供精神慰藉,取得了较好的效果。二是群众团体、公益性社会组织具有志愿性,无论是群众团体,还是公益性社会组织,所提供的服务均具有自愿性和无偿性,自愿性决定了服务提供者提供服务完全是一种自觉,是一种发自内心的行动,而不是被外部要求的被动行动,这样的行动更自然,更易于被接受。三是群众团体、公益性社会组织所具有的资源非常广泛,这些可以利用的服务人员中大多具有一定的技能,能够为特殊困难家庭提供技能型服务,如心理咨询与疏导、健康咨询与指导等,而且此类服务的提供者还具有时间资源优势,能够按特殊困难家庭的需求随时提供服务。群众团体、公益性社会组织可通过招募有社会工作和心理学背景的志愿者的方式,增加服务人员储备,增强服务力量,以社区和农村为单位,开展常规性与临时性相结合、专项活动与综合活动相结合的心理健康咨询和日常生活服务活动;对日常生活自理能力不足的特殊困难家庭,实行定时性、菜单式帮扶,帮助他们解决生活中的困难和问题;在一些重要节日,为他们送去关心和关爱,使他们感受到社会的温暖。政府相关部门要采取有效措施,通过购买服务的方式赋权和增能,鼓励和支持群众团体、公益性社会组织加快发展,吸引更多的志愿者参与到特殊困难家庭帮扶工作中来。基层社区组织(包括居委会和村委会)要积极配合、主动支持群众团体和公益性社会组织开展的各项帮扶活动,与群众团体、公益性社会组织一起为计划生育特殊困难家庭分忧解愁,使他们重拾生活的信心。

参 考 文 献

一、著　作

1. 王广州、胡耀岭、张丽萍:《中国生育政策调整》,社会科学文献出版社 2013 年版。

2. 王丰、彭希哲、顾宝昌:《全球化与低生育率:中国的选择》,复旦大学出版社 2011 年版。

3. 王培安:《实施全面两孩政策人口变动测算研究》,中国人口出版社 2016 年版。

4. 王培安:《调整完善生育政策相关因素影响研究报告》,中国人口出版社 2016 年版。

5. 田雪原:《田雪原文集》,辞书出版社 2005 年版。

6. 田雪原:《中国人口政策 60 年》,社会科学文献出版社 2009 年版。

7. 李竞能:《现代西方人口理论》,复旦大学出版社 2004 年版。

8. 吕红平:《实施人口新政　打造计生良法——〈人口与计划生育法〉修订研究》,人民出版社 2016 年版。

9. 向华丽、赵颖智、李波平:《基于人口长期均衡发展的计划生育利益导向政策研究》,武汉大学出版社 2016 年版。

10. 汤兆云:《新中国人口政策研究》,光明日报出版社 2016 年版。

11. 汤兆云:《我国人口政策制定和调整》,经济日报出版社 2018 年版。

12. 杨云彦:《人口转型期的计划生育利益导向机制建设》,武汉大学出版社 2013 年版。

13. 杨菊华:《中国流动人口的城市逐梦》,经济科学出版社 2018 年版。

14. 杨魁孚、梁济民、张凡:《中国人口与计划生育大事要览》,中国人口出版社 2001 年版。

15. 何雄:《计划生育利益导向政策和普惠公共政策衔接研究》,武汉大学出版社 2016 年版。

16. 宋健:《社会性别视角下的中国社会政策》,社会科学文献出版社 2012 年版。

17. 沈长月、夏珑、石兵营:《失独家庭救助与社会支持网络体系研究》,华东理工大学出版社 2016 年版。

18. 张子毅、杨文、张潘仕等:《中国青年的生育意愿》,天津人民出版社 1982 年版。

19. 陈胜利、张世琨:《当代择偶与生育意愿研究》,中国人口出版社 2003 年版。

20. 陈友华:《中国人口与发展:问题与反思》,中国社会科学出版社 2012 年版。

21. 国家和人口计划生育委员会:《中国人口和计划生育史》,中国人口出版社 2007 年版。

22. 国家卫生和计划生育委员会:《中国家庭发展报告 2014》,中国人口出版社 2014 年版。

23. 国家卫生和计划生育委员会:《中国家庭发展报告 2016》,中国人口出版社 2016 年版。

24. 国家卫生和计划生育委员会:《全面两孩政策读本》,中国人口出版社 2016 年版。

25. 郭志刚:《中国的低生育水平与被忽视的人口风险》,社会科学文献出版社 2012 年版。

26. 姜全保、韦艳、果臻:《中国低生育水平研究》,社会科学文献出版社 2011 年版。

27. 洪娜:《中国计划生育利益导向政策研究》,上海大学出版社 2014 年版。

28. 费孝通:《乡土中国 生育制度》,北京大学出版社 1998 年版。

29. 顾宝昌、李建新:《21 世纪中国生育政策论争》,社会科学文献出版社 2010 年版。

30. 梁中堂:《中国生育政策研究》,山西出版传媒集团·山西人民出版社 2014 年版。

31. 深圳市计划生育协会:《深圳市计划生育特殊困难家庭帮扶理论与实践探索(二)2014—2017》,中国人口出版社 2018 年版。

32. 彭珮云:《中国计划生育全书》,中国人口出版社 1997 年版。

33. 程广帅:《人口和计划生育利益导向政策绩效评估研究》,武汉大学出版社

2016 年版。

34. 曾毅、顾宝昌、郭志刚：《低生育水平下的中国人口与经济发展》，北京大学出版社 2010 年版。

35. 曾毅、顾宝昌、梁建章：《生育政策调整与中国发展》，社会科学文献出版社 2013 年版。

36. 路遇、翟振武：《新中国人口六十年》，中国人口出版社 2009 年版。

37. 穆光宗：《人口生态重建》，中国科学技术出版社 2016 年版。

38. ［美］罗宾逊、罗斯：《全球家庭计划革命：人口政策和项目 30 年》，彭伟斌译，社会科学文献出版社 2015 年版。

二、期刊论文

1. 于学军：《我国人口和计划生育利益导向机制的理论与实践》，《人口与计划生育》2006 年第 2 期。

2. 马春华：《瑞典和法国家庭政策的启示》，《妇女研究论丛》2016 年第 2 期。

3. 王广州：《独生子女死亡总量及变化趋势研究》，《中国人口科学》2013 年第 1 期。

4. 王广州：《影响全面二孩政策新增出生人口规模的几个关键因素分析》，《学海》2016 年第 1 期。

5. 王广州：《从"单独"二孩到全面二孩》，《领导科学论坛》2016 年第 2 期。

6. 王培安：《论全面两孩政策》，《人口研究》2016 年第 1 期。

7. 王志章、刘天元：《生育"二孩"基本成本测算及社会分摊机制研究》，《人口学刊》2017 年第 4 期。

8. 风笑天、王寿焘：《从独生子女家庭走向后独生子女家庭——"全面二孩"政策与中国家庭模式的变化》，《中国青年社会科学》2016 年第 2 期。

9. 石人炳、赵二影：《对"农村部分计划生育家庭奖励扶助制度"的评估与建议》，《人口学刊》2007 年第 2 期。

10. 石智雷：《计划生育政策对家庭发展能力的影响及其政策含义》，《公共管理学报》2014 年第 4 期。

11. 石智雷、杨云彦：《符合"单独二孩"政策家庭的生育意愿与生育行为》，《人口研究》2014 年第 5 期。

12. 石智雷、徐玮:《计划生育利益导向政策对家庭发展的影响效应分析》,《南方人口》2014 年第 1 期。

13. 申秋:《日韩家庭政策的发展过程及其对中国的启示》,《学习与实践》2016 年第 9 期。

14. 史薇:《"全面两孩"政策背景下托幼服务研究:综述与展望》,《人口与社会》2017 年第 2 期。

15. 田青:《普惠型社会保障背景下的计划生育利益导向政策》,《人口与发展》2010 年第 5 期。

16. 冯朝柱:《计生家庭状况及其生育补偿研究》,《南方人口》2009 年第 4 期。

17. 冯学俊:《法国的家庭补助政策》,《法国研究》1997 年第 2 期。

18. 李波平:《人口长期均衡发展视角下的计划生育利益导向政策》,《中南财经政法大学学报》2014 年第 5 期。

19. 李建民:《生育理性和生育决策与我国低生育水平稳定机制的转变》,《人口研究》2004 年第 6 期。

20. 李建民:《计划生育利益导向机制的理论阐释与广东实践》,《南方人口》2008 年第 2 期。

21. 李树茁、王欢:《家庭变迁、家庭政策演进与中国家庭政策构建》,《人口与经济》2016 年第 6 期。

22. 吕红平:《我国的生育政策:变化轨迹与未来调整》,《人口与社会》2015 年第 4 期。

23. 吕红平、李莉:《"全面两孩"政策背景下奖励扶助政策重构》,《河北大学学报(哲学社会科学版)》2016 年第 2 期。

24. 吕红平、陈红:《"全面两孩政策"实施与奖励扶助制度的"四个转变"》,《领导之友》2016 年第 4 期(上)。

25. 吕红平、崔红威、杨鑫:《"全面两孩"后的计划生育奖励扶助政策走向》,《人口研究》2016 年第 3 期。

26. 吕红平:《全面两孩政策的家庭效应》,《社会科学家》2017 年第 5 期。

27. 吕红平:《完善配套政策:按政策生育的重要保障》,《人口与计划生育》2018 年第 11 期。

28. 吕红平、吕子晔:《"老人老办法,新人新办法"奖励扶助制度改革之我见》,《河北大学学报(哲学社会科学版)》2018 年第 1 期。

29. 全国妇联妇女研究所:《部分国家家庭政策介绍》,《中国妇运》2014 年第 1 期。

30. 庄亚儿、姜玉、王志理等:《当前我国城乡居民的生育意愿——基于 2013 年全国生育意愿调查》,《人口研究》2014 年第 3 期。

31. 刘爽、朱宇、郑澜:《全球人口干预与"新的中国选择"——超越"全面两孩"政策的思考》,《人口研究》2016 年第 6 期。

32. 刘娜、卢玲花:《生育对城镇体制内女性工资收入的影响》,《人口与经济》2018 年第 5 期。

33. 江立华、陈雯:《人口与计划生育奖励制度的历程回顾》,《人口与发展》2009 年第 3 期。

34. 江立华、陈雯:《奖励与公平:教育加分政策的外部性探讨——以农村人口与计划生育奖励机制为例》,《人口与经济》2009 年第 5 期。

35. 汤兆云:《计划生育奖励扶助制度实施中的问题及改进建议——基于福建泉州、厦门两地的调查》,《南京人口管理干部学院学报》2013 年第 1 期。

36. 汤兆云、邓红霞:《日本、韩国和新加坡家庭支持政策的经验及其启示》,《国外社会科学》2018 年第 2 期。

37. 杜本峰、王琦霖:《"全面两孩"政策背景下农村计划生育家庭发展:困境与出路》,《人口与发展》2018 年第 5 期。

38. 杜亮、王伟剑:《家庭、国家与儿童发展:美国、德国和日本儿童政策的比较研究》,《河北师范大学学报(教育科学版)》2015 年第 1 期。

39. 杨云彦、程广帅、王艳等:《农村部分计划生育家庭奖励扶助制度的评估分析》,《人口与计划生育》2007 年第 12 期。

40. 杨云彦、李波平:《普惠型公共政策与计划生育利益导向政策的比较分析——基于湖北农村的调查》,《人口与经济》2013 年第 4 期。

41. 杨菊华:《流动人口二孩生育意愿研究》,《中国人口科学》2018 年第 1 期。

42. 杨慧:《"全面两孩"政策下促进妇女平等就业的路径探讨》,《妇女研究论丛》2016 年第 2 期。

43. 杨慧:《全面二孩政策下生育对城镇女性就业的影响机理研究》,《人口与经济》2017 年第 4 期。

44. 吴帆:《欧洲家庭政策与生育率变化——兼论中国低生育率陷阱的风险》,《社会学研究》2016 年第 1 期。

45. 吴帆:《全面放开二孩后的女性发展风险与家庭政策支持》,《西安交通大学学报(社会科学版)》2016 年第 3 期。

46. 吴帆:《家庭政策支持:全面二胎放开后人口均衡发展的实现路径》,《广东社会科学》2016 年第 4 期。

47. 张同全、张亚军:《全面二孩政策对女性就业的影响——基于企业人工成本中介效应的分析》,《人口与经济》2017 年第 5 期。

48. 张成武、张洪香:《计划生育政策调整与利益导向机制的分析与思考》,《西安文理学院学报(社会科学版)》2014 年第 3 期。

49. 张怀宇:《计划生育利益导向机制的理论与实践》,《中国人口科学》1996 年第 5 期。

50. 张孟见:《新社会风险下的家庭政策:欧洲经验与中国关照》,《广西社会科学》2015 年第 9 期。

51. 张晓青、黄彩虹、张强等:《"单独二孩"与"全面二孩"政策家庭生育意愿比较及启示》,《人口研究》2016 年第 1 期。

52. 张海峰:《全面二孩政策下中国儿童照料可及性研究——国际经验借鉴》,《人口与经济》2018 年第 3 期。

53. 张晶:《韩国 0—6 岁婴幼儿早期教育及其启示》,《中国教育学刊》2014 年第 1 期。

54. 张露露、夏书明:《农村女青年"二孩"生育意愿及其影响因素分析——以河南省南阳市 H 镇为例》,《宜宾学院学报》2017 年第 1 期。

55. 宋健、周宇香:《全面两孩政策执行中生育成本的分担——基于国家、家庭和用人单位三方视角》,《中国人民大学学报》2016 年第 6 期。

56. 肖云、吴国举:《惠农政策与计划生育奖扶政策的冲突与对策》,《甘肃理论学刊》2009 年第 3 期。

57. 陆杰华、陈平:《以人为本着眼长远构建计划生育利益导向长效机制》,《人口与经济》2009 年第 3 期。

58. 陈一平:《当代日本少子化对策探究》,《中国集体经济》2009 年第 5 期(下)。

59. 陈卫民:《我国家庭政策的发展路径与目标选择》,《人口研究》2012 年第 4 期。

60. 陈卫、靳永爱:《中国妇女生育意愿与生育行为的差异及其影响因素》,《人口学刊》2011 年第 2 期。

61. 陈友华:《全面二孩:生还是不生?》,《唯实》2016 年第 2 期。

62. 陈宁:《"全面两孩"政策背景下计划生育利益导向政策的完善》,《人口与社会》2017 年第 2 期。

63. 陈秀红:《影响城市女性二孩生育意愿的社会福利因素之考察》,《妇女研究论丛》2017 年第 1 期。

64. 陈雯:《亲职抚育困境:二孩国策下的青年脆弱性与社会支持重构》,《中国青年研究》2017 年第 10 期。

65. 茅倬彦、申小菊、张闻雷:《人口惯性和生育政策选择:国际比较及启示》,《南方人口》2018 年第 2 期。

66. 林昕皓、茅倬彦:《生育二孩职业女性的母乳喂养支持——以北京为例》,《人口与经济》2017 年第 5 期。

67. 明星、帅莹子:《二孩新政下城市居民生育意愿研究——基于武汉市武昌区的调查分析》,《管理观察》2017 年第 3 期(下)。

68. 周云:《影响生育的国外家庭政策分析》,《中华女子学院学报》2013 年第 5 期。

69. 周长洪:《关于计划生育利益导向机制的几点理论思考》,《人口与经济》1998 年第 2 期。

70. 周长洪:《计划生育利益导向机制作用原理》,《人口与经济》2008 年第 6 期。

71. 周长洪:《关于农村计划生育奖励扶助家庭调查分析》,《人口与经济》2009 年第 4 期。

72. 周学馨:《我国家庭发展政策述评:内涵、理论基础及研究重点》,《探索》2016 年第 1 期。

73. 周美林、张玉枝:《计划生育家庭特别扶助制度若干问题研究》,《人口研究》2011 年第 3 期。

74. 周福林:《建立计划生育利益导向机制的若干问题研究》,《中州学刊》2006 年第 5 期。

75. 和建花:《法国家庭政策及其对支持妇女平衡工作家庭的作用》,《妇女研究论丛》2008 年第 6 期。

76. 郑功成:《中国社会公平状况分析——价值判断、权益失衡与制度保障》,《中国人民大学学报》2009 年第 2 期。

77. 郑杨、张艳君:《中瑞两国家庭政策对家庭育儿策略的影响》,《知与行》2016 年第 3 期。

78. 郑真真:《生育意愿的测量与应用》,《中国人口科学》2014 年第 6 期。

79. 赵梦晗:《全面二孩政策下重新审视公共政策中缺失的性别平等理念》,《人口研究》2016 年第 6 期。

80. 胡湛、彭希哲、王雪辉:《当前我国家庭变迁与家庭政策领域的认知误区》,《学习与实践》2018 年第 11 期。

81. 胡耀岭:《我国计划生育家庭奖励扶助标准及其测算研究》,《河北大学学报

（哲学社会科学版）》2018 年第 1 期。

82. 郝佳：《失独风险、利益损害与政府责任》，《人口与经济》2016 年第 4 期。

83. 贺丹、张许颖、庄亚儿等：《2006—2016 年中国生育状况报告——基于 2017 年全国生育状况抽样调查数据分析》，《人口研究》2018 年第 6 期。

84. 郭志刚、张二力、顾宝昌等：《从政策生育率看中国生育政策的多样性》，《人口研究》2003 年第 5 期。

85. 郭志刚：《中国低生育进程的主要特征——2015 年 1% 人口抽样调查结果的启示》，《中国人口科学》2017 年第 4 期。

86. 祝宏辉、陈贵红：《"全面二孩"政策下新疆生产建设兵团育龄人群生育意愿调查分析》，《西北人口》2017 年第 6 期。

87. 姜玉、庄亚儿：《生育政策调整对生育意愿影响研究——基于 2015 年追踪调查数据的发现》，《西北人口》2017 年第 3 期。

88. 姜赛、辛怡、王晶艳等：《天津市"全面二孩"政策下城市居民生育意愿的影响因素分析》，《中国初级卫生保健》2017 年第 1 期。

89. 洪娜：《计划生育奖励扶助水平差异对生育水平的影响——基于全国 30 个省区数据的定量分析》，《人口与发展》2013 年第 4 期。

90. 原新：《广东模式利益导向基本框架与实践》，《南方人口》2008 年第 2 期。

91. 原新：《我国生育政策演进与人口均衡发展——从独生子女政策到全面二孩政策的思考》，《人口学刊》2016 年第 5 期。

92. 陶涛、杨凡、张现苓：《"全面两孩"政策下空巢老年人对子女生育二孩态度及影响因素——以北京市为例》，《人口研究》2016 年第 3 期。

93. 黄涛：《失独家庭及其扶助保障政策研究——以河南省为例》，《人口研究》2018 年第 5 期。

94. 彭希哲、胡湛：《当代中国家庭变迁与家庭政策重构》，《中国社会科学》2015 年第 12 期。

95. 彭希哲：《实现全面二孩政策目标需要整体性的配套》，《探索》2016 年第 1 期。

96. 童文胜、汪文靓：《挪威育儿家庭政策的经验》，《当代青年研究》2015 年第 6 期。

97. 曾毅：《鼓励生育二孩利国益民并有助于粮食安全》，《科技促进发展》2018 年第 z1 期。

98. 靳永爱：《低生育率陷阱：理论、事实与启示》，《人口研究》2014 年第 1 期。

99. 翟振武：《计划生育利益导向机制的广东模式》，《南方人口》2008 年第 2 期。

100. 翟振武、刘爽、陈卫等:《稳定低生育水平:概念、理论与战略》,《人口研究》2000 年第 3 期。

101. 翟振武、郑睿臻:《人口老龄化与宏观经济关系的探讨》,《人口研究》2016 年第 2 期。

102. 翟振武、李龙、陈佳鞠:《全面两孩政策下的目标人群及新增出生人口估计》,《人口研究》2016 年第 4 期。

103. 阚唯、梁颖、李成福:《国际鼓励生育政策实践对中国的启示》,《西北人口》2018 年第 5 期。

104. 穆滢潭、原新:《"生"与"不生"的矛盾——家庭资源、文化价值还是子女性别?》,《人口研究》2018 年第 1 期。

105. [丹麦]Peter Abrahamson、许晓丽:《和谐理念与福利国家发展:丹麦家庭政策普惠之路》,《天津行政学院学报》2014 年第 3 期。

106. [巴西]亚力山德罗·平莎尼、瓦尔基里娅·多米尼克、莱奥·雷戈:《巴西的扶贫政策:家庭补助金计划对受益者的影响》,高静宇译,《国外理论动态》2015 年第 8 期。

107. 宋卫清、[德]丹尼尔·艾乐:《福利国家中的社会经济压力和决策者——德国和意大利家庭政策的比较研究》,《欧洲研究》2008 年第 6 期。

108. [法]M.拉罗克、殷世才:《法国的家庭体制和家庭政策》,《国外社会科学》1982 年第 4 期。

三、硕博论文

1. 王莹:《父母照料与女性工作家庭平衡——基于家庭政策视角》,中国社科院研究生院硕士学位论文,2016 年。

2. 李彤洁:《社会性别视角下的计划生育利益导向政策研究》,河北大学硕士学位论文,2016 年。

3. 李欣欣:《计划生育利益导向政策对性别偏好的影响研究》,华中科技大学硕士学位论文,2011 年。

4. 李笑春:《我国 0—3 岁婴幼儿早期教育公共服务供给问题研究——基于发展型家庭政策视角》,西北大学硕士学位论文,2017 年。

5. 李磊:《河北省计划生育利益导向政策研究》,吉林大学硕士学位论文,2015 年。

6. 齐剑锋:《人口和计划生育公共财政投入保障机制研究》,吉林大学硕士学位论文,2013 年。

7. 杜晓云:《计划生育利益导向政策研究》,福建农林大学硕士学位论文,2015 年。

8. 张华:《家庭政策:基于工作与家庭平衡的视角研究》,南京大学硕士学位论文,2014 年。

9. 张亚峰:《农村计划生育家庭奖励扶助政策实施状况研究》,吉林大学硕士学位论文,2015 年。

10. 陈艳:《福利多元视角下的欧洲家庭政策实践及未来中国发展型家庭政策的构建》,复旦大学硕士学位论文,2013 年。

11. 陈登胜:《计划生育利益导向机制研究——以丰泽区为例》,华侨大学硕士学位论文,2015 年。

12. 努尔他衣·买孜汉:《80 年代以来中国计划生育政策的演变及问题研究》,陕西师范大学硕士学位论文,2014 年。

13. 林雅莉:《促进出生性别比平衡的利益导向政策研究》,华侨大学硕士学位论文,2016 年。

14. 洪娜:《中国计划生育利益导向政策研究》,华东师范大学博士学位论文,2011 年。

15. 高璟:《我国现行生育制度下失独家庭养老保障问题研究》,吉林大学硕士学位论文,2014 年。

16. 靳雨姗:《菏泽市计划生育利益导向问题与对策研究》,山东师范大学硕士学位论文,2017 年。

17. 鲍常勇:《新时期完善我国人口和计划生育 利益导向机制研究》,武汉大学博士学位论文,2010 年。

责任编辑：郭彦辰
封面设计：石笑梦
封面制作：姚　菲
版式设计：胡欣欣

图书在版编目（CIP）数据

生育政策调整后计划生育奖励扶助政策改革研究/吕红平 等著. —北京：
　人民出版社,2021.2
ISBN 978－7－01－022499－2

Ⅰ.①生…　Ⅱ.①吕…　Ⅲ.①计划生育-人口政策-中国　Ⅳ.①C924.21

中国版本图书馆 CIP 数据核字（2020）第 183001 号

生育政策调整后计划生育奖励扶助政策改革研究
SHENGYU ZHENGCE TIAOZHENG HOU JIHUA SHENGYU JIANGLI
FUZHU ZHENGCE GAIGE YANJIU

吕红平　吕　静　等著

人民出版社 出版发行
（100706　北京市东城区隆福寺街 99 号）

环球东方（北京）印务有限公司印刷　新华书店经销

2021 年 2 月第 1 版　2021 年 2 月北京第 1 次印刷
开本：710 毫米×1000 毫米 1/16　印张：16
字数：220 千字

ISBN 978－7－01－022499－2　定价：49.00 元

邮购地址　100706　北京市东城区隆福寺街 99 号
人民东方图书销售中心　电话　（010）65250042　65289539